Karlheinz A. Geißler

Vom Tempo der Welt

HERDER spektrum

Band 5407

Das Buch

Kein schneller Blick auf die Uhr, sondern eine hintergründige und faszinierende Darstellung dessen, was „an der Zeit ist". Die Zeichen mehren sich: Wir sind am Ende der Uhrzeit angelangt. Vor mehr als 500 Jahren haben die Uhren ihren Siegeszug angetreten. Ohne die mechanischen Zeitmesser hätte die Moderne nicht stattgefunden. Sie machten die Beschleunigung aller Lebensbereiche – das zentrale Kennzeichen der Moderne – kontrollierbar und messbar. Heute sind wir am Ende der Beschleunigungsmöglichkeiten angekommen. Informationen, unser wichtigstes Wirtschaftsgut, werden mit Lichtgeschwindigkeit transportiert. Schneller geht's nicht mehr. Wenn wir alles immer und überall zur Verfügung haben, wird die Zeit überflüssig, verliert die Uhrzeit ihr Monopol als bestimmendes Zeitmaß fürs Leben und Arbeiten. Denn die Ordnung der Uhrzeit ist das „Eins nach dem Anderen" und nicht die Gleichzeitigkeit des Vielen.
In Zukunft wird es viele Zeiten und auch mehrere Zeitordnungen nebeneinander geben. Die zunehmende Beschleunigung aber wird kaum die sehnlichst erwartete Befreiung vom Zeitdruck bringen. Was tun?
Karlheinz A. Geißler untersucht auf spannende und lebendige Weise, welche Folgen das Zeitverständnis für unseren Alltag hat. Und er zeigt, wie die Zeiten für uns alle besser werden können. Denn er ist überzeugt: Wir können der ständigen Beschleunigung und der ungesunden Hektik ein Schnippchen schlagen. Dieses Buch liefert das Hintergrundwissen dafür.

Der Autor

Karlheinz A. Geißler lehrt als Universitätsprofessor Wirtschaftspädagogik in München. Er ist Mitbegründer des Tutzinger Projekts „Ökologie der Zeit". Zahlreiche Publikationen zum Thema Zeit. Bei Herder Spektrum u. a.: „Zeit – verweile doch ... Lebensformen gegen die Hast" (Band 4875) und „Es muss in diesem Leben mehr als Eile geben" (Herder 4961).

Karlheinz A. Geißler

Vom Tempo der Welt

– und wie man es überlebt

HERDER

FREIBURG · BASEL · WIEN

Gedruckt auf umweltfreundlichem,
chlorfrei gebleichtem Papier

www.herder.de
Herstellung: fgb·freiburger graphische betriebe 2004
www.fgb.de
Umschlaggestaltung und Konzeption:
R·M·E München / Roland Eschlbeck, Liana Tuchel
Umschlagbild: © Premium
Autorenfoto: Martin Hartmann
ISBN 3-451-05407-8

Weiter nichts … Ein wenig Sonne, ein kleiner Luftzug, ein paar Bäume, die die Entfernung einrahmen, der Wunsch glücklich zu sein, der Kummer darüber, daß die Tage vorbeigehen, die Wissenschaft immer ungewiß und die Wahrheit immer noch zu entdecke ist … weiter nichts, weiter nichts … Jawohl, weiter nichts …

(Fernando Pessoa, Buch der Unruhe, notiert am 21.6.1934)

Inhalt

DIE ZEIT DER POSTMODERNE

DREI SCHRITTE IN EINE ANDERE ZEIT-KULTUR

Jede Zeit hat ihre Zeit – Einleitung

Die Gleichzeitigkeit des Ungleichzeitigen

Daß wir alle Kinder unserer Zeit sind, ist das Thema dieses Buches. Will man das, was wir „Zeit" nennen, beschreiben, bedarf es einer Ordnungsvorstellung. Diese ist notwendigerweise auch wieder zeitlich. Die Ordnung, mit der hier Ordnung gemacht wird, heißt – was läge näher – „Zeitalter". Die im folgenden vorgenommene Einteilung in einen vormodernen, einen modernen und einen postmodernen Umgang mit der Zeit ist selbst Ausdruck eines modernen Zeitdenkens. Da alles zeitlich ist, sind es die Kategorien, mit denen Zeitphänomene analysiert und beschrieben werden, auch. Jede Zeitordnung geht mit spezifischen Wahrnehmungen und Vorstellungen des Vergehenden und alles Vergänglichen einher. Es gibt keine unbefleckte Empfängnis von Zeitordnungen und Zeitvorstellungen. Das macht alles zu diesem Thema Geschriebene relativ. Trotz dieser Relativität stiftet die Ordnung der Zeit, beispielsweise wie hier beim „Zeitalter", Orientierung und Sicherheit. Sie eröffnet mögliche, mehr oder weniger sinnvolle Wahrnehmungs- und Denkwege. Aber man kann die Zeit, egal welches Netz der Ordnung man immer auch knüpft und auswirft, nicht „am Schwanze halten" – wie Hans Castorp im „Zauberberg" beim Blick auf seine Uhr erkennt. Um nicht völlig im Vergänglichen unterzugehen, haben die Menschen begriffliche Markierungen entwickelt, die sie zu ihrer Orientierung nutzen. Ebenso wird in diesem Buch verfahren. Insofern ist das, was in diesem über die Veränderungen der Zeitwahrnehmungen und des unterschiedlichen Umgangs mit „Zeit" zu lesen ist, eine kleine Orientierungsgeschichte – mehr nicht. Sie könnte auch ganz anders geschrieben werden – von anderen Menschen und zu anderen Zeiten. Die verwendete periodische Einteilung ist ein – hoffentlich überzeugendes – Mittel, um grundlegende Veränderungen des menschlichen Umgangs mit „Zeit" zu verdeutlichen. Die Wirklichkeit war immer auch anders, als das hier „ordentlich" Dargestellte. Glükklicherweise ist sie unordentlich. Sie läßt sich mit keiner Landkarte abbilden.

Eine weitere Einschränkung: Die Epochengliederung betont das Trennende. Sie vernachlässigt die Gleichzeitigkeit des Ungleichzeitigen. Andererseits betont sie die Unterschiede zwischen den Zeitaltern und macht sie deutlicher. Auf der Basis des jeweils Unterschiedenen lassen sich wiederum interessante Bezüge herstellen. So etwa repräsentiert der griechische Gott Dionysos in der Art und Weise, wie er sich in Zeit und Raum bewegt (ziellos schweift er umher, ständig ist er unterwegs und im Nirgendwo zu Hause), die Lebensform der Postmoderne. Bei genauem Hinsehen ist die Ein-Gericht-Schnellmahlzeit, die als Fastfood aus der postmodernen Eßkultur ja nicht mehr wegzudenken ist, eigentlich eine vormoderne Erfindung. Es gab nämlich bereits 1134 in Regensburg (für die Erbauer des dortigen Doms) eine Imbißbude („Brotzeithütte"), in der auch heute noch schnelles und gar nicht so schlechtes Essen zu bekommen ist. So zeigen sich nicht nur in der Vormoderne bereits postmoderne Zeitmuster, auch in der Postmoderne haben sich die vormodernen Zeiten teilweise erhalten. Das jeweils vorhergehende Zeitalter trägt bereits Keime des nachfolgenden in sich, und diese wiederum übernehmen zeitliche Lebens-, Denk- und Wahrnehmungsformen der früheren. Die Zeit-Epochen überlagern sich. Neue Zeitalter schieben sich wie geologische Formationen über die vorherigen. Deshalb bleibt auch eine unserer existentiellen Fragen weiterhin unbeantwortet: Leben wir heute von der Frucht besserer Zeiten, oder leben wir in besseren Zeiten?

Tempo, Tempo

„Vom Tempo der Welt" – dies ist der unbescheidene Titel dieses Buches. Ein solcher Titel ist nur dann solide und sinnvoll, wenn man sich auf die heutige Bedeutung des Begriffes „Tempo" bezieht. Das Tempo nämlich hat selbst viel Tempo gemacht. Am Bedeutungswandel dieses Begriffes läßt sich die Veränderung unseres Zeitverständnisses anschaulich nachvollziehen.

- Bis ins 17./18. Jahrhundert war „Tempo“ ein Ausdruck für die rechte Zeit, für eine rechte Gelegenheit und für das rechte Maß.
- Ab Ende des 18. Jahrhunderts wird „Tempo“ zum generellen Zeitmaß der Bewegung. In der Musik ist dieser Tempo-Begriff noch heute gebräuchlich.
- Erst im 20. Jahrhundert erhält das „Tempo“ die Bedeutung von Schnelligkeit, von hoher Geschwindigkeit.

Der Begriff hat sich im Gleichmaß unserer Verkehrsmittel beschleunigt. Er ist von einem Postkutschen-Begriff zu einem Raketen-Begriff geworden. Dreihundert Jahre Zeit-Kulturgeschichte spiegeln sich darin. Beim „Tempo der Welt“ geht es daher im doppelten Sinne um „Zeit“.

Wer die Zeit verstehen will, muß darauf verzichten, die Zeit verstehen zu wollen. Nichts anderes hat Augustinus gemeint, als er auf die Frage, was denn „Zeit“ sei, antwortete, er wisse es nur, wenn ihn niemand danach fragt, er wisse es aber nicht, wenn er danach gefragt würde. Seine Antwort aber macht neugierig. Was wußte Augustinus über „Zeit“, als er sich selbst fragte? Warum aber beschäftigen wir uns eigentlich mit „Zeit“? Jacob Burckhard hat das Motiv unseres Interesses benannt: „Wir möchten gerne die Welle kennen, auf welcher wir im Ozean treiben, allein wir sind diese Welle selbst.“ Zeit-Erkenntnis ist immer auch Selbst-Erkenntnis, Arbeit an der „Zeit“ ist immer auch Arbeit an sich selbst. Das aber macht die Frage nach der Zeit nicht leichter und die Antworten darauf noch schwerer.

Die „Zeit“ ist ein Abenteuer des Denkens und Handelns. Mehr als vorläufige Mitteilungen werden wir über sie nicht erhalten. Erledigen läßt sich das Thema nicht. Denn die brennende Frage:

„Was ist Zeit?" hat keine Lösung. Daher gibt es auch für all jene, die diese Frage sich und anderen stellen, keine Erlösung. Trotzdem lohnt es, sich damit zu befassen. Nur so wird es möglich und wahrscheinlich, im Fluß des Zeitlichen einen Ort finden zu können. Hat man schließlich einen solchen gefunden, dann ist das eine gute Voraussetzung, um in Ruhe den Rätseln der Zeit nachzugehen, oder auch von diesen in Ruhe gelassen zu werden. Es liegt nahe, daß dies auch das zentrale Motiv ist, sich über das „Tempo der Welt" Gedanken zu machen. „In allem habe ich Ruhe gesucht und habe sie nirgends gefunden, außer in einer Ecke mit einem Buch (in omnibus requiem quaesivi, et nusquam inveni nisi in angulo cum libro)" – dieses Geständnis Thomas' von Kempen findet man am Anfang von Umberto Ecos Bestseller „Im Namen der Rose". Bei aller Beschäftigung mit der Zeit sollte man nicht vergessen, daß man diese mehr lieben sollte als ihre jeweilige Ordnung und auch mehr als all die Bücher, die jemals über sie geschrieben wurden. Zeit muß man leben, nicht diskutieren und auch nicht diagnostizieren. Nur dann ist sie eine lebendige Zeit, nur so läßt sich das Zeitliche bereits von der Ewigkeit segnen. „Denn die Zeit ist die Substanz, aus der ich gemacht bin, die Zeit ist ein Fluß, der mich davonreißt, aber ich bin der Fluß; sie ist ein Tiger, der mich zerfleischt, aber ich bin der Tiger; sie ist ein Feuer, das mich verzehrt, aber ich bin das Feuer" (Borges, o.J., S. 200).

Immer sind es Probleme, die Ausgangspunkt des Denkens, des Schreibens und auch des Lesens sind. Das Problem, das „hinter" der Beschäftigung mit der „Zeit" steht, ist „das Sein zum Tode" (Heidegger). Man wird geboren, man wird sterben, dazwischen liegt die Zeit. Manche bringen sie damit zu, sie zu managen, andere, sie zu beschreiben, und dritte schließlich damit, daß sie das Ge- und Beschriebene lesen. Die tausendfach zu hörende Klage über das Diktat der Uhrzeit: „Tut mir leid, keine Zeit" ist unehrlich. Hätten wir nämlich wirklich keine Zeit mehr, dann wären wir tot und könnten uns nicht über unsere Zeitlosigkeit beklagen. Insofern klagt es sich gut, weil man damit sich und anderen beweist, daß man noch lebt. Warum aber muß man sich seiner Lebendigkeit in dieser Art und Weise versichern? Wir haben genug Zeit – sonst würden wir uns nicht so extensiv mit ihr beschäftigen. Paradox am heute herrschenden Zeitdruck ist, daß er uns dazu treibt, uns für die Zeit viel Zeit zu nehmen. Eine Art Haßliebe kennzeichnet unseren gegenwärtigen Umgang mit der Zeit. Einerseits sind wir froh, daß wir „in der Zeit“ sind, also leben. Andererseits ist uns trotz großer Verdrängungsleistung die Tatsache nicht ganz unbekannt, daß wir nur „auf Zeit“ existieren. Wenn wir die Zeit bekämpfen, organisieren, beschreiben, sie verplanen, aber auch wenn wir sie zu uns einladen und ein eher freundschaftliches Verhältnis zu ihr pflegen, so ist es doch immer der Versuch, unsere Vergänglichkeit zu unseren Gunsten zu beeinflussen. Mit dieser Illusion leben wir, und für sie nehmen wir uns sehr viel Zeit.

In Europa wurde jenes Verständnis von „Zeit“ entwickelt, das zur Technik der Zeitkontrolle, der Zeitmessung und der Zeiteinteilung führte. Hier wurde die „Zeit“ erstmals zum Thema gemacht. Europa war der Dynamo (nicht zufällig ist dieser ja auch eine europäische Erfindung) für die immense Beschleunigung dieser Welt und für das moderne Programm der Beschleunigung von bereits Beschleunigtem. Doch muß man bei dieser Behauptung über einige Tatsachen hinwegsehen. Die Babylonier, das alte China, die Ägypter, die Inka und die Maya, alle diese frühen Kulturvölker, beschäftigten sich bereits weit eher als die Europäer mit der „Zeit“. Dort kannte man hochdifferenzierte Zeitberechnungssysteme, man erstellte Kalender und plante auf deren Grundlage ein reiches, kultisch gestaltetes Leben. Davon haben die Europäer profitiert. Ohne diese Vorläufer wäre die „Konjunktur der Zeit“ in Europa nicht zum Blühen gekommen. Aber es ist eine weitgehend unstrittige Tatsache, daß jene Zeiten, die heute den globalen Wandel maßgeblich bestimmen, von europäischen Entdeckungen, Entwicklungen und Erkenntnissen ausgingen.

Wollte man den vielen noch existierenden Zeitkulturen dieser Welt gerecht werden, dann hätte vieles in diesem Buch anders akzentuiert werden müssen. Allein die Gliederung nach den Zeitaltern (Vormoderne, Moderne und Postmoderne) gilt bestenfalls für die europäische Sicht. Als Begründung für diesen Eurozentrismus kann allein der Sachverhalt gelten, daß die abstrakte, die homogene Zeit, die ihren Siegeszug über den gesamten Globus bereits seit längerem angetreten hat, in der europäischen Kultur ihre Wurzeln hat. Sie wurde und wird heute mehr denn je durch die weltweit agierende Konkurrenzwirtschaft Völkern mit anderen Zeitkulturen aufgezwungen. Deren Zerstörung schreitet in erschreckendem Ausmaß voran.

Der kulturell unterschiedliche Umgang mit Zeit läßt sich als eine Art Sprache verstehen. Zeit-Sprachen existieren neben all jenen Sprachen, die wir in unseren Lehranstalten vermittelt bekommen. Für die Sprache der Zeit gibt es aber weder Lehr- noch Wörterbücher. Sie besteht nämlich nicht aus Wörtern, sondern aus symbolischen Handlungen.

Die Sprachen der Zeit sind reicher und vielfältiger als die gesprochenen Sprachen. Die als hochentwickelt geltenden Gesellschaften zeigen sich, was ihre Zeit-Sprachen betrifft, häufig eher unterentwickelt. Das dort alles beherrschende Muster der „Schnelligkeit“ (bzw. der „Beschleunigung“) hat die einst vorhandene zeitliche Vielfalt reduziert. Die Mitteleuropäer sind dafür ein Beispiel. Daher besonders für sie folgender Hinweis: Weniges regt so intensiv an, die eigene Zeitkultur zu befragen, wie die Beschäftigung mit fremden Zeitkulturen. Zwangsläufig wird man dazu ermuntert, wenn man fremde Länder bereist. Nicht selten muß man sich dabei an ungewohnte einheimische Zeitmuster anpassen und erlebt dadurch die Relativität des gewohnten heimischen Zeitverhaltens. Bei etwas Offenheit fürs Fremde stellt sich die Frage, wo die Zeiten besser und was bessere Zeiten sind. Vor raschen Antworten sollte man sich hüten. Nur so kann man lernen – aus eigener Verunsicherung nämlich.

Zeit genug: Zum Inhalt des Buches

Glücklicherweise hat uns der Erfindergeist der Postmoderne das hochflexible Anbauregal beschert. Wie anders könnten wir sonst der unübersehbaren Zeitliteratur Herr werden. Einer ganz ähnlichen Form der Kreativität verdanken wir jene schwergewichtigen Zeitplan-Systemen, mittels derer die Menschen heute mit raschem Blick in wichtige und unwichtige Personen eingeteilt werden können. Sie sind für alle Zeit-Interessierten unverzichtbar, um die vielen Tagungen zum Thema „Zeit" auf die Reihe zu bekommen. In diesen können dann auch all die Medienangebote, speziell die unvermeidlichen Talk-Shows, fürs schwache Gedächtnis festgehalten werden. Wer also Lust an der eigenen Überforderung hat, sollte sich dem Zeitthema zuwenden. Besonders gestreßt sind jene, die sich mit der Frage beschäftigen, wie sie ihren Alltag streßfreier gestalten könnten. Bei soviel widersprüchlichem Zeit-Trubel liegt der Gedanke nahe, daß früher die Zeiten vielleicht doch besser waren. Besser waren sie sicher nicht, aber sie waren anders. Deshalb lassen sich die vielen Probleme, die wir uns durch den heutigen Umgang mit der Zeit aufhalsen, mit nostalgischer Motivation nicht sinnvoll angehen. Das jedoch schließt nicht aus, mit möglichst realistischem Blick und ohne allzuviel Sehnsucht nach dem Verlorenen einmal nachzusehen, wie früher mit der Zeit umgegangen wurde und wie wir das heute tun. Dabei zeigt sich, daß vieles anders geworden ist, und heute immer schneller vieles anders wird. Für uns Postmoderne gilt nämlich nur das als modern, was morgen bereits wieder unmodern ist. Dies ist auch ein Trost für all die vielen, die über Zeitprobleme klagen. Denn auch die Probleme verändern sich immer rascher und vielleicht dabei auch so, daß die Zeitprobleme verschwinden.

Nicht immer haben Menschen so über Zeit gedacht und nicht immer haben Menschen ihren Alltag zeitlich so gestaltet, wie die „gehetzten Zeitsparer" an der Wende zum dritten nachchristlichen Jahrtausend. Mit den Zeiten haben sich die Zeiten geändert.

Der kulturgeschichtliche Rückblick zeigt, daß die Menschen ihr Verständnis von „Zeit“ stets an einer Instanz orientieren, die der „Zeit“ äußerlich war. Mit gleichsam unterschiedlichen „Brillen“ wurde die „Zeit“ wahrgenommen.

Will man die Entwicklung unseres Zeitverständnisses auf eine Kurzformel bringen, so stellt sie sich folgendermaßen dar:

Zuerst fanden wir die Zeit in der Natur und am gestirnten Himmel über uns, dann in den Uhren und bei den Glocken, und heute entdecken wir sie in Zeitplansystemen, Zeitvorträgen und Zeitsymposien und nicht zuletzt in Büchern über Zeit.

Wenn diese Entwicklung hier geschildert wird, dann nicht aus dem Interesse und der Perspektive des Historikers. Vielmehr steht die Frage im Zentrum: Wie geht es weiter? Wie wird sich unser Umgang mit der Zeit verändern? Welche Zeit und welche Zeitordnung machen in Zukunft Geschichte?

Aktueller Anlaß für das hier Dargelegte ist die Beobachtung von grundlegenden Veränderungen, die das bisher weitgehend unumstrittene moderne Zeitverständnis ins Wanken zu bringen scheinen. Dazu gehören folgende Auffälligkeiten:

- Die vielen, ehemals im öffentlichen Raum angebrachten Uhren verschwinden zunehmend.
- Die Transportgeschwindigkeit unserer wichtigsten Güter, der Informationen, ist bei Lichtgeschwindigkeit und damit am Ende der Beschleunigung angekommen.
- Die Pünktlichkeitsmoral verliert an Akzeptanz. Sie wird immer spürbarer von der Flexibilitätsmoral abgelöst.

Alle diese Beobachtungen deuten darauf hin, daß die Uhrzeit ihr Monopol als bestimmendes Zeitmaß fürs Leben und Arbeiten verliert. Das aber heißt: Die bisher gültige Zeitordnung steht zur Disposition.

„An der Schwelle zum dritten Jahrtausend ist die tiefe Überzeugung zu spüren“, so Claudio Magris in seiner 1996 gehaltenen Rede zur Eröffnung der Salzburger Festspiele, „daß die Kultur und der Mensch selbst in einem radikalen Wandel begriffen sind, also die Überzeugung vom unleugbaren Ende nicht der Welt, sondern einer jahrhundertealten Art und Weise, die Welt zu erleben, zu erfassen und zu verwalten“. Es gibt unübersehbare Indizien dafür, daß dies für unseren Umgang mit der Zeit und unsere Zeitwahrnehmung zutrifft. Auf die „Wonnen“ des Gewöhnlichen müssen wir daher in der Zukunft immer häufiger verzichten. Denn es gibt nur eine wirklich unstrittige Antwort auf die Frage: Was ist Zeit? Zeit ist ein einsilbiges Wort. Deshalb muß soviel über sie geschrieben und geredet werden.

Ich weiß nicht, was die Zeit ist. Ich weiß nicht, welches ihr wahres Maß ist, falls sie überhaupt eines hat. Ich weiß, daß die Uhrzeit falsch ist: sie unterteilt die Zeit räumlich, von außen. Die gefühlte Zeit, weiß ich, ist ebenfalls falsch: sie unterteilt nicht die Zeit, sondern unsere Empfindung von der Zeit. Die Zeit der Träume ist gleichfalls falsch; in ihnen streifen wir das eine Mal eine verlängerte, das andere Mal eine verkürzte Zeit, und was wir erleben, ist übereilig oder langsam infolge irgendeines Vorgangs beim Verfließen der Zeit, dessen Natur ich nicht kenne.

(Fernando Pessoa, Das Buch der Unruhe)

Die Zeit der Vormoderne

Peter Brueghel d. Ä.: Die Kornernte (1565)

In dem 1565 gemalten Bild „Die Kornernte" vermittelt Brueghel den Betrachtern die Zeiterfahrung der Vormoderne. Zeit, Ort und Handlung bilden ein unauflösliches Ganzes. Organisiert wird diese Ganzheit durch die alles umfassende Natur und deren Zeitmaß. In der „Kornernte" sind alle dargestellten Tätigkeiten durch Naturzeit bestimmt. Die äußere Natur verpflichtet die Schnitter zur Ernte des reifen Korns, die innere Natur motiviert die Hungrigen zum Essen und die Ermüdeten zum Ausruhen. Die Harmonie, die dieses Bild ausdrückt, rührt maßgeblich von der Einheit des Naturzeitmaßes her. Eingebettet in die Rhythmik der Natur, ist Zeit für die Menschen auf diesem Gemälde kein Thema. Über Zeit wird nicht gesprochen, nicht diskutiert, nicht gestritten. Sie wird gelebt zum rechten Zeitpunkt. Zu solcher „Zeitlosigkeit" gehört auch der symbolische Sachverhalt, daß uns das genaue Geburtsdatum des Malers unbekannt ist. Man zählte die Zeit nicht, man lebte sie.

Alles zu seiner Zeit

„Der Tag begann für mich bereits um vier Uhr, sobald es einigermaßen hell war. Ich richtete mich immer nach der Helligkeit und nicht nach der Uhr. Eine Uhr brauchte ich damals nicht, und ich trage auch heute noch keine. Was zu tun ist, sagte mir immer meine innere Uhr. Es ist dann schon auch vorgekommen, daß ich sogar nach langer Zeit schlechten Wetters nicht mehr genau wußte, welcher Wochentag heute war. Das war aber auch nicht wichtig, ich hatte keine Termine, und die Dauer der Almzeit wurde vom Wetter bestimmt. Ich lebte ohne Zeitdruck, nur mit dem Vieh und der Natur.“

Wer würde nicht gerne so leben – wenigstens irgendwann einmal, so etwa zwei Wochen lang und dies möglichst im warmen Hochsommer? Solche Sehnsüchte haben viele. Wir können sie uns heute leisten, weil wir wissen, daß wir so nicht immer leben müssen. Zu jeder Zeit gibt es die Möglichkeit des Ausstiegs aus dem Ausstieg. Auch Josef Dichtl (Jahrgang 1938), der ‚Dichtl Sepp‘ aus Eschenlohe, hatte diese Möglichkeit. Denn dieser war es, der seinen „zeitlosen“ Tagesablauf als einer der letzten Hirten des Bayerischen Oberlandes in den oben zitierten Sätzen zu Protokoll gab (Kratz/Kummer 1997, S. 52). Er erkannte genau, worauf es ankommt, wenn man heutzutage Eindruck machen will: Die Sehnsüchte der Menschen muß man ansprechen – und zuallererst gilt dies für die Sehnsucht, ohne Zeitdruck in harmonischem Einklang mit dem Vieh und der Natur leben zu können. Der ‚Dichtl Sepp‘ ist ein moderner Mensch, er lebt zwar nicht modern, aber er denkt modern, redet und schreibt auch so. Er spricht mit schwärmerischem Unterton davon, daß er keine Uhr braucht, daß er keine Termine hat und daß er die Wochentage vergessen kann. Er lebt die Zeit, schildert ein zeitloses Paradies. Und doch muß man den Zeitdruck kennen, muß wissen, was Termine sind, und muß sich an der Uhrzeit orientieren, um sein

Leben so zu beschreiben, wie dies der ‚Dichtl Sepp' so anschaulich tut. Was er uns mitteilt, ist ja nichts anderes als die Botschaft: „Ich brauche eure Zeit nicht! Ich verzichte auf Uhren und Termine. Ich lass' mich, im Gegensatz zu euch, von der Zeit nicht drängen." So ganz stimmt das jedoch nicht. Er benötigt die Uhren, er braucht Termine, und er hat auch den Zeitdruck nötig; wenn auch nicht unbedingt im eigenen Alltag, so doch zumindest, um seinen Alltag von dem der Menschen im Tal abzugrenzen. Er stimmt das sehnsüchtige Lied des von der Uhrzeit befreiten Lebens an, das auf der Rückseite jener Schallplatte zu finden ist, auf deren Vorderseite der nur allzu bekannte Song vom Zeitsparen verkauft wird. Und wie jedermann weiß, läßt sich die Rückseite nicht ohne Vorderseite erwerben.

Trotzdem, sie existierte einmal: die uhrzeitlose Zeit, jene Zeit, in der man die Zeit, zumindest aber den Zeitdruck, nicht kannte. Kaum vorstellbar, es gab einmal ein Leben vor dem selbstgemachten Zeitdruck. Dieses Leben hat wenig mit jenen Vorstellungen zu tun, mit denen wir unsere Sehnsüchte nach einem von Hetze und Hast befreiten Alltag so gerne ausstatten. Doch entwertet dies nicht die vielen Wünsche und Hoffnungen, irgendwann einmal ohne Zeitdruck leben zu können und leben zu dürfen. Diese Zeit vor dem Zeitdruck hat einen Namen, sie wird die „Vormoderne" genannt.

Gekennzeichnet ist diese Vormoderne durch eine enge Verbindung des gesamten Lebens – speziell auch der Arbeit – mit den periodischen Abläufen des Kosmos und der Natur. Das, was wir heute „Zeitbewußtsein" nennen – den Begriff kannte damals niemand –, orientierte sich an den zyklischen Wiederholungen der Natur und denen des gestirnten Himmels. Vor allem galt das für die bäuerliche Arbeit, von der die Mehrheit der Bevölkerung damals lebte. Sie war vom Wechsel der Gestirne, von Regenzeiten und Trockenzeiten, vom Umlauf der Erde um die Sonne und vom Rhythmus des tierischen und pflanzlichen Wachstums geprägt. Man lebte in der Natur und mit der Natur, ging mit den

Hühnern schlafen und ließ sich vom frühmorgendlichen Krähen des Hahns wieder wecken. Die Welt und die Art und Weise, wie man sie anschaute, waren durch die Abhängigkeit von der Natur und deren Abläufe und Bedingungen geprägt, insbesondere durch die Jahreszeiten, durch Regen, Unwetter, Dürre und durch die Beschaffenheit des Bodens. Der Lebensrhythmus des Alltags wurde von diesen wechselnden Bedingungen in heute nicht mehr vorstellbarem Ausmaß beeinflußt und bestimmt. Das Arbeitstempo etwa richtete sich nach den jeweiligen Witterungsbedingungen. Man war eins mit der Natur. Den Lebensmitteln, die man benötigte, konnte man vom Kirchturm aus beim Wachsen und Reifen zusehen. Durch Geburt und Stand war das Leben und dessen Ausgestaltung fest in eine als unveränderlich geltende Sozialstruktur eingebettet. Handwerkern und Bauern galt ein über den Erhalt der Existenz hinausgehendes Erwerbsstreben als unlauter. Die Regeln des Lebens und die des Arbeitens waren weitgehend identisch. Arbeit war Teil eines Alltags, dessen Sinn darin lag, das Leben ehrbar im Rahmen der natürlichen und der sozialen Bedingungen und Voraussetzungen zu führen. Die zeitliche Abfolge des handwerklichen und des bäuerlichen Lebensvollzugs orientierte sich an der dauerhaften Stabilität der natürlichen und der sozialen Existenzgrundlagen. Man arbeitete, um zu leben und zu überleben. Wir nennen eine solche Ökonomie heute „Subsistenzwirtschaft".

Von Geburt an war man Handwerker oder Bauer, und man blieb es bis zum Tod. Den jeweiligen Beruf hatte man nicht nur, man fühlte sich auch dazu berufen – lebenslang. Wenn sich etwas veränderte, so geschah dies nicht durch die Einzelnen, sondern durch die sie umgebende Welt, in die man sich demütig und beschützt eingebettet sah. So etwa veränderte sich die Arbeitszeit in unseren Breiten mit der Länge des lichten Tages. Das Sonnenzeitmaß bestimmte die Grundgeschwindigkeit der Natur und auch die der Menschen. Im Sommer reduzierten die Bauern die Zeiten ihres Schlafes auf die wenigen Stunden der Dunkelheit, im

Winter hingegen waren schließlich so lange Schlafenszeiten üblich, daß man auf die Idee kommen konnte, der Mensch hätte alle Anlagen für einen ausgiebigen Winterschlaf.

Versucht man diese Zeit zu charakterisieren, kann man von einer „organischen Zeit“ sprechen. Die Zeit war fast ausschließlich aufgabenbezogen strukturiert. Die Arbeit wurde, wie der gesamte Lebenslauf, von dem, was zu tun war, also von den zu erfüllenden Aufgaben, geprägt. Diese Einheit von Arbeit und Leben kannte und brauchte keine abstrakten Maße. Noch bis ins 17. Jahrhundert, dies läßt sich aus Chroniken, speziell aus Geburtsregistern, ersehen, konnten die wenigsten Menschen jenes Jahr beziffern, in dem sie geboren wurden. Von Michael Pacher, dem wir herrliche gotische Hochaltäre zu verdanken haben, weiß man weder das Geburtsjahr noch den Geburtsort: „Zwischen 1428 und 1435 im Pustertal“ lauten die offiziellen Daten.

Es ist „allerhöchste“ Zeit: Zeitgeber

Will man den Umgang mit der Zeit in der Vormoderne beschreiben, so ist bei der Verwendung des Begriffes „Zeit“ Vorsicht geboten. In der Art und Weise, wie wir heute „Zeit“ wahrnehmen, war dies in der Vormoderne niemandem möglich. Unsere aktuelle Zeitwahrnehmung unterscheidet sich ganz wesentlich von jener der Menschen im Mittelalter. Grund dafür war die uns heute weitgehend fremde Vorstellung, mit der die Bauern und die Handwerker damals die Welt erfaßt haben, sowie das Bild, das sie sich von ihr machten. Zwei Instanzen existieren, die dieses Weltbild prägten und die die Zeitwahrnehmung beeinflußten. Dies waren die Natur und Gott (bzw. dessen irdisches Management, das wir „Kirche“ nennen). Sie fungierten als Zeitgeber der Vormoderne.

Menschen, die die Natur nicht, wie wir heute, als „Umwelt“ begreifen, die sich vielmehr selbst als Teil der Natur verstehen, lassen sich ihre Zeit von den Jahreszeiten, dem Stand der Sonne und dem der Sterne, von der Niederschlagsmenge und dem Rhythmus der inneren und äußeren Natur vorgeben. In Küstenregionen kamen noch zusätzlich Ebbe und Flut hinzu, die die Zeit all jener Menschen bestimmten, die vom Fischfang lebten.

Drei regelmäßig wiederkehrende Veränderungen fungierten als Zeitgeber:

- Die Rotation der Erde bestimmte den grundlegenden Rhythmus von Tag und Nacht.
- Die Rotation des Mondes um die Erde sowie die Rotation des Mondes und der Erde um ihren je eigenen Schwerpunkt bestimmten die Zeiten der Monate, der Wochentage und die der Gezeiten.
- Die Rotation der Erde um die Sonne war die Bedingung für die Jahreszeiten, für die unterschiedlichen Längen von Tag und Nacht und für Regen- und Trockenzeiten.

Aussaat, Ernte, Jagd und Fischfang, aber auch beispielsweise der Hausbau und die vielen sozialen Ereignisse (Feiern und Feste) wurden von diesen natürlichen Zyklen zeitlich bestimmt. Sie galten als nicht veränderbar und nicht hintergehbar. Deshalb diskutierte man damals auch nicht über Zeit, denn es gab diesbezüglich nichts zu planen und zu verändern. Ein Zeitmanagementseminar wäre so ziemlich das Absurdeste, das man sich in dieser vormodernen Zeit hätte vorstellen können. Man verrichtete sein Tagwerk, wie es der Gewohnheit entsprach. Niemand hatte das Bedürfnis, die Zeit zu messen, sie einzuteilen oder zu verplanen. Die Teilung des Tages, des Mondes, des Jahres geschah aufgaben-, nicht zeitorientiert. In dieser natürlichen Zeitordnung des Werdens und Vergehens drückte sich, so das vormoderne Weltverständnis, der Wille der Götter und im christlichen Abendland der des einen Gottes aus. Die Natur mit all ihren produktiven, aber auch mit ihren zerstörerischen Seiten war Ausdruck des unergründlichen Willens Gottes.

Der christlich-katholische Ordnungsgedanke bestimmte in Europa die Anschauung der Welt. Er sicherte den geordneten Sinn des (vorläufigen) irdischen Tuns durch die Ausrichtung auf die spätere Erfüllung im Jenseits. Durch die Unterwerfung unter die göttliche Ordnung erhöhte das alltägliche Leben seinen Bezug zum ewigen Leben und zur Erlösung. Das Bemühen um Seligkeit war das wichtigste Ziel aller Aktivitäten im katholischen Mittelalter. Zwischen zwei Lebensformen konnte dabei gewählt werden: Einerseits gab es das tätige Leben (vita activa), andererseits das „beschauliche" Leben (vita contemplativa). Beide Formen der Existenz führten auf unterschiedlichen Wegen zum gleichen Ziel, und beide – dies ist ein gravierender Unterschied zur heutigen Zeit – galten als Formen des tätigen und praktischen Lebensvollzugs. Wohlgemerkt, eines arbeitsamen Lebens, das nicht auf persönliches Gewinnstreben hin orientiert war, sondern immer Teil eines auf den göttlichen Heilsplan ausgerichteten Sinnes. Durch beide Lebensformen ließ sich die Sündenlast verringern. Arbeit, die keine Mühe machte, war in diesem Verständnis keine Arbeit, da sie nicht als Buße für den Sündenfall akzeptiert wurde. Erfolgsmaximierung, jenes Prinzip, nach dem heute bei uns Arbeit organisiert wird, war in der Vormoderne völlig unbekannt. Daß trotzdem unter großen Anstrengungen zielorientiert gearbeitet wurde, belegen nicht nur die bewundernswerten Kathedralen aus jener Zeit.

Die geistlichen Stände, als irdische Repräsentation des göttlichen Willens, sicherten diese Ordnung durch eine breit verzweigte kultische Aktivität. Dabei bedienten sie sich – ebenso wie lange Zeit vor ihnen auch schon die Ägypter – der periodischen Naturzeit. Diese wurde damit auch zur allseits anerkannten sozialen Zeit. Die entscheidenden zeitlichen Orientierungen, die von der Kirche gesetzt wurden, waren mit den natürlichen Zeitläufen eng koordiniert. Nur so konnten die Regeln der Natur als unumstößliche Zeitprinzipien Gottes akzeptiert werden, und es entstanden stabile Verhältnisse sowohl für die Menschen als auch für die Kirche und deren Herrschaftsansprüche. Die Zeit und deren Ordnung wurden christianisiert. Den Anfang der Zeit markierte die Schöpfungsgeschichte, das Ende der Zeit das Jüngste Gericht. Die durch lange Traditionen überlieferten Gewohnheiten und Bräuche wurden mit viel Druck und Gewalt, aber auch mit viel kluger, sozialer Sensibilität in christliche Rituale verwandelt. Die zeitliche Gliederung des Kirchenjahres saß quasi auf vorchristlichen Zeitordnungen auf. Der Weihnachtstermin wurde beispielsweise in die Zeit der Wintersonnenwende gelegt – in Hinblick auf die christliche Symbolik, daß die Geburt Christi als Zunahme des Lichts erfahren wird. Solches erhöhte die Akzeptanz der gottgewollten kirchlichen Ordnung bei der Bevölkerung in entscheidendem Ausmaß. Das Basler Münster beispielsweise ist in seiner baulichen Grundstruktur identisch mit dessen keltischem Vorgängerbau. Zur Sommersonnenwende, am 21. Juni, geht die Sonne, in der die Ägypter das Auge Gottes sahen, genau zwischen den beiden Münstertürmen auf. Es ist das Sonnenzeitmaß, das gleichermaßen den christlichen wie den vorchristlichen Bau bestimmt. Auch die Ordensregeln des heiligen Benedikt berücksichtigen die Naturrhythmen, insbesondere bei der traditionellen mittäglichen Ruhepause im Sommer, die die jahreszeitlich bedingte kürzere Dauer der Nacht ausglich. Als „Siesta-Kultur" war sie auch außerhalb des Klosters üblich. Noch heute wird sie im Mittelmeerraum praktiziert. Der französische Historiker Duby (1980, S. 141) beschreibt die jahreszyklisch gestaltete Ordnung der klösterlichen Liturgie: „Eine der Hauptaufgaben des Küsters und des Kantors, die für die liturgische Ordnung verantwortlich waren, bestand darin, alljährlich einen Kalender auszuarbeiten, die verschiedenen Textstellen zu verteilen und den Gottesdienst jeweils den außergewöhnlichen Feierlichkeiten gemäß zu gestalten. Das Leben im Gebet bedeutete also notwendig die ununterbrochene Erfahrung der kosmischen Zeit. Indem sie sich ihren zirkulären Rhythmen beugte, indem sie sich gegen jeden möglicherweise störenden Zufall absicherte, nahm die Klostergemeinschaft die Ewigkeit schon voraus."

Gott und die von ihm geschaffene Natur waren also die bestimmenden Zeitgeber der Vormoderne. Die Zeit war kein Besitz der Menschen. Sie gehörte Gott, der allen Lebewesen ihre Zeiten gab. Sündig wurden jene, die mit der Zeit handelten, um aus ihr Profit zu ziehen. Darum galt im Mittelalter der Wucher, das Geldverdienen auf Zins, als ganz besonders verwerfliche Sünde. In einem Handbuch für Beichtväter läßt sich das anschaulich nachlesen:

„Der Wucherer leiht dem Schuldner nicht, was ihm gehört, sondern nur die Zeit, die Gott gehört. Er darf also keinen Gewinn aus dem Verleih fremden Eigentums machen. Die Wucherer sind Diebe, denn sie handeln mit der Zeit, die ihnen nicht gehört; und mit dem Eigentum eines anderen gegen den Willen des Besitzers zu handeln ist Diebstahl. Und da sie außerdem mit nichts anderem als mit erwartetem Geld, das bedeutet mit Zeit, handeln, treiben sie mit Tagen und Nächten Handel. Der Tag aber ist die Zeit der Helligkeit und die Nacht die Zeit der friedvollen Ruhe. Also handeln sie mit Licht und friedvoller Ruhe. So wäre es nicht gerecht, wenn sie das ewige Licht und den ewigen Frieden erlangten" (Engadiner Kolloquium 1994, S. 53/54).

Die Sünde der Wucherei, so der Mittelalterforscher Gurjewitsch (1997, S. 301), „wiegt außerordentlich schwer, und sie ist besonders schwer abzuwaschen, weil sie die einzige Sünde ist, die keine Pause kennt".

„Ehebrecher, Wollüstlinge, Mörder, Meineidige und Gotteslästerer werden ihrer Sünden irgendwann einmal überdrüssig – nicht so die Wucherer. Selbst wenn ein Wucherer schläft, gehen seine Geschäfte munter fort, und er zieht aus ihnen seinen Gewinn. Der Herr hat dem Menschen aufgetragen: Im Schweiße deines Angesichts sollst du dein Brot essen. Aber der Wucherer schafft nicht im Schweiße seines Angesichtes und häuft doch Reichtümer an, und so handelt er Gott zuwider (...) Der Wucherer ist also ein Gegner Gottes und der Natur, da er alle Gesetze übertritt und sich sogar gegen die Zeit versündigt."

Der feste Glaube an eine von Gott geschaffene Ordnung sowie die problemlose Bereitschaft, sich darin einzugliedern, machten die heute so beliebten Terminkalender ebenso unnötig wie eine detaillierte Einteilung des Tages in Stunden und Minuten. Auch „Beschleunigung" war kein Motiv des Handelns. Sie war in vormodernen Zeiten keine sinnvolle Handlung. Deshalb unterblieb sie auch. Denn, so die damalige Auffassung, wer zu sehr eilt, wird auch schnell müde. Eine der fünf großen Versuchungen, denen es zu widerstehen galt, war die Ungeduld. Dafür, daß diese nicht aufkam, sorgten u. a. die kirchlich verordneten Gebetszeiten, die den Alltag durch regelmäßige Phasen des Innehaltens entscheidend „abbremsten". Das bäuerliche und das klösterliche Dasein bestanden aus längeren Perioden des Wartens. Diese wurden immer auch als Zeiten der Erwartung verstanden, nie jedoch als „verlorene Zeit". Zeit ist in der Vormoderne also immer „höchste" Zeit, „allerhöchste Zeit", Gottes Zeit.

„Fünf Vaterunser lang": Zeitmessung

In der Lebenswelt der Vormoderne existierte kein Verständnis für das Abstraktum „Zeit". So wie Zeiterfahrung und Zeitwahrnehmung immer konkret, also an bestimmte Ereignisse und Handlungen geknüpft wurden, waren dies auch die Zeitmaße. Das Messen der Zeit ist daher stets das Ermessen der Zeit. Und dieses Ermessen begann, was den Tag betrifft, mit dem Aufgang der Sonne, und es endete meist bei deren Untergang. Homer rechnete, wie man es aus dem Geschichtsunterricht weiß, nach Morgenröten, Cäsar nach Nachtwachen.

Die von Menschen geschaffenen Signale und Geräte, mit deren Hilfe man Zeitpunkte und Zeitstrecken festlegte, wurden nicht an einem erfahrungsdistanzierten Maß, wie dem der „Uhrzeit", sondern an der Länge des lichten Tages festgemacht. Die kleinste Zeiteinheit, die im Alltag „gemessen" wurde, war der Tag, und zwar nur der helle Tag. Beda, ein einflußreicher Mönch des frühen Mittelalters, riet von heidnischen Versuchen ab, die menschliche Zeit in kleinere Teile zu zerlegen (vgl. dazu Borst 1984, S. 413). Ereignisse wurden danach zeitlich fixiert, ob sie in Relation zu einem anderen Ereignis früher oder später stattfanden, ob sie ebenso lang, kürzer oder noch länger waren. Manche Handlung dauerte „fünf Vaterunser lang", wie etwa das Untertauchen der Agnes Bernauer: Auf anderes, z. B. auf den Gänsebraten, mußte man bis zur nächsten Kirchweih warten, und auf Dinge, die nicht mehr überschaubar waren, häufig bis zum Jüngsten Gericht. Uhren, auch Sonnenuhren, hatten für das Leben in vormodernen Dörfern keine Bedeutung. Nur in Klöstern und an den Höfen der Feudalherren wurden sie verwendet. Man brauchte in der Vormoderne keine Uhr, um zu wissen, was die Stunde geschlagen hatte.

Die christliche Kirche übernahm von den Römern die Zeiteinteilung für die Festlegung der täglichen Gebetszeiten. Auch sie waren am Sonnenzeitmaß orientiert. Es waren sieben am Tag: Sonnenaufgang, Mitte des Vormittags, Mittag, Mitte des Nachmittags, später Nachmittag und Sonnenuntergang. Mit der siebten Gebetszeit, ursprünglich für kurz nach Mitternacht festgelegt, hatte man große Probleme. Sie verschob sich immer mehr zum Morgen hin. Im Winter waren die Gebetszeiten logischerweise gedrängter als im Sommer. Für Verabredungen war die Länge des eigenen Körperschattens eine beliebte Maßeinheit. „Fuß" oder „Schuh" waren damals die gebräuchlichen Bezugspunkte (die im Englischen ja immer noch existieren). Bis in die heutige Zeit hinein haben sich solche am Sonnenzeitmaß orientierten Tageseinteilungen bei afrikanischen Stämmen erhalten. Die Ngoni etwa bemessen ihren Tag in anschaulicher Art und Weise:

ruduhu, lukera ruduhu	frühmorgens (noch finster)
chiwumba chihuma	die Morgenröte kommt
chiwumba chitemile	die Morgenröte ist gekommen
mbarara yihuma	das Licht kommt
lilanga lihumadie	die Sonne kommt
lilanga likwera	die Sonne steigt
lilanga pamuhana	die Sonne in der Ecke
lilanga pamutu	die Sonne über dem Kopf
lilanga lipendama	die Sonne dreht sich
lilanga lihamba	die Sonne geht
lilanga liherera	die Sonne geht unter
zwarara	Abenddämmerung
kimihi	abends, Abend
kilo	nachts, Nacht

(vgl. Moser 1997, S. 201)

Da man in Mitteleuropa den Tag als Bezugsgröße für kleinere zeitliche Fixpunkte nutzte, gab es jahreszeitliche Verschiebungen. So waren die Tagesstunden des Sommers länger als die des Winters. Das Abendläuten, so habe ich es noch in meiner Kindheit in den fünfziger Jahren in einem hessischen Dorf erlebt, geschah im Sommer erheblich später als im Winter. Da dieses Läuten auch die Funktion hatte, die Kinder „nach Hause zu läuten", war es für diese weitaus akzeptabler als die abstrakte Uhrzeit. Es war nämlich mit dem Erleben und der Wahrnehmung der Kinder fein abgestimmt. Auch die zeitliche Erwartung, die wir mit dem Begriff der „Pünktlichkeit" benennen, sah in vormodernen Zeiten anders als heute aus. Verabredungen bezogen sich immer auf Zeiträume, nicht auf Zeitpunkte. Hierdurch nahm man Rücksicht auf besondere, auf überraschende und nicht überschaubare Gegebenheiten und auch auf individuelle Interpretationsspielräume. Wenn man im alten Hellas, aber auch noch in den mittelalterlichen Siedlun gen der weiter nördlich gelegenen Orte Begegnungen nach dem Schattenmaß koordinierte, so mußte man bei Regenwetter verständlicherweise etwas kreativer werden. Mit der Arbeit – auch dies eine Aktivität, die einer gewissen Abstimmung bedurfte – wurde beispielsweise dann begonnen, wenn man einen Menschen in der Dämmerung auf der Straße erkennen konnte. Dies wird heute noch, so berichtet Levine (1998, S. 129), in Burundi, einem bäuerlich strukturierten Land Afrikas, in ähnlicher Art und Weise praktiziert. „Verabredungen werden nicht notwendigerweise für einen bestimmten Zeitpunkt des Tages getroffen. Die Menschen wachsen in ländlichen Gebieten auf, und wer über wenig Schulbildung verfügt, verabredet sich vielleicht für ein Treffen früh am Morgen, indem er sagt: ‚Okay, wir sehen uns morgen früh, wenn die Kühe auf die Weide gehen.' Wenn man sich mittags treffen will, verabredet man sich für die Zeit, ‚wenn die Kühe zum Fluß trinken gehen'. Damit die jüngsten Kühe nicht zu viel trinken, verbringen die Bauern, so erklärt Niyonzima, zwei oder drei Stunden mit ihnen in einem schattigen Unterstand, während die älteren noch am Fluß trinken. Dann am Nachmittag, sagen wir etwa um drei Uhr, ist es Zeit, die jungen Kühe wieder auf die Weide hinauszuführen. Wenn man also ein spätes Treffen verabredet, sagt man zum Beispiel: ‚Wir sehen uns, wenn die jungen Kühe hinausgehen.'"

Ebenso exotisch, aber nicht weniger sympathisch klingt der Bericht eines Jesuitenpaters über originelle Zeitmaße auf der Insel Martinique: „Der Verzehr von Schokolade ist auf diesen Inseln weit verbreitet. Ja, die Einwohner sprechen ihr, ebenso wie dem Brandy und dem Tabak, so regelmäßig zu, daß diese Dinge ihnen als Uhr und Maß erscheinen; so daß sie, wenn du sie fragst, um welche Uhrzeit sie irgendwo aufgebrochen und wann sie angekommen seien, zur Antwort geben: ‚ich bin um Punkt Brandy aufgebrochen und um Schokolade angekommen', was soviel wie acht Uhr bedeutet" (S. u. M. Coe 1997, S. 239).

Unter solchen Umständen war es nicht verwunderlich, daß in den vormodernen Zeiten Mitteleuropas häufig gerichtsähnliche Instanzen dazu herangezogen werden mußten, um die Gültigkeit von Zeitmaßen festzulegen. Sie bestimmten beispielsweise in Streitfällen, wann die Morgendämmerung, die für eine Verabredung vereinbart wurde, zu Ende war.

Zeit ist also in der Vormoderne und deren Alltag nicht die Summe von Tagen, Stunden, Minuten und Sekunden. Zeit ist der Zusammenhang von Erlebnissen und Erfahrungen. Es ist eben nicht etwa 6 Uhr, sondern Sonnenaufgang. Im Gebirge orientierte man sich zeitlich mit Hilfe der Bergspitzen. So wird etwa aus Südtirol berichtet: Gewisse Stunden des Tages wurden in verschiedenen Orten nach dem Aufgehen der Sonne über einzelnen Bergspitzen festgestellt, die dementsprechend die Namen „Neuner", „Zehner", „Elfer", „Mittagsspitze" oder „Einser" erhielten. Auf solche Weise kam die Benennung der bekannten „Sextener Sonnenuhr" zustande; den Bewohnern der Ortschaft Moos im Sextental in den Dolomiten – kündeten der Neuner-, der Elfer-, der Zwölfer- und der Einserkofel die Tageszeiten an. Messerli (1995, S. 114) hat diese Gebirgssonnenuhren für die Schweizer Alpenregion beschrieben. „In der ganzen Schweiz finden sich Belege dafür, daß Berggipfel zusammen mit der darüberstehenden Sonne zur Zeitbestimmung dienten. Ein Verzeichnis der Schweizer Gipfel über 2000 m listet 46 Berge auf – von Piz Mezdi über Pizzo di Mezzodi und Rocher du Midi bis zu Mittaghorn –, deren Name eindeutig auf ihre Funktion als Zeitmaßstab verweist. Etwas genauer können wir die Situation im Kanton Graubünden (...) überblicken. Man findet insgesamt 52 Belege für Orte – meist Berggipfel –, an denen der Stand der Sonne abgelesen und die Tageszeit bestimmt wurde: weitaus am häufigsten der Mittag (45mal), gefolgt von 1 und 2 Uhr (je dreimal) und 11 Uhr (einmal) (...). Daß Berge im schweizerischen Alpenraum ein weitverbreitetes Zeitbestimmungsmittel waren, belegen ihre heute noch gebräuchlichen Namen eindrücklich. Weit schwieriger ist indessen abzuschätzen, bis zu welchem Zeitpunkt diese natürlichen Sonnenuhren als Zeitmaßstäbe verwendet wurden. In den Dörfern Soglio und Alvaneu hat sich nach der Beschreibung von

Christian Brügger die Bevölkerung mindestens bis in die späten 1850er Jahre danach gerichtet. Und im abgelegenen Tessiner Dorf Broglio orientierten sich die Menschen offenbar noch in der zweiten Hälfte des 19. Jahrhunderts nach dem Schattenwurf eines Berges."

Bereits die Art und Weise, wie man in der Vormoderne den lichten Tag einteilte, macht deutlich, wie weit wir uns heute von dieser Zeitauffassung entfernt haben. Einige hundert Jahre später messen wir die Zeit bis ins mikroskopische Detail – und dies mit ereignisunabhängigen Maßen. Eine noch weit größere Differenz zwischen dem „Damals" und dem „Heute" tut sich jedoch auf, wenn wir einen Blick auf die Schattenseite des lichten Tages, auf die Nacht, werfen.

Schon in der Wortbedeutung drückt sich die Charakteristik der mittelalterlichen Nacht aus. Das einsilbige Wort leitet sich von dem Verb „noceo" = „Schatten zufügen" ab. Die Nacht galt als unerforschlich, als nicht beherrschbar und damit auch als nicht berechenbar. Sie war ein Synonym für die Dunkelheit, die Zeit der Geister, der ruhelos Toten und des Zaubers. Speziell in der christlichen Tradition hatte man sich vor ihr zu hüten, da während der nächtlichen Zeit die Versuchung durch feindliche Mächte für besonders groß gehalten wurde. Die Nacht war bedrohlich gestaltlos und damit auch zeitlos. Sie existierte weder in der bildenden Kunst noch in der Literatur der vormodernen Zeit. Die Menschen tappten im wahrsten Sinne des Wortes im Dunkeln. Man griff nicht – wie heute – nach den Sternen. Man schloß die Stadttore und wollte nächtens nicht wissen, wie spät es ist. So ist auch jede Arbeit in der Nacht sinnlos – und nicht nur das, sie ist todbringend. Sozial bedeutet dies, daß Nachtarbeit mißachtet wurde. Wer trotzdem nachts arbeitete, galt als jemand, der mit dem Tod im Bunde stand. Verständlich, daß man sich hütete, in einer solcherart wahrgenommenen zeitlosen Zeit Strukturen durch Maße zu setzen. Die Zeit der Nacht blieb daher ungemessen. Zeit wurde es immer erst, als die Sonne aufging. Mit dem

Licht begann das Leben. Die meisten Schöpfungsmythen beginnen daher auch mit der Vertreibung der Finsternis.

Ebenso wie die Strukturierung der Tageszeiten geschah auch die des Jahres (wie heute noch an manchen Orten dieser Welt) nach periodisch wiederkehrenden Naturereignissen. So z. B. nach Regenzeiten, nach Überschwemmungsperioden oder nach dem jahreszeitlichen Wechsel der Natur, von dem so mancher Bauernkalender und manche Bauernregel Zeugnis ablegen. Das ehemalige ägyptische Kalenderjahr war beispielsweise dreigeteilt, in eine Jahreszeit der Überschwemmung, eine des Wasserrückganges und eine des Wassermangels. Wie unwichtig Daten, aber wie wichtig damals Ereignisse waren, zeigt der Sachverhalt, daß es in der Vormoderne sechs unterschiedliche Jahresanfänge gab: den 1. Januar (den Cäsar einführte), den 1. März (der vor Cäsar den Jahresanfang markierte), den 25. März (der Beginn des Marienjahres), Ostern, der 1. September (der byzantinische Jahresbeginn) und der 25. Dezember (Weihnachten). In Deutschland waren der 1. Januar, manchmal der 25. März und am häufigsten der 25. Dezember als Jahresbeginn gebräuchlich. Diese Vielfalt reduzierte sich schließlich im 16. Jahrhundert mit der Gregorianischen Kalenderreform. Damals setzte sich der 1. Januar als allseits akzeptierter Jahresbeginn durch. Weiterhin jedoch rechnete man in ländlichen Regionen auch noch später nicht nach Jahreszahlen, sondern danach, wieviel „Sommer“ oder wieviel „Winter“ ein bestimmtes Ereignis zurücklag.

Die bewußte Lebensbewältigung durch die nur selten romantische Auseinandersetzung mit der Natur bestimmte das Zeiterleben und die Zeitwahrnehmung und damit auch die Fixpunkte, durch die die Zeit „ermessen“ wurde. An solche konkreten Anschauungen waren auch jene Zeitstrecken geknüpft, die über die Wiederkehr der Jahreszeiten hinausgingen. Nicht das Jahrhundert oder die Legislaturperiode waren dabei die entscheidenden Maße, es war die „Generation“. Das Zählen nach Generationen stellte einen zur Orientierung ausreichenden, einen konkreten und einen langfristigen Zusammenhang der Ereignisse her. Der Einzelne war eingebunden in eine Abfolge von Geschlechtern.

Über den familiären Rahmen hinaus wurde Zeit nach den Regentschaftszeiten von Herrschern eingeteilt. Sie stellten schon bei den Ägyptern (Pharaonen) den einzig langfristigen Bezugspunkt her. Bekanntestes Beispiel ist die Weihnachtsbotschaft in Lukas 2: „Es begab sich aber, in jenen Tagen erging ein Erlaß des Kaisers Augustus, den ganzen Erdkreis aufzeichnen zu lassen. Diese Aufzeichnung war die erste und geschah, als Quirinius Landpfleger in Syrien war." Auch heute ist uns so etwas noch aus den Geschichtsbüchern bekannt, obgleich für eine gute Schulnote nicht mehr allein die Nennung eines Zeitraumes mit Hilfe eines Regentennamens ausreicht – man muß auch mit einer präzisen Jahreszahl aufwarten können.

Über die Generationen hinweg wurde nur im kleinen Kreis der Wissenschaftler und der Angehörigen des Klerus gerechnet. Aber auch dort nur sehr ungenau. Die Entstehung der Welt wurde beispielsweise noch lange mit der Formel: „vor einigen tausend Jahren" angegeben. Die geologischen Zeitalter wurden erst in der modernen Zeit beziffert.

Formale Präzision war es also nicht, die in der Vormoderne durch die Anwendung von ereignisbezogenen Zeitmeßmethoden angestrebt wurde. Aus heutiger Sicht betrachtet, ist es die Ungenauigkeit, die die Zeitbestimmung des Mittelalters charakterisiert. Eigentlich wurde Zeit aber gar nicht gemessen, man hat sie qualitativ benannt. Gegenteiliges tun wir heute. Wir versuchen sie zugunsten der Vergleichbarkeit, der Standardisierung, von ihrem jeweiligen Erfahrungsinhalt zu trennen. Nicht der leistungsorientierte Vergleich war in der Vormoderne Motivation und Zweck der Zeitmessung; vielmehr diente sie dazu, den Einklang von Naturprozessen und sozialen Regeln zu sichern. Sie war Teil der immer wieder neu herzustellenden Harmonie zwischen der Welt und der (religiös beherrschten) Anschauung dieser Welt. Für den modernen Menschen, der an eine detaillierte

Zeiteinteilung gewöhnt ist, der von Uhren und von Medien umgeben ist, die ihm die Zeit bis auf die Sekunde genau anzeigen, ist es schwer, sich vorzustellen, daß die Menschheit die längste Zeit ganz ohne Zeitmeßtechnik auskam. Nicht zuletzt war dies in einem Zeitverständnis begründet, das sich von unserem heutigen grundlegend unterschied.

Das Rad der Zeit: Zeitverständnis

Versucht man sich vorzustellen, wie sich Menschen etwas vorstellen, dann tut man das gewöhnlich mit Hilfe eines Bildes. Wie vergeht die Zeit in der Vormoderne, oder besser: Wie stellen sich die Menschen in der Vormoderne vor, wie die Zeit vergeht? Für jemanden, der in und mit der Natur lebt, liegt es nahe, dafür Bilder aus ebendiesem Bereich zu verwenden, zumal sich das Alte wie auch das Neue Testament häufig botanischer Metaphern bedienen. Jesus Sirach beschreibt die Zeit des Generationswechsels mit dem Bild des sich erneuernden Laubes, Jesus nimmt die Entwicklung des Senfkorns her, um das Werden und Vergehen bildlich darzustellen. Die Bilder entstammen der alltäglichen Anschauung zeitlicher Verläufe im Jahres- und der Tageszyklus. Die Zeit wurde über das Wetter und dessen Wechsel, von dem man in extremer Art und Weise abhängig war, unmittelbar erfahren. Die Verläufe von Jahres- und Tageszeiten waren also die „Vor-Bilder" für das vormoderne Zeitverständnis. Dieses erfüllte drei wichtige Funktionen. Zuallererst integrierte es die Menschen in die Abläufe der Natur und machte sie zum Anteil eines über die Menschen und ihren Alltag hinausgehenden Ganzen. Zum zweiten verlieh dieses Zeitverständnis eine dynamische Geschlossenheit, weil es Anfang und Ende, Entstehen und Vergehen, in die kontinuierliche Wiederkehr der umgebenden Natur einbezog. Und drittens gab es den zeitlichen Einzelereignissen, den Überraschungen, den Katastrophen, einen Ort im Gewohnten, Regelmäßigen und Erwartbaren. An solchen Vorstellungen orientiert, konnte zu jeder Zeit eingeschätzt werden, was genug, was zuviel oder zuwenig war. Das rechte Maß fand seinen Bezugspunkt und seinen Bestimmungsort im Zyklus der Wiederkehr, im Rhythmus des Gewohnten bzw. in der Abweichung davon. Die Menschen konzentrierten ihren Blick, ihre Aufmerksamkeit auf das Sich-Wiederholende und die Wiederkehr des bereits Erfahrenen. Dies ist auch der Grund dafür, daß die graphische Figur des Kreises und des Rades eine so bestimmende Rolle in der Vorstellungswelt des Alltags und auch in der christlichen Kunst des Mittelalters einnahm. Der Kreis symbolisiert die ewige Wiederkehr, den Fluß, der in seiner Quelle mündet. Das Leben, wie auch das Glück, drehen sich wie ein Rad – eine Idee, die im Glücksrad heute noch ihren sinnbildlichen Ausdruck findet. Ähnliches gilt für die Formgebung unserer Uhren. Sie sind in den allermeisten Fällen rund, zumindest deren Zifferblätter sind es. Die Kreisbewegung als Leitidee des mittelalterlichen Zeitdenkens hat sich bis heute in der Formensprache der modernen Zeitmesser erhalten. Daß das Rad auch fürs Fortschreiten steht, heute eher fürs Fortfahren und Fortrasen, das weiß man seit dessen Erfindung. Aber dieses Fortfahren war bis vor etwa zweihundert Jahren notwendigerweise an die Geschwindigkeit der lebendigen Natur gebunden. Die Räder der Kutschen oder die anderer Transportfahrzeuge drehten sich nicht schneller, als die Pferde oder die Ochsen laufen konnten. Erst die Dampfmaschine und deren verbreitete Anwendung in der Transporttechnik (Eisenbahn) ließen das Rad zum Symbol einer „übernatürlichen" Fortschrittsgesellschaft werden. Heute nun scheinen wir am Ende des Rades bzw. der darauf basierenden Beschleunigungstechnik angekommen zu sein. Für das Düsenflugzeug ist das Rad nur mehr marginal: In der Luft wird es nicht mehr gebraucht, nur beim Stop auf der Erde. Auch die Rad/Schienentechnik hat ihre Grenzen in neuester Zeit erreicht. Der katastrophale Radbruch eines Expreßzuges im Juni 1998 hat dies offensichtlich werden lassen. Die Magnetschwebetechnik läßt höhere Geschwindigkeiten erwarten, nicht zuletzt, weil sie sich vom Rad löst.

Das Bild des Kreislaufes, mehr aber noch das des Rades, vermittelt zwei verschiedene Zeitvorstellungen, zum einen das der Wiederkehr – dies ist das Ziel der Bewegung von Rad und Kreis; zum anderen das des Fortschreitens – das ist die Bewegung hin zu diesem Ziel: dem Schließen der Ringe. Rainer Maria Rilke hat in seinem „Stundenbuch" diese dynamische Form der Wiederkehr beschrieben:

„Ich lebe mein Leben in wachsenden Ringen
die sich über die Dinge ziehn.
Ich werde den letzten vielleicht nicht vollbringen
aber versuchen will ich ihn."

Im Gegensatz zu Rilkes Absicht, selbst für die Erfüllung des letzten Kreislaufes Verantwortung zu übernehmen, hatte der vormoderne Mensch zuviel Ehrfurcht vor der Zeit und dem Heilsplan Gottes, als daß er auf die Idee hätte kommen können, sein Schicksal eigeninitiativ zu gestalten. Der Psalm 31 definiert die Zeit als Form des göttlichen, nicht des menschlichen Handelns: „Meine Zeit steht in deinen Händen." In der oft zitierten Fassung des Predigers Salomo findet dieses passive Verständnis einer Wiederkehr des Gleichen seinen stärksten Ausdruck:

„Was ist's, das geschehen ist?
Eben das hernach geschehen wird.
Was ist's, das man getan hat?
Eben das man hernach wieder tun wird;
und geschieht nichts Neues unter der Sonne" (Koh 1,9).

Ähnlich auch der Predigertext (Kapitel 3 in der revidierten Lutherübersetzung):

„Alles hat seine Zeit.
Ein jegliches hat seine Zeit, und alles Vorhaben unter dem Himmel hat seine Stunde:
geboren werden hat seine Zeit, sterben hat seine Zeit;
pflanzen hat seine Zeit, ausreißen, was gepflanzt ist, hat seine Zeit;
töten hat seine Zeit,
heilen hat seine Zeit;
abbrechen hat seine Zeit,
bauen hat seine Zeit;
weinen hat seine Zeit,
lachen hat seine Zeit;
klagen hat seine Zeit,
tanzen hat seine Zeit;
Steine werfen hat seine Zeit, Steine sammeln hat seine Zeit;
herzen hat seine Zeit;
suchen hat seine Zeit,
verlieren hat seine Zeit; behalten hat seine Zeit,
wegwerfen hat seine Zeit;
zerreißen hat seine Zeit,
zunähen hat seine Zeit;
schweigen hat seine Zeit, reden hat seine Zeit;
lieben hat seine Zeit, hassen hat seine Zeit;
Streit hat seine Zeit, Friede hat seine Zeit:
Man mühe sich ab, wie man will, so hat man keinen Gewinn davon.
Ich sah die Arbeit, die Gott den Menschen gegeben hat, daß sie sich damit plagen. Er hat alles schön gemacht zu seiner Zeit, auch hat er die Ewigkeit in ihr Herz gelegt; nur daß der Mensch nicht ergründen kann das Werk, das Gott tut, weder Anfang noch Ende."

Die religiös-kultische Gestaltung der Zeit ist in vielerlei Hinsicht an den periodischen Verlauf der Natur gebunden. Der Einfluß der ewig wiederkehrenden Naturzyklen auf das Leben hat die Rituale der verschiedenen Religionen allzeit geprägt. Ein gutes Beispiel hierfür sind die Meßgewänder der katholischen Priester, die in ihrer Farbgebung und Symbolik die Jahreszeiten anzeigen.

Vorstellungen von Anfang und Ende werden durch naturnahe Tätigkeiten sinnlich erfahrbar. So gruppieren sich Feste und Feiern um den Beginn der Aussaat, um den Ernteabschluß und um die Sonnenwende. An diesen wiederum orientieren sich ehemals weltliche Regelmäßigkeiten, so beispielsweise die fristgerechten Zahlungen von Mieten und Pachten, das Erneuern und Auslaufen von Verträgen und auch unterschiedliche Festlichkeiten im dörflichen und familiären Umfeld.

Offensichtlich wird das an konkreten wiederkehrenden Erscheinungen, Erfahrungen und Erlebnissen orientierte Zeitverständnis dort, wo am Übergang von der Vormoderne zur modernen Zeit aus Verwaltungsgründen mit einem bezifferten Lebensalter gerechnet wurde. 1427 hatte der Florentiner Kataster („Catasto") rund 60000 Steuererklärungen zu verwalten. Die Auswertung dieser heute noch vorhandenen Dokumente erlaubt einen guten Einblick in die Art und Weise, wie die Menschen damals mit der Zeit rechneten und wie sie ihr Alter zählten: „Der Catasto verlangte präzise Altersangabe und gab diesem Verlangen auch einen gewissen Nachdruck: fehlende Altersangabe konnte den Verlust des Steuerfreibetrags nach sich ziehen. Wo bisher subjektive Kriterien wie Augenschein oder Befindlichkeit oft genügt haben mochten, unterzog man sich jetzt der Anstrengung der Erinnerung, denn am Schluß, so wollten es die Behörden, mußte halt eine Zahl stehen. Zwar kam es auch weiterhin nicht aufs Jahr genau an: hier wie überall rundete man gern auf Fünfer und Zehner und vermied womöglich die ungeraden Zahlen (danach hätte es damals in der Toskana nur 259 Personen mit 39 Jahren, 253 mit 41, aber 11 200 Personen mit 40 Jahren gegeben!); doch werden auch diese Rundungen zunehmend krummen, also präzisen Zahlen Platz machen. Was damit jedenfalls anerzogen und unter dem sanften Druck des Steueramtes gleichsam bis in die Kapillaren des Zeitgefühls gepreßt wurde, war für viele eine erste genauere Auffassung davon, daß neben dem gelebten Alter ein gezähltes Alter stehe. Auch dann bleiben abenteuerliche Unstimmigkeiten, wie nachprüfbare Fälle zeigen. Interessanter als solche Curiosa (die immerhin den Lernprozeß illustrieren) ist jedoch das Regelhafte, das in den Unstimmigkeiten zutage tritt und Aufschluß gibt über den Umgang des Menschen mit Alter und Zeit, oder um es sehr einfach zu sagen: Männer erinnern sich an ihr Alter besser als Frauen, Junge besser als Alte, Städter besser als Bauern, Reiche besser als Arme. Männer altern am raschesten auf die 30 zu (das hat auch fiskalische und politische Gründe); dann geht es einigermaßen mit rechten Dingen zu; sind sie aber erst einmal 60, dann ist kein Halten mehr, dann kommt es ihnen auf einige Jahre nicht mehr an, dann legen sie ihrem (soeben noch einigermaßen korrekt angegebenen) Alter ruhig vier, fünf Jahre zu" (Esch 1994, S. 32/34).

„Zeit" wurde in der Vormoderne als fortschreitende Gegenwart betrachtet. Die Dauer beherrschte das Zeitgefühl. In diese dauerhafte überindividuelle Ordnung gliedert sich der mittelalterliche Mensch problemlos und demütig ein. Er konnte sich dabei sicher fühlen, weil er wußte, was auf ihn zukam, und er konnte sich auch geborgen fühlen, da er davon ausgehen durfte, daß die Menschen, mit denen er zusammenlebte, ebenso dachten und fühlten. Auch sie orientierten ihr Zeiterleben an der eigenen Leiblichkeit – an den Rhytmen des Körpers – und der Begegnung mit der Natur. Weder die Zeit noch die Menschen drängten und machten auch nichts dringlich. Zeitdruck war unbekannt.

Dem Zeitverständnis einer zyklisch ablaufenden, gedehnten Gegenwart entspricht in der Vormoderne auch ein bestimmtes Verständnis der sozialen Ordnung: Die bestehende Ordnung erschien als die einzig mögliche Ordnung. Gesellschaftlicher Wandel war unbekannt. Das ewige Werden und Vergehen in der Natur und innerhalb der sozialen Organisationen war quasi ein

Gesetz. Es war menschlichem Einfluß entzogen. In dieser Ordnung hatten schließlich auch die Armen ihren Platz. Deren Funktion war es, den Anlaß für verdienstvolles Tun zu liefern. Das Almosengeben gehörte daher zu den Selbstverständlichkeiten des vormodernen Alltags. Ganz anders heute, wo die liberale Wirtschaftsgesellschaft die Armen an den Rand der Gesellschaft stellt (so mußte beispielsweise das Bundesverfassungsgericht jüngst eine Anordnung der Stadt Stuttgart, die das Betteln verbot, für unzulässig erklären). Armut wurde in der Vormoderne immer auch als eine Form der Entsagung von irdischen Annehmlichkeiten anerkannt. Freiwillig gewählte Armut war ein angesehenes Ideal. In der Person des Franz von Assisi verkörperte sich dieser Gedanke in populärer Art und Weise.

Die Rhythmen als Schöpfer der Zeit: Zeitmuster

War das Zeitverständnis in der Vormoderne zyklisch, so war – wie wir gesehen haben – das Zeiterleben zuallererst durch rhythmische Abläufe gekennzeichnet: Zeit wird nur durch Rhythmen bzw. als Abweichung von diesen wahrgenommen. Der Rhythmus ist es, der das fundamentale Entwicklungsprinzip des Lebendigen darstellt. Nur durch und mit ihm ist „Dauer" erfahrbar. Rhythmisch strukturiert ist sowohl die innere als auch die äußere Natur, genauso aber auch das soziale Umfeld, so daß ein zeitlicher Gleichklang zwischen Natur, Individuum und Gesellschaft existierte.

Was aber ist „Rhythmus"? Er ist, so läßt sich im „Wörterbuch der deutschen Gegenwartssprache" nachlesen, ein „gleichmäßiger, harmonischer, sich regelmäßig wiederholender, systemhaft gegliederter Bewegungsablauf". Er ist „Ordnung" und „Lauf" und „freier Fluß" zugleich. Rhythmen sind also nicht starr. Sie gliedern die Zeit, zerteilen sie aber nicht – wie dies der Takt tut. Diese rhythmisch gestaltete Wiederkehr organisierte das Alltagsleben der vormodernen Menschen und deren Gemeinschaften. Der Rhythmus war das einzig gültige Zeitmaß, tagein, tagaus, jahrein, jahraus. Auf seiner Grundlage bildete sich die Zeitlichkeit des Lebens aus. Die weltliche Herrschaft, die sozialen Gemeinschaften und die kirchliche Liturgie organisierten die Zeit durch rituelle Festlegungen und Angebote in rhythmischer Art und Weise. Feier- und Festtage, Wallfahrten, kirchliche und weltliche Messen, Märkte und Gottesdienste mit ihrer jeweils eigenen rhythmischen Feingliederung stellten eine erlebbare Zeitordnung bereit. Diese Feiern, Feste und Rituale teilten die Zeit nicht ein, sie waren die Zeit. Man könnte daher mit guten Gründen behaupten, unsere Zeitvorstellungen und unsere kulturell entstandenen Formen der Zeiteinteilung entspringen der zyklischen Festkultur. Die Feste teilten den Lauf der Welt in allseits akzeptierte Sinnabschnitte ein und integrierten hierdurch die beteiligten Menschen in ein kulturelles Zeitsystem. Träger dieser häufigen Feierlichkeiten waren immer Gemeinschaften, Familien, berufsständische Gruppen, Ortsgemeinschaften, Kirchengemeinden. Zeit und Zeitdauer wurden daher immer nur als soziale Zeiten erfahrbar.

Es wäre verfehlt, wenn man daraus den Schluß zöge, in der Vormoderne hätte zeitliche Eintönigkeit geherrscht. Innerhalb dieser dominierenden Zeitform existierte eine Vielfalt von einzelnen Rhythmen, die zur Orientierung im Alltag dienten: Tagesrhythmen, biologische, religiöse und soziale Rhythmen, Eigen- und Fremdrhythmen. Heute würden wir solche Zeitmuster „sozial- und naturverträglich“ nennen. Sie garantierten eine ökologische Vielfalt und hierdurch auch eine ökologische Stabilität. Das Handlungstempo des individuellen und des sozialen Lebens harmonierte mit den Rhythmen der inneren und der äußeren Natur. Dadurch wurde man – so die Interpretation aus moderner Sicht – von den Bewegungsgesetzen der Natur abhängig. Tatsächlich kam es in der Vormoderne niemandem in den Sinn, in diese Gesetze einzugreifen oder mit ihnen zu experimentieren. Der manchmal sehr hohe Preis dafür war das Ausgeliefertsein an die Natur und deren Dynamik, mit oftmals tragischen Folgen. Auf sieben fette Jahre folgten sieben magere, und so mancher Mensch und viele Tiere überlebten diese nicht. Heute hat sich das Verhältnis von Mensch und Natur deutlich verändert. Otto Neurath – ein Wiener Philosoph des beginnenden 20. Jahrhunderts – brachte es auf die ausdrucksstarke Formel: „Wenn früher ein Mensch und ein Sumpf zusammenstießen, starb der Mensch, heute stirbt der Sumpf."

Man hat in der Vormoderne die Zeit nicht, wie wir das heute mit soviel Engagement tun, auf „Nutzen" hin organisiert. Die Zeit wurde nicht genutzt und auch nicht als ausbeutbare Ressource verstanden. Dies allein deshalb nicht, weil die kosmischen, die natürlichen und die sozialen Bewegungsabläufe nicht, wie wir uns das heutzutage vorstellen, die Zeit *angaben*. Sie *waren* die Zeit, und sie legten fest, um welche Art Zeit es sich jeweils handelte. Damit war „Zeit" also immer qualifizierte, verortete und soziale Zeit. Sie war für alle, mit denen man auf relativ eingeschränktem Raum lebte, gleich.

Es war auch nicht das individuelle Streben und Wollen, das den Umgang mit der Zeit bestimmte. Es waren vielmehr die ständischen Traditionen, die die Einzelnen auf das Bestehende hin verpflichteten. Was man ist, was man hat, was man tut, wurde vom Kollektiv des Standes definiert. Da war kein Platz und keine Zeit, die Zeit für individuelle Motive zu nutzen. Für das, was man vermißte und entbehrte, standen kirchliche Tröstungen zur Verfügung. Warum also mit der Zeit kalkulieren, wenn man eine überindividuelle Ordnung übernahm und weitergab? Man war Teil eines kollektiven und weitgehend homogenen Organismus in kleinräumiger Umgebung. Nur in sehr engem, räumlich begrenztem Bezug zu diesem durfte Zeit „genutzt" werden. Es gab eine Zeit des Melkens, eine Zeit des Weidegangs, eine Zeit der Aussaat und eine der Ernte, eine des Gebetes und eine der Messe und eine andere, in der Verträge und Geschäfte abgeschlossen werden konnten. Alle am Ort machten das gleiche zur gleichen

Zeit. Besprechungen begannen, wenn alle, die etwas zu besprechen hatten, da waren – und hätte es damals bereits Schulen gegeben, hätten auch sie erst dann angefangen, wenn der letzte Schüler auf seinem Platz gesessen hätte. Lehranstalten aber gab es in der vormodernen Zeit noch nicht, weil es damals zwar viel zu erfahren, aber wenig zu lernen gab. Lernen setzt ein Denken in Kategorien der Zukunftsgestaltung voraus. „Zukunft" aber existierte in dieser Zeit nicht – weder als Begriff noch als Idee. Dazu einige Erläuterungen.

Geschlossene Zukunft: Zukunftsbewußtsein

In der Vormoderne machte man sich kein Bild von dem, was wir heute „Zukunft" nennen. Bis ins 17./18. Jahrhundert hinein hat man nicht auf eine offene, d. h. auf eine gesellschaftlich, sozial oder individuell zu gestaltende Zukunft hin gelebt oder gearbeitet. „Zukunft" nämlich setzt neben der Erfahrung der Wirklichkeit einen Wirklichkeitssinn voraus, und dieser wieder ist die Bedingung für das, was Musil in seinem epochalen Roman „Der Mann ohne Eigenschaften" den „Möglichkeitssinn" nennt. Der Möglichkeitssinn ist gleichbedeutend mit der „Fähigkeit, alles, was ebensogut sein könnte, zu denken, und das, was ist, nicht wichtiger zu nehmen als das, was nicht ist". Genau dies ist in der Vormoderne völlig undenkbar und auch unvorstellbar. Die Ereignisse, die Dinge, die damals geschahen, kamen auf die Menschen zu, man ertrug oder erwartete sie. Das Alte, so die handlungsbestimmende Vorstellung in der Vormoderne, war besser als das Neue. Die Zukunft, die so nie genannt wurde, war die Ankunft des Vorherbestimmten. Die Neugier auf das Kommende, die „curiositas", wurde (beispielsweise von Augustinus) zu den Lastern gezählt. Man fürchtete die Warnung Gottes aus dem vierten Buch Moses, daß jene sterben werden, die das Innere des Heiligtums betreten.

Die Vormoderne war die Zeit der Wiederkehr und der Wiederholungen. Die Hoffnung, die Erwartung orientierte sich dabei an der christlich geprägten Weltsicht und an deren Zeitordnung. Diese war gegenwartsorientiert. Jeder Tag im Kirchenjahr hatte seine feste Bedeutung, die es durch rituelle Handlungen zu bestätigen galt. Zeit wurde so immer unmittelbar erfahren, eingebettet in eine Heilsgeschichte, deren Problematisierung nicht gestattet war. Falls so etwas trotzdem versucht wurde, führte es häufig zu furchterregenden Strafen. Nur durch die Unterwerfung unter das Bestehende bekam das Leben seine Ordnung. Deshalb konzentrierten auch Propheten und Weissager, also jene, die sich mit dem Zukünftigen beschäftigten, ihre Seherfähigkeiten nicht auf das Unbestimmte, Offene (das, was wir heute „Zukunft" nennen), sondern auf das Kommende und das bereits Vorbestimmte. Es galt, die Vorzeichen zu sehen und zu interpretieren. Wenn gerade einmal kein Prophet zur Hand war, dann tat's auch der Kuckuck. Er war eines der vielen Medien der „Zukunftsforschung". Die Anzahl seiner Rufe, so der Volksglaube, offenbarte die Zahl der Jahre, die man noch lebte. Die volkstümlichen Wahrsagepraktiken waren höchst kreativ und die Handbücher dafür weit verbreitet. Das Festgelegte galt es vorauszusehen, manchmal, wie beim Kuckuck, auch vorauszuhören; dies nicht, um es zu gestalten und zu beeinflussen, sondern um sich darin einzufügen. Utopien existierten zu dieser Zeit nicht. Sie widersprechen vormodernem Denken.

In einer solchen Gesellschaft mußte nur das gelernt werden, was sicherstellte, daß alles möglichst so blieb, wie es bereits war. Typisch dafür ist die Formulierung aus der Thorner Zunfturkunde von 1523, die den „Fortschritt" – das Wort gab es damals noch nicht – verbot: „Kein Handwerksmann soll etwas Neues erdenken oder erfinden oder gebrauchen, sondern jeder soll aus bürgerlicher und brüderlicher Liebe seinen Nächsten folgen und sein Handwerk ohne des Nächsten Schaden treiben." Die Handwerksgesinnung bestand darin, die Arbeit gut zu machen, nicht so schnell wie möglich. „Gut Ding will Weile haben", war das verhaltensbestimmende Motto. Die Beschleunigung des Arbeits- und die des Lebenstempos waren kein Thema.

Im Hinblick auf Beständigkeit und Stabilität mußte gedacht und gehandelt werden. Dies allein, so die Zukunftsvorstellung, sicherte den Erhalt der Ordnung und die Selbsterhaltung der Menschen in dieser Ordnung. Zu unterlassen war das, was ausschließlich die Neugier befriedigte. Die heute noch bekannte Ermahnung „Schuster bleib bei deinen Leisten" entstammt diesem Denken. Geprägt war es auch durch die Seßhaftigkeit. Bei den wenigen Reisen, die man damals unternahm, traf man vor deren Antritt üblicherweise die notwendigen testamentarischen Verfügungen. Alles sollte so sein und so bleiben, wie es immer gewesen ist. Abgesichert wurde dieser „Wille zur Entwertung der Zeit" (Mircea Eliade) durch rituelle Erfahrungen. Veränderungen waren in geregelte Handlungen eingebunden, so daß das Neue immer ans Alte Anschluß fand. Das Ritual konstituierte den Lauf und die Organisation der Zeit. Das, was Zeit war, wurde durch soziale Prozesse definiert, und diese waren immer gegenwärtig, nie zukünftig. Im Vergleich zum heutigen Zeit- und Zukunftsbewußtsein lassen sich markante Unterschiede feststellen und benennen:

- Es existierte keine Unsicherheit gegenüber dem, was auf einen zukommt. Damit fehlte auch jeglicher Zeitdruck, um sich auf zukünftige Risiken und Chancen vorausschauend vorzubereiten.
- Soziales Ansehen erlangten in dieser vormodernen Gesellschaft insbesondere die Alten. Sie achteten auf die Beständigkeit, und sie repräsentierten diese. Sie sicherten die Stabilität der Lebens- und Arbeitsbedingungen. Erfahrungen waren gefragt, nicht Innovationen – wie heutzutage.

Systematisches Lehren und Lernen waren verständlicherweise in dieser Zeit nicht üblich und auch nicht notwendig. Regeln für die Weitergabe von bereits existierenden Vorstellungen von Arbeitsformen und Arbeitsverfahren waren es, was sich junge Menschen durch Erfahrung anzueignen hatten. So erzählte beispielsweise der Mönch Guibert von Nogent (1053–1124) vom Mißgeschick eines armen Mädchens, das im Gegensatz zu den herrschenden Regeln am Namenstag des heiligen Nicetius Näharbeiten verrichtete: „Als sie mit ihren Händen vorbereitete, was zu nähen sie beabsichtigte, ging sie daran, wie es in solchen Fällen üblich ist, den Faden zwischen ihrer Zunge und ihren Lippen glattzuziehen: aber der sehr dicke knotige Faden drang, als wenn er spitz gewesen wäre, in die Zungenspitze ein, so zwar, daß es nun unmöglich war, ihn zu entfernen. Nur die Jungfrau Maria läßt sich vom stummen Gebet des Mädchens erweichen und befreit es schließlich" (zit. nach Schmitt 1992, S. 230). Durch die Weitergabe solcher Erfahrungen, speziell mittels moralgesättigter Geschichten, lernte man traditionsorientiert zu leben und zu arbeiten. Wenn Gott, so die handlungsleitende Vorstellung, jedem Menschen in der Gesellschaft seinen Platz zugewiesen hat, dann wäre es frevelhaft, diese Ordnung dadurch zu stören, daß man etwas Neues lernt. Lernhoffnungen, die auf das gerichtet waren, was wir heute „Karriere" nennen, existierten damals nicht. Außer den himmlischen gab es keine Karrieren. Menschen mit Leidensdruck versprachen sich die Reduktion ihrer Bedrängnis durch göttliche Erlösung, nicht durch Bildung. Gebete waren daher verbreiteter als Bildungsmaßnahmen. Sie erhöhten die Chance des Erlöstwerdens für die vormodernen Menschen entscheidend.

Die vormoderne Zeit und ihr Preis

Wer sich mit dem vormodernen Zeitverständnis beschäftigt, speziell mit dem damals üblichen Umgang mit dem Vergänglichen und dem Vergehen, kann sich einer sehnsüchtigen Anmutung nur schwer entziehen. Zweifelsohne hatte die Zeiterfahrung dieses vergangenen Zeitalters einige Qualitäten, die wir heute vermissen. Die vormodernen Menschen unterscheiden sich von den heutigen insbesondere dadurch, daß diese ehemals ein Leben führen konnten, ohne je über Zeit zu reden, ohne Zeit verplanen, beeinflussen und sie permanent messen zu müssen. Aus der Sicht gehetzter Männer, Frauen und Kinder mag das idyllisch anmuten, zumal dieses „zeitlose Leben“ auch mit einem sinnlichen Reichtum an Gemeinschaft, Tradition und Hilfsbereitschaft einherging. Aber, und das ist die Rückseite dieser bei näherem Hinsehen nur scheinbaren Idylle, alles dies war mit vielen Zwängen und mannigfaltigen Opfern verbunden, denen sich heute niemand gerne aussetzen würde. Die weitgehend schutzlose Auslieferung an Naturgewalten, die materielle Armut, die Starrheiten der sozialen Regeln, die erzwungene Seßhaftigkeit und die extrem hohe soziale Kontrolle sind ein Preis, den kein Individuum, das die Errungenschaften der Moderne kennengelernt hat, zu zahlen bereit wäre. Über „Zeit“ reden zu können, „Zeit“ planen zu dürfen und die Zukunft als gestaltbar zu erfahren, all dies sind Freiheiten, für die die Menschen gekämpft haben und für die sie sich auch, falls diese bedroht wären, erneut engagieren würden. Andererseits haben auch diese Freiheiten ihren Preis, und dieser ist es, an den wir uns immer wieder schmerzlich erinnert fühlen, wenn wir uns mit der vormodernen Zeit und der Zeit der Vormoderne beschäftigen. Sowenig wie das heutige Zeitalter „golden“ genannt werden kann, sowenig ist dieses Attribut auch für die Vormoderne zutreffend.

Es gab einmal eine Welt, wo alles ganz langsam zuging. Eine angenehme, und ich möchte sagen, gesunde Trägheit beherrschte das Menschenleben. Die Menschen gingen gewissermaßen müßig. Was sie taten, das taten sie nachdenklich und langsam. Sie taten nicht so unmenschlich viel, fühlten sich auf keine Weise bewogen oder verpflichtet, sich aufzureiben oder abzuarbeiten. Hast und Unruhe oder übermäßige Eilfertigkeit gab es unter diesen Menschen keine. Niemand strengte sich sonderlich an, und eben darum war das Leben so freundlich. Wer hart arbeiten muß oder überhaupt in einem hohen Grad tätig ist, der ist für die Freude verdorben, der macht ein mürrisches Gesicht, und alles, was er denkt, ist einfach und traurig. Müßiggang sei aller Laster Anfang, sagt ein altes abgegriffenes Sprichwort. Die Menschen, von denen hier die Rede ist, machten den Sinn dieses etwas vorlauten Sprichwortes in keiner Hinsicht wahr, im Gegenteil, sie widerlegten es und entkleideten es jeglicher Bedeutung. Indem sie es sich wohl sein ließen auf einer harmlosen und zutraulichen Erde, genossen sie still ihr Sein in traumhaft schöner Ruhe und dem Laster blieben sie insofern gänzlich fern, als ihnen gar kein Gedanke darnach kam. – Sie blieben gute Menschen, weil sie keine Zerstreuungssucht kannten, sie aßen und tranken wenig; sie hatten nicht das Bedürfnis zu schlemmen. Langeweile, d. h. das, was man so darunter versteht, war ihnen völlig unbekannt. Ernst und zugleich heiter, mit allerlei vernünftigen Erwägungen beschäftigt, lebten sie dahin. Sie hatten nicht Werk- und Sonntage; jeder Tag war gleich. Das Leben floß wie ein ruhiger Fluß dahin, und niemandem fiel es ein, sich über Mangel an Reiz und Aufmunterung zu beklagen. Diese Menschen lebten ein ebenso einfaches wie glückliches Leben. Ihr Dasein war süß, sanft und sonnig. Fern von Ruhmgier und Ehrfurcht, Eitelkeit waren sie vor drei fürchterlichen Krankheiten behütet, und fern von der Lieblosigkeit wußten sie nichts von einer Seuche, die das Menschenleben verpestet. Sie lebten und welkten wie Blumen. Keine Pläne unruhvoller und aufregender Art störten und belästigten die Köpfe, wodurch ihnen unermeßliches Leid ewig fremd und unbekannt blieb. Auf den Tod waren sie still gefaßt. Sie beweinten weder die Toten noch sich der Gestorbenen wegen. Da sie alle einander liebten, so waren die Einzelnen nicht so übertrieben geliebt, und der Schmerz beim Abschied war nicht so groß. Wilde Liebe steht immer bei wildem Haß, wilde Lust bei ebensolcher Trauer. Wo Vernunft ist, da ist alles gebändigt, und alles ist sanft und verständig.

(Robert Walser, Träumen)

Die Zeit der Moderne

J. M. W. Turner: „Regen, Dampf, Geschwindigkeit“
(Rain, Steam and Speed: The Great Western Railway) (1844)

„Niemals hat die Welt vorher so etwas wie dieses Bild gesehen“, so lautet ein bekannter Kommentar zu Turners Bild, das 1844 gemalt und im gleichen Jahr in der Royal Academy in London ausgestellt wurde. In der Tat, in keinem vorherigen Gemälde wurde der Übergang vom naturorientierten zum technischen Zeitalter so überzeugend und so anschaulich dargestellt wie in diesem. Die Farben, das Licht, die Bewegung, die Gegenstände nutzt Turner, um den Kampf zwischen der Natur und der neuen Technik auf unvergleichliche Art und Weise zum Ausdruck zu bringen. Durch die auf den Betrachter zurasende Eisenbahn verschwindet die klassische Landschaft im nebulösen Gemisch von Regen und Dampf. Die Landschaft wird durch die technisch hergestellte Geschwindigkeit wegbeschleunigt. Der Takt der Maschine tritt an die Stelle der rhythmischen Naturzeit. 1838 wird die erste große Eisenbahnstrecke Englands, jene zwischen London und Manchester, eröffnet. Sechs Jahre danach stellt Turner dieses Ereignis als das Ende des Natur-Zeitalters und des Anfangs des technischen Zeitalters dar. Die modernen Beschleunigungsmöglichkeiten lösen die Konturen der Natur und deren rhythmisches Zeitmaß auf. Als der Zug erscheint, zieht sich die Sonne zurück.

Wenn am Turm die Glocken läuten

„Wenn am Turm die Glocken läuten,
kann das vielerlei bedeuten;
Erstens, daß ein Festtag ist;
Dann: daß Du geboren bist;
Drittens: daß Dich jemand liebt;
Viertens: daß Dich's nicht mehr gibt.
Kurz: Am Turm das Glockenläuten
hat nur wenig zu bedeuten."

Dieses widersprüchlich ironische Gedicht von Erich Kästner erinnert uns daran, daß es die Turmuhren waren, die das menschliche Leben zeitlich strukturierten – von der Wiege bis zur Bahre. Als Erich Kästner jedoch 1950 diese Verse veröffentlichte, war das bereits seit langer Zeit Vergangenheit. Heute hat das Glockengeläut nicht mehr allzuviel zu bedeuten, so daß Kläger, die dieses wegen Ruhestörung über den juristischen Weg abschaffen wollen, vielfach auch Erfolg haben. Das Verstummen der Glocken ist eines der auffälligsten Zeichen dafür, daß sich die modernen Zeiten modernisieren. Es war nämlich der Anfang der Moderne, die sich sichtbar und hörbar durch Turmuhren und Glockenzeichen bemerkbar machte, und vielleicht ist ja deren Verschwinden ein stummes Indiz für das nahe Ende dieser Moderne. Aber zunächst einmal wieder zurück zum Anfang.

Die Moderne wurde im wahrsten Sinne des Wortes „eingeläutet". Glocken, Kirchtürme und die städtischen Uhrtürme machten die Zeit hörbar. Ihr Geläut war dabei immer mehr als nur eine Information über die Zeit, es war immer auch die Aufforderungen, sich sozial festgelegter Handlungen zu erinnern. So etwa, es nicht zu versäumen, zur Messe zu gehen, an einer Taufe, an einer Beerdigung teilzunehmen oder sich auf den Weg zur Arbeit zu machen bzw. mit dieser aufzuhören. „Eine Stadt ohne Glocken", so lautet ein französisches Sprichwort, „ist wie ein Blinder ohne

Stock." Die Menschen sind ohne Orientierung, sie wissen nicht, wo sie sind und was sie zu tun haben.

Es war irgendwann am Ende des Mittelalters, als einflußreiche Personen meinten, die Bevölkerung sollte wissen, wie spät es ist. Kurze Zeit danach wollten sie es von sich aus wissen, und heute müssen sie es wissen. Damit war die Zeit im ganzen Land hörbar und sichtbar als wichtiges Thema entdeckt.

Warum aber wollte man nicht mehr weiter im zeitlosen Zustand der Vormoderne leben?

Eine *erste*, eher vordergründige Antwort liefert der Sachverhalt, daß sich im ausgehenden 13. Jahrhundert die Menschen von den Zeitgebern der Natur zu distanzieren begannen. Sie erfanden die Räderuhr, die nicht wie die Sonnenuhr den kosmischen Rhythmen, sondern der Mechanik des Taktes folgt. Vermutlich, darüber gibt es keine sichere Erkenntnis, waren die Klöster der Ort dieser Erfindung. Dort wurde die Zeit bereits seit längerem relativ gleichmäßig mit Hilfe von Sonnen- und Wasseruhren eingeteilt, um damit das auf die Regeln des Gottesdienstes hin ausgerichtete klösterliche Leben zu organisieren. Voraus ging dem die Einführung der christlichen Datierungsgewohnheiten. Erst nach dem Jahr 1000 wurde diese Zeitrechnung, speziell in Chroniken, benutzt. Die wenigsten Menschen haben daher die erste Jahrtausendwende überhaupt bemerkt. Da man dieses von der zweiten nun wirklich nicht behaupten kann, muß sich zwischenzeitlich etwas verändert haben. Und dies waren die zeitlichen „Besitzverhältnisse". Ein grundlegender Wandel hatte stattgefunden. Gott wurde als Eigentümer der Zeit durch die Menschen, die Wissenschaft und die Wirtschaft abgelöst. Zum neuen Gott wurden die Uhren. Auch wenn diese anfänglich zumeist an Kirchtürmen angebracht wurden, so traten sie doch immer mehr an die Stelle dessen, für den diese Kirchen gebaut waren. Es kann daher als Ironie der Geschichte bezeichnet werden, wenn die Räderuhr gerade in den Klöstern erfunden wurde: dort, wo die Zeit besser auf den verpflichtenden Dienst an Gott ausgerichtet wurde. Die unvergleichliche Karriere der mechanischen Uhr außerhalb der Klöster zeigt, daß die Fähigkeit und die Möglichkeit, „Zeit" zu bestimmen, zu einem besonders wirksamen Instrument weltlicher Herrschaft wurde. All jene, die den Wunsch und den Anspruch hatten, sich an Gottes Stelle zu setzen, versuchten die Zeit in ihren Einflußbereich zu bekommen, um mit „ihrer" Zeit dann Einfluß auf Menschen und Organisationen auszuüben. So ist schließlich die Zeit zum modernen Gott geworden. Man findet sie jetzt nicht mehr im und am Himmel.

Ein erkennbarer Unterschied zur Vormoderne zeigt sich *zweitens* in dem immens gestiegenen Bedürfnis, speziell bei Stadtbewohnern, sich nicht mehr an der Natur, sondern an naturfernen abstrakten Maßen zu orientieren. Die neuen Möglichkeiten der Zeitmessung durch die mechanische Uhr machten es möglich, Zeit unabhängig vom menschlichen Handeln und distanziert von Erfahrungen und Ereignissen zu bestimmen. Ein grundlegender Wandel in der Zeiterfahrung und in der Zeitvorstellung trat ein. Zuerst geschah dies in den italienischen Stadtstaaten des 14. Jahrhunderts, dann überraschend schnell auch in den übrigen Städten Europas, speziell in jenen, die eine führende Rolle im damals stark expandierenden Fernhandel einnahmen. „Eile", „Tempo" und „Beschleunigung" wurden zu neuen, nicht mehr nur negativ besetzten Zeit-Erfahrungen.

Die *dritte* Antwort auf die Frage, warum wir heute nicht mehr im „zeitlosen" Zustand leben, findet man bei den Themen der damals neugegründeten Universitäten. Am Ausgang des Mittelalters wurde die „Zeit" zum Inhalt in jenen Lehranstalten, die der Nachwuchs des geistlichen Standes besuchte. Wir wissen heute, daß damals der Zeitbegriff des Aristoteles besonders intensiv gelehrt und diskutiert wurde. Einzelheiten der teilweise heftigen Auseinandersetzungen um das theoretische Zeitverständnis in dieser Zeit müssen hier nicht weiter interessieren. Für unseren Zweck genügt es festzustellen, daß die Philosophen im Laufe des 14. Jahrhunderts das Zeitproblem nicht mehr bloß als „spekulative Denker“, sondern auch als „Physiker“ erörtert haben. Die Physik hat sich von der Spekulation befreit. Im 14. Jahrhundert begann die Spaltung von Philosophie und Naturwissenschaft. Diesbezüglich hatten die Diskussionen um das Wesen der Zeit eine wichtige symbolische Funktion (vgl. Leclercq 1974). Das traditionelle Zeitverständnis veränderte sich in dem Moment, da die „Zeit“ als das Maß einer Bewegung zwischen einem Vorher und einem Nachher verstanden wurde. Damit war die Idee des zeitlichen Fortschreitens, die dann ab dem 18. Jahrhundert „Fortschritt“ genannt wird, grundgelegt. „Die Tradition blieb weiterhin die Weitergabe der objektiven Werte, die der Mensch von der Vergangenheit empfing durch seine Gegenwart. Aber die Tradition erschien auch immer deutlicher wie eine bahnbrechend-erneuernde Aktivität, als eine irgendwie schöpferisch-bewegende Kraft des Beginnens“ (ebenda, S. 6).

Die mechanischen Uhren, die aus diesem neuen Geist heraus entwickelt wurden, trieben einerseits die „Objektivierung“ der Zeit, d. h. ein abstraktes Zeitdenken, das sich von den Alltagserfahrungen ablöste, weiter voran. Andererseits wurde es dadurch erstmals möglich, daß die Menschen einen Standpunkt „gegenüber“ der Zeit einnahmen. Sie waren ihr nicht mehr nur ausgeliefert. Man konnte die Zeit „fassen“, sie also messen. Damit nahmen die Menschen die Zeit in ihren Besitz – zumindest in ihrer Vorstellung.

Die Maße lagen nun nicht mehr allein in der Natur und bei deren Schöpfer. „Maß-nehmen“ konnten jetzt die Menschen. Und diese machten sich nun auf den langen Weg, die Welt nach ihren Maßen zu gestalten. Auch heute sind wir noch nicht am Ende dieses Wegs angekommen. Ob uns dies jemals gelingen wird und ob ein totaler Herrschaftsanspruch über die Zeit überhaupt erstrebenswert wäre, das sind allerdings Fragen, denen wir uns am Ende der Moderne stellen müssen. Solche postmoderne Fragen sind letztlich eine Folge jenes einschneidenden Perspektivenwechsels, den vor sechshundert Jahren einige mutige Menschen (meist waren es Mönche) riskierten. Heute nun – auch wenn wir uns in einer Risikogesellschaft wähnen – ist es nicht mehr allzu risikoreich, über „Zeit“ nachzudenken oder Bücher über sie zu schreiben und auch nicht, diese dann zu lesen. Vielmehr werden wir alle dazu gezwungen, uns unentwegt mit der „Zeit“ zu beschäftigen. Das Risiko liegt heute eher bei denjenigen, die sich weigern, sich mit der „Zeit“ zu beschäftigen.

Wie man aber aus der Geschichte zur Genüge weiß, sind es nicht nur nachdenkende Menschen, die die Welt verändern. Deren Perspektiven und Sichtweisen bleiben letztlich unbeachtet und ohne Resonanz, solange die alltägliche soziale Wirklichkeit sie nicht zur Lösung ihrer jeweiligen Problemstellungen benötigt und sie daraufhin nutzt. So ist es auch wahrscheinlich, daß das neue „Zeit-Denken“ nur deshalb entstand und sich rasch ausbreitete, weil das alte für die Bewältigung des Alltags nicht mehr ausreichte. Man kam damals, und das ist heute nicht viel anders, zu einer veränderten Sicht der Dinge, weil man in der Praxis Probleme hatte. Dies dürfte der maßgebliche Impuls gewesen sein, sich von der „vor-zeitigen“ in die „zeitige“ Welt zu begeben.

Die Organisation des Alltagslebens aufgrund von Naturzyklen und religiösen Zeremonien war, aus heutiger Sicht gesehen, „ungenau“. Nur die sehr kleine Zahl jener Menschen, die schon damals Kalender erstellten und astronomische Messungen vornahmen, rechnete mit der Zeit. Mehr und mehr wurde dies aber auch für eine größere Anzahl von Personen notwendig. Dazu gehörten vor allem jene, die die Einhaltung der Gebetszeiten abzusichern hatten, insbesondere aber auch diejenigen, die damit begannen, über den vom Kirchturm einsehbaren Raum hinaus Handel zu treiben. Neben den Klöstern erwarben daher als erste die Kommunen Uhren und Glocken (sog. Gemeinde- oder Bürgerglokken). Le Goff (1977), ein französischer Mittelalterforscher, hat diesen Wandel mit der einprägsamen Formel: „Von der Zeit der Kirche zur Zeit der Händler“ beschrieben: „Es gibt einen Übergang von der ‚theologischen‘ zur ‚technologischen‘ Zeit, einen

Übergang von einer ‚ewig neu beginnenden, fortdauernd-unvorhersehbaren, natürlichen Zeit' zu einer meßbaren, voraussehenden, künstlichen Zeit, da diese durch ein mechanisches Instrument, das dem Erfindergeist des Menschen seinen Ursprung verdankt, festgelegt und auf eine Arbeit hin ausgerichtet ist, die der Mensch erfüllen muß; ein Werk, das der Mensch produzieren muß und das einen wirtschaftlichen Wert darstellen wird." Mit der Ausweitung des Handels gingen Notwendigkeiten einher, die Zeit zu verwalten und mit ihr zu kalkulieren, denn, so Le Goff prägnant, „Kaufleute sind Zeitverkäufer".

Die Zeit wurde wertvoll. Turmuhren dienten zur Orientierung während der Arbeit und beim Geschäft. Die Kaufleute entwickelten sich zu Kalkulatoren und zu Buchhaltern der Zeit. „Durch den Besuch großer Messen oder durch die periodischen Reisen der venezianischen Kaufleute nach dem Orient, der hanseatischen Kaufleute nach Nowgorod kam ein fester Zeitrhythmus in das Leben vieler Kaufleute. Wer schon beim Einkauf – zumindest gewisser Güter – und erst recht beim Verkauf der erste sein wollte, mußte ein sehr genaues Bewußtsein von der richtigen Zeit haben. Das Zeitmoment spielte besonders bei spekulativen Geschäften eine Rolle, wie es z. B. der Safranhandel war. Das gleiche galt für den Kredit, der ja durch die Zerlegung des Tausches von Gütern oder Werten in einer gestreckten Zeit gekennzeichnet ist. Durch das Aufkommen der verschiedenen Kreditformen, besonders des Wechsels, war der Kaufmann gezwungen, genau mit der Zeit zu rechnen" (Maschke 1976, S. 190 f). Man wartet nicht mehr auf den „rechten" Augenblick, man macht, besonders trifft dies auf Kaufleute zu, Termine, um von nun an den „richtigen" Augenblick selbst zu bestimmen.

Auch das Bevölkerungswachstum in den Städten (Städte sind in der Zeit des ausgehenden Mittelalters, lange nach dem Niedergang Roms, wieder neu „erfunden" worden) intensivierte den Handel und die rationale und planerische Denkweise bezüglich administrativer Herausforderungen und Problemlösungen. Zeitliche Abstimmungen wurden notwendig. Die Erfindung des Buchdrucks stand dafür als eine wichtige, neue Technik zur Verfügung. Sie war eine ideale Ergänzung zu der ebenfalls neuen Möglichkeit, die Zeit bei jedem Wetter, und nicht nur bei Sonnenschein, ablesen und messen zu können. Im doppelten Sinne konnte jetzt „Zeit-Druck" gemacht werden.

Zur gleichen Zeit, durch die Gründung immer neuer Städte gefördert, nahm die Zahl der Handwerker und damit auch die der Werkstätten zu. Das Handwerk trennte sich von der Landwirtschaft, in deren Arbeitsalltag es bis dahin weitgehend integriert war. Damit änderte sich auch die Produktionsweise der Handwerker entscheidend. Nicht mehr nur auf Bestellung hin wurde gearbeitet, sondern zunehmend auch für Händler, d. h. für einen Markt, dessen Kunden und deren Bedürfnisse man nicht mehr persönlich kannte. Mit jemandem, zu dem man keine direkte Beziehung hat, kann man nicht über Termine verhandeln. Zeitökonomische Überlegungen treten daher an die Stelle ehemals privater Zeitverhältnisse. Dies förderte berufsorientierte Zusammenschlüsse, die aus der sich auflösenden alten Ordnung eine neue Ordnung schufen. Für das Handwerk waren das zuallererst die Zünfte, die durch ihre Politik deutlich machten, daß man das Schicksal nicht mehr nur in Gottes Hand liegen sah. Man nahm es in die eigene. Aufbruchsstimmung machte sich breit. Im Jahr 1481 wurde im Stadtrat von Lyon folgende Petition vorgelegt: „Es besteht ein starkes Bedürfnis nach einer großen Uhr, deren Klang von jedermann in der ganzen Stadt gehört wird. Wenn man eine öffentliche Uhr einrichtet, werden mehr Kaufleute zu den Messen kommen, die Bürger werden fröhlicher und zufriedener leben und ein geordnetes Leben führen, und die Stadt wird an Schönheit gewinnen" (Cipolla 1997, S. 41). So geschah es dann auch.

Obgleich sich dieser neue Umgang mit der Zeit und das damit verbundene neue Zeiterleben, das wir heute „modern" nennen, in vielen städtischen Lebensbereichen relativ schnell durchgesetzt hatten, gingen die Uhren damals nicht sehr genau, wenn sie denn überhaupt gingen. Das lag nicht nur an der mangelhaften Technik, sondern auch dem nicht vorhandenen Präzisionsbedarf. Man war diesbezüglich bescheiden. Und diese Bescheidenheit drückte sich in dem Sachverhalt aus, daß man anfänglich nur einen Zeiger, den für die Stunden, hatte. Die Minuten wurden erst später erfunden, zu jener Zeit, als das Bedürfnis nach Genauigkeit zunahm. Die Stunde bereits hatte das „Tagwerk", als die zentrale handlungsbestimmende Maßeinheit der Arbeit, abgelöst, zumindest trat sie mit dieser in Konkurrenz.

Mehrere miteinander eng verknüpfte und sich gegenseitig befördernde Dynamiken waren es also, die dazu führten, daß man die „Zeit" entdeckte und den „zeitlosen Zustand" des Alltags hinter sich ließ. Daß die Bevölkerung seit dem Ausgang des Mittelalters in pünktliche und unpünktliche Menschen eingeteilt werden konnte und daß man sich schließlich heutzutage eines Deliktes mit dem Namen „Zeitdiebstahl" schuldig machen kann, das sind Folgen, zumindest gravierende Nebenfolgen, dieser Entwicklung. Sie gilt es im weiteren etwas detaillierter zu betrachten.

Geld und Maschinentakt: Zeitgeber

Mit der Einführung der mechanischen Uhr, mit deren rasanter, flächendeckender Verbreitung und mit den geänderten Zeitvorstellungen und Handlungsmöglichkeiten war das Monopol der Natur als Zeitgeber gebrochen. Die Orientierung an der Uhrzeit war eine neue Alternative und zwar eine überaus attraktive, wenn man sich deren Erfolgsgeschichte vergegenwärtigt. Es verloren die Naturordnung, wie auch die religiösen Bindungen ihren absoluten Verbindlichkeitscharakter. Die Zeit, so läßt sich pointiert formulieren, entstand überhaupt erst mit der Ablösung der Zeitwahrnehmung von der Natur. Davor waren Natur- und Zeiterleben noch identisch. Die Vormoderne war die Zeit vor der Zeit. Nun aber, da man

Alternativen hatte, stellte sich die Frage: An was soll man sich zeitlich orientieren? Damit begann die Suche nach neuen Zeitgebern. Konkurrierend zu Natur und Gott, den altersschwachen Zeitgebern, traten das Geld und der Maschinentakt.

Wenn es kein Geld gäbe, gäbe es auch keine Zeit – Geld als Zeitgeber

Die wirtschaftlichen Beziehungen waren in der Vormoderne durch gebrauchswertorientierten Warentausch gekennzeichnet. Man tauschte Wein gegen Getreide, Arbeitsleistung gegen Essen, Trinken und Wohnen, Geraubtes gegen Waffendienst, Metalle und Gewürze gegen Glasperlen, Gemälde gegen Golddukaten. Diesem Warentausch entsprach ein an Ereignissen der Natur orientiertes Zeitverständnis, bei dem die Zeit kein Thema und kein Gegenstand der Organisation war. Die ökonomische Auseinandersetzung mit der Welt geschah anschaulich und die zeitliche Orientierung ebenso.

Die Intensivierung des Außenverkehrs, also die Handelsbeziehungen mit unbekannten, nicht nur zur heimischen sozialen Gemeinschaft gehörenden Menschen (Lieferanten und Kunden nennen wir diese heute), machte veränderte Formen des Warentausches notwendig. Es war das Geld, das als formaler Code eine neue überregional gültige Verrechnungseinheit herzustellen vermochte, in die dann ganz unterschiedliche Waren als Leistungen übersetzt werden konnten. Man kann Geld zwar nicht essen, aber man kann sich Essen dafür kaufen und davon, nicht vom Geld, wird man (wenn man genug davon hat) auch satt. Durch das Geld wurde und wird die Welt berechenbarer. Daher ist eines der Hauptcharakteristika der Moderne, daß von Natur auf Geld umgestellt wird. Die Menschen fingen zu Beginn der Neuzeit an, Zeit, speziell Arbeitszeit, in Geld umzurechnen, nachdem sie die Zeit durch die Erfindung der mechanischen Uhr berechenbar gemacht hatten. In jener Stadt, die diesem modernen Denken einstmals den größten Schub gegeben hat, in Florenz, berechneten die

Wollweber bereits Ende des 14. Jahrhunderts ihre Überstunden. Bis zum Stundenlohn, der etwa vierhundert Jahre später eingeführt wurde, war es jedoch noch ein langer Weg. Die Florentiner Wollweber haben ihn mit ihrem frühzeitigen „Zeit ist Geld"-Bewußtsein geebnet. 1758 hat Benjamin Franklin in seiner Abhandlung „The Way to Wealth" (Der Weg zum Wohlstand) die heute zum Allgemeinplatz gewordene Parole: „Bedenke, daß die Zeit Geld ist" ausgegeben. Das war nichts anderes als die Ermahnung: „Denke immer daran, daß das Geld dein Zeitgeber ist!"

Robert Musil hat diese Perspektive Anfang des 20. Jahrhunderts radikalisiert: „Die Formel dieser Zeit (...) lautet: das Geld ist das Maß aller Dinge. Ihr negativer Ausdruck heißt: das menschliche Tun trägt kein Maß mehr in sich."

„Alle Ökonomie", so Karl Marx, „wird zur Ökonomie der Zeit." Zeit wird zum bewirtschafteten und knappen Gut – obgleich es eigentlich genügend von ihr gibt (Was im übrigen auch für das Geld gilt. Nestroy hat daran erinnert: „Die Phönizier haben das Geld erfunden – aber warum so wenig?"). Wirtschaftliche Gewinne werden über Zeitgewinne realisiert. Dieses Denken und Handeln setzt eine immense Beschleunigungsdynamik beinahe aller Arbeits- und Lebensverhältnisse in Gang. Dieser haben wir u. a. unsere heutigen Hochgeschwindigkeits-Verkehrsmittel und unsere elektronischen Informationsverarbeitungs- und Übertragungssysteme zu verdanken.

Die beschleunigte Zeit, die man auch mit gutem Recht als eine „aufgeregte" Zeit bezeichnen kann, koppelt Entscheidungen und Handlungen in vielfältiger Weise an Geld. Aber dieser Sachverhalt lädt uns schließlich das Problem des Maßes auf, das in der Vormoderne durch die Zyklen der Natur und die einschlägigen kirchlichen Vorgaben entschieden war. Geld kennt, im Gegensatz zur Natur, nämlich kein „genug". Wenn die Gleichung „Zeit ist Geld" gilt, dann gilt die Maßlosigkeit nicht nur fürs Geld, sondern auch für die Zeit. So kommt es, daß, fast völlig losgelöst von der Frage nach dem „Warum", in unserer heutigen Gesellschaft mehr Schnelligkeit, höhere Beschleunigung und steigende Zeitgewinne für fast alle Lebensbereiche gefordert werden. Was mit der gewonnenen Zeit schließlich gemacht wird oder was mit ihr gemacht werden soll, das bleibt weitgehend offen. So führte der Beschleunigungsdruck, speziell in der jüngsten Geschichte, zu noch mehr Zeitsparanstrengungen. Denn die gewonnene Zeit wurde bisher meist dazu genutzt, noch mehr Zeit zu gewinnen. Es gibt bei dieser Spirale kein Ende, eben weil es kein „genug" gibt. Es sei denn das Ende aller Zeit, der Tod, setzt ihr ein gewaltsames. Dieser Tod aber erinnert uns daran, daß es illusorisch ist, sich völlig von den Zeit-Maßen der Natur zu lösen. Die Verdrängung des Todes in unserer heutigen Gesellschaft ist, so gesehen, auch eine Verdrängung naturbezogener, maßvoller und begrenzender Zeitmaße.

Entscheidet man sich für die „Zeit ist Geld"-Logik, dann muß Zeit immer genutzt werden. Sie darf, so die moderne Moral, nie und nirgends verschwendet werden. Eben dies forderte Benjamin Franklin nicht nur im Hinblick auf die Arbeit. Für alle Lebensbereiche gilt für ihn die Maxime, nutzbringend aktiv zu sein. Max Weber bezog sich bei seiner Analyse des kapitalistischen Wirtschaftssystems, das er im Geist des Protestantismus fundiert sah, ausführlich auf Franklins Ausführungen. Geld wird von Franklin mit der Fruchtbarkeit der Natur verglichen. „Bedenke, daß Geld von einer zeugungskräftigen und fruchtbaren Natur ist. Geld kann Geld erzeugen, und die Sprößlinge können noch mehr erzeugen und so fort" (zit. bei Max Weber 1991, S. 40). Kaum deutlicher läßt sich das Vorhaben begründen, die Zeitgeberfunktion von der Natur auf das Geld zu transformieren und dabei die aufgezeigten gravierenden Unterschiede zwischen beiden zu verleugnen. Legitimiert war damit ein Handeln, das sein Ziel letztlich im Gelderwerb sah. So war es nur konsequent, daß die Kaufleute an gesellschaftlichem Ansehen gewannen. Die Bauern, die sich an der Natur abarbeiteten, verloren dies dagegen.

Wer von Natur auf Geld umstellte, mußte ehemals unproblematische, traditionelle Einstellungen ändern und viel Überzeugungsarbeit leisten, damit die Folgebereitschaft der Menschen abgesichert werden konnte. Eben das geschah in der Geschichte u. a. dadurch, daß man bei diesem Wechsel der gesellschaftlichen und der individuellen Zeitorientierung an Gott als Zeitgeber (wenigstens teilweise) weiter festhielt – freilich in einer veränderten Weise und einer ganz anderen „Systemlogik". Moralische Werte des Umgangs mit Zeit wurden aus Gottes Willen bzw. der kirchlichen Lehrmeinung abgeleitet und begründet. Dies gelang, so Max Webers Analyse, insbesondere dem Protestantismus. Die Einzelnen finden ihren Lebenssinn nicht mehr in der sie umgebenden Natur bzw. in der sozialen Gemeinschaft. Sie müssen ihn mit Hilfe der Bibel bei sich selbst suchen. Bei Horkheimer (1968, S. 45/46) findet man dafür eine treffende Beschreibung: „Die große geistige Leistung der Reformatoren liegt in der Artikulation der Idee, daß das Heil der Menschen nicht von den sakralen Veranstaltungen einer Priesterkaste, sondern vom seelischen Verhalten der Einzelnen abhänge; dieser Gedanke ist bei Calvin noch durch die Lehre von der Gnadenwahl verstärkt (...) Der von den Reformatoren angebahnte kulturelle Fortschritt der Massen war unmittelbar an eine viel aktivere Bearbeitung der Individuen geknüpft, als es beim alten Klerus gang und gäbe war. Das Bürgertum hatte seine Mitglieder angesichts der neuen wirtschaftlichen Aufgaben zu einem ganz anderen Grad von Selbstdisziplin, Verantwortlichkeit, Arbeitseifer zu erziehen als in den alten Zeiten einer relativ undynamischen, in festen Regeln ablaufenden Ökonomie."

Der Lohn dieser Welt gilt als Abschlag auf den Erfolg im Jenseits. Das aber bedeutet auch, daß der Erfolg im Diesseits ein Zeichen von besonderer Zuneigung Gottes ist. Insbesondere durch Belohnungsaufschub, durch Askese, ist diese zu erlangen. In solcher Zeit-Logik sind realisierte Geld- und Zeitgewinne nicht zu verbrauchen, sie müssen erneut investiert werden, um noch mehr Geld und Zeit zu gewinnen. Damit wird auch die Zeitperspektive in entscheidendem Maße von der Gegenwart auf Zukünftiges hin ausgerichtet. Dies ist eine gravierende Veränderung. Sie richtet den Umgang mit der Zeit völlig neu aus. Das Erreichte ist nämlich nie genug. Sich mit dem, was man hat, zufriedenzugeben, gefährdet das Erlöstwerden.

Die Zeit unterliegt mehr und mehr der Verwertungslogik des Geldes. Erst nachdem man Zeit mit Geld verrechnet, kann man Zeit „gewinnen", Zeit „verlieren", man kann sie von da an „sparen", „stehlen" oder auch „verschenken", manche können sie sogar „totschlagen". Durch Zeitsparen soll Geld zu noch mehr Geld gemacht werden. „Wer täglich zehn Schillinge durch seine Arbeit erwerben könnte und den halben Tag spazierengeht oder auf seinem Zimmer faulenzt", so Benjamin Franklin, „der darf, auch wenn er nur sechs Pence für sein Vergnügen ausgibt, nicht dies allein berechnen, er hat neben dem noch fünf Schillinge ausgegeben oder vielmehr weggeworfen." Der religiöse Glanz geht auf jene Handlungen und Gegenstände über, mit denen sich Zeit sparen läßt. Geld, Arbeit und Zeit bilden die neue Dreieinigkeit, die an die Stelle traditioneller Glaubensgewißheit tritt. Das Glück fällt einem nicht mehr zu wie in der Vormoderne, das Glück errechnet sich in der Moderne aus der Bilanz dessen, was man erreicht bzw. versäumt hat.

Diese Umstellung der Zeitorientierung von Natur auf Geld geschah hauptsächlich im 16. und 17. Jahrhundert. Vorbereitet wurde die Ökonomisierung der Zeit durch die Aufhebung des Zinsverbotes. Papst Johannes XXII. lockerte im 14. Jahrhundert das bis dahin gültige Verbot, mit Zeit zu handeln. Er tat das indirekt, indem er die Anwendung des in Florenz erfundenen Prinzips der doppelten Buchführung erlaubte und es auf die kirchlichen Geschäftsverfahren anwendete. Das aufkommende Bankwesen in den oberitalienischen Städten schuf in der Folge dann jene Dynamik, die man die „normative Kraft des Faktischen" nennt. Der verbreitete Handel mit Zeit und der wachsende Kapitalumschlag überlagerten die einschlägigen kirchlichen Verbote und setzten sie praktisch außer Kraft. Das Zeitverständnis orientierte sich an der Wirtschaftsgesinnung der Handelshäuser. Obgleich Luther in seinen Predigten und in seinen Texten vehement gegen den Wucher zu Felde zog, so hat sich doch mit der Reformation ein verschärftes ökonomisches Zeitdenken durchgesetzt. Speziell die Gemeinden der Reformierten, die Calvinisten, die Pietisten und die Puritaner haben dafür gesorgt. Für sie war die Zeit knapp, Zeitdruck war das erwünschte Lebensgefühl. Für sie reimte sich Leben auf Streben. Die Erfindung der Minuten und später dann auch die der Sekunden war eine Konsequenz daraus. Diese kleinteiligen Zeitmaße wurden schließlich mit dem Maschinentakt gekoppelt und zum zweiten zentralen Zeitgeber der Moderne.

Pünktlich wie die Eisenbahn – Maschinentakt als Zeitgeber

Als der Maler Jackson Pollock sein Programm verkündete: „Ich will Natur sein", entgegnete ihm Andy Warhol: „Ich will eine Maschine sein" (I want to be a machine). Wie ironisch beide Aussprüche auch jeweils gemeint sein mögen, sie thematisieren zwei konkurrierende Lebens- und damit zwei unterschiedliche Zeit-Konzepte. Pollock will sich von der herrschenden Zeit-Realität entfernen, Warhol akzeptierte sie in radikaler Art und Weise und distanziert sich gerade dadurch von ihr.

Die Maschinenzeit bestimmt unser Leben heute weit mehr, als es die Naturzeit tut. Daß dieses letztlich nicht der Zeit und dem Zeiterleben des Menschen, der ja Teil der Natur ist, entspricht, läßt immer wieder die Sehnsucht nach dem „Zurück zur Natur" aufkommen. Die Entwicklungsdynamik der natürlichen Kreisläufe ist durch die der technologisch gesteuerten industriellen Prozesse abgelöst worden. Zeitgeber sind die Maschinen. Zuallererst selbstverständlich die Uhr, die ja auch eine Maschine ist. Sie macht das Leben klein und immer kleiner. Zuerst zerteilt sie es in Stunden, dann, etwa ab dem 16. Jahrhundert, in Minuten, später in Sekunden und heute in deren Bruchteile. Die Orientierung an der mechanischen Uhr vertrieb die Menschen aus der Welt der Rhythmen und der kosmischen Zyklen und ermöglichte ihnen eine höchst präzise Form gleichförmiger Zeitorganisation, die in dieser Form nirgends in der Natur vorkommt. Der Zeittakt trat an die Stelle des rhythmischen Geschehens. Der Takt der Uhr bestimmte das Leben, und er bestimmt es heute noch. So wurde durch die Arbeitsform der industriellen Produktion der Mensch zum Objekt maschinell gesteuerter, vertakteter Abläufe. Dies jedoch immer nur so lange, bis auch er von Maschinen und Automaten abgelöst wurde.

Ab dem 16. Jahrhundert zeichneten sich solche neue zeitliche Verhaltens- und neue Zeit-Wahrnehmungsformen ab, die sich zuallererst am Takt des Mechanischen orientierten. Die technische Phantasie erreichte damals einen ersten historischen Höhepunkt. Abhandlungen zur praktischen Mechanik waren sehr beliebt und sehr gefragt, das physikalische und das mathematische Wissen sowie dessen Umsetzung in neue Geräte und Instrumente nahmen stark zu. Dies alles sowie der Umgang mit Maschinen erhöhten die Rationalität des gesamten Alltags. Verzeitlicht – und das heißt in diesem Falle „vertaktet" – wurden immer mehr Lebensbereiche. Der „industrielle Geist" eroberte die Zeit. Zuerst geschah dies in England, dann in Frankreich, Belgien und schließlich auch in Deutschland. Karl Marx bewunderte im Kommunistischen Manifest (1848) die industriellen Leistungen jener Bourgeoisie, deren Sturz er mit ebendiesem Manifest betrieb. „Sie hat Dinge vollbracht, die großartiger sind als der Bau der ägyptischen Pyramiden, der römischen Aquädukte und der gotischen Kathedralen; sie hat Expeditionen durchgeführt, die die Völkerwanderungen und Kreuzzüge weit übertreffen. Die Unterwerfung der Naturkräfte, die Erfindung der Maschine, die Anwendung der Chemie auf Industrie und Landwirtschaft, Dampfschiffe, Eisenbahnen, elektrische Telegraphen, die Rodung ganzer Kontinente für den Ackerbau, die Schaffung schiffbarer Wasserwege, große Populationen, wie durch Magie der Erde entsprungen – hatten frühere Generationen die geringste Ahnung davon, daß derartige Produktivkräfte im Schoß gemeinsamer Arbeit schlummerten?"

Nicht mehr länger die Gewohnheiten und die Traditionen, sondern die Neuartigkeit der Erkenntnisse und der Technik bildeten den neuen Zeithorizont. Die Zeit wird in der Maschine zur quantitativen Größe, unabhängig von den inneren Rhythmen der Menschen und auch unabhängig von den äußeren Zyklen der Natur. Die Uhr, die Dampfmaschine, der Computer, sie alle funktionieren ohne Einfluß der Witterung, egal ob es hell oder dunkel ist. Sie nehmen keine Rücksicht darauf, ob der Mensch, der sie bedient oder nutzt, müde oder hellwach ist. Ihr Zeitmuster ist der Takt, den sie dem Menschen aufzwingen. „Pünktlich wie die Eisenbahn", ist die Formel, die heute noch als Kompliment gegenüber jenen benutzt wird, die sich dem Takt der Maschine widerstandslos anpassen. Das Muster der Unterordnung unter die Sachlichkeit maschineller Abläufe prägt schließlich in immer größerem Ausmaß auch die sozialen Beziehungen. Wer die Zeit telefonisch erfragt, bekommt das deutlich zu spüren: Beim nächsten Ton ist es acht Uhr, vierzig Minuten und zehn Sekunden – Bip! – Beim nächsten Ton ist es acht Uhr, vierzig Minuten und zwanzig Sekunden – Bip! – und so weiter und so fort.

Wenn nicht mehr das arbeitende Subjekt, sondern der Maschinentakt unser zeitliches Ordnungssystem gestaltet, hat das auch soziale Konsequenzen: Takt-Losigkeit bedeutet nicht selten den Ausschluß aus der Arbeitswelt und aus der sozialen Gemeinschaft.

Kennzeichen des Taktes ist, daß er einteilt, daß er gleichförmig gliedert, ohne Abweichung funktioniert und manipulierbar ist. So etwa läßt sich ein Metronom schneller stellen. Damit erhöht sich die Schlagzahl pro Zeiteinheit. Der Takt also ist beschleunigbar, aber er kann auch verlangsamt werden. In jedem Fall ist sein

Kennzeichen die Gleichförmigkeit. Der Takt steht für die Auflösung und die Abschaffung zeitlicher Besonderheiten. Die Dauer zwischen zwei taktförmig organisierten Ereignissen hat meßbar die gleiche Ausdehnung. Die jeweiligen Zwischenräume unterscheiden sich ebensowenig wie die punktuellen Ereignisse der Taktschläge. Der Takt wurde als das Zeitmuster des Gleichmäßigen und des Beschleunigbaren zum Weggefährten einer Modernisierung, deren Programm die Entrhythmisierung war und ist. Belohnt wurden die vertakteten Gesellschaften und deren Mitglieder für solche Anpassungsleistung an die Gleichförmigkeit mit einer deutlichen Vermehrung ihres Güterwohlstandes, bestraft mit zunehmender Entfremdung von der inneren und der äußeren Natur. Chaplin hat dies 1936 in seinem Film „Moderne Zeiten" in treffender Art und Weise ins Bild gesetzt: Dort wird eine Fütterungsmaschine für Menschen gezeigt, die in den kurzen Essenspausen die Abfütterung der Arbeiter in effektiver Art und Weise bewerkstelligen soll. (Diese Maschine wird dann allerdings von den Managern zurückgezogen, da ihr Takt nicht einwandfrei funktioniert.)

Im 18. Jahrhundert, zu Beginn des Industriekapitalismus, waren die vertakteten Abläufe ein beliebtes Vorbild für das individuelle und das soziale Leben. Speziell die Uhren galten dabei als das erstrebenswerte Verhaltens- und Handlungsmuster für das menschliche Tun. In der Vorrede zur damals sehr einflußreichen Enzyklopädie von 1751 stimmt D'Alembert ein Loblied auf die mechanischen Künste an: „Vielleicht finden sich bei den Handwerkern die bewundernswertesten Beweise für den Scharfsinn, die Beharrlichkeit und die Möglichkeiten des menschlichen Geistes (…). Warum werden jene, denen wir die Schnecke der Uhren, die Hemmung und den Repetiermechanismus verdanken, nicht genauso hoch geachtet wie jene, die nach und nach zur Vervollkommnung der Algebra beigetragen haben?" Die Welt als Uhr, das war der Traum der Menschen und der Politiker des 17. und 18. Jahrhunderts. Auch Goethe ließ sich von dieser Wunschvorstellung verführen. In einem Brief an Frau von Stein (17. Mai 1778) verglich er das politische Leben mit einem „großen Uhrwerk“, das durch eine „große alte Walze“ angetrieben wird. Sein poetischer Konkurrent Schiller konnte da nicht nachstehen:

„Freude heißt die starke Feder
in der ewigen Natur.
Freude, Freude treibt die Räder
in der großen Weltenuhr.“
(„An die Freude“)

Nietzsche hingegen war etwas kritischer. Er spöttelte über die Gelehrten: „Gute Uhrwerke sind sie: Nur sorge man, sie richtig aufzuziehen! Dann zeigen sie ohne Falsch die Stunde an und machen einen bescheidenen Lärm dabei.“

Die Befreiung von der Natur als monopolistischem Zeitgeber kann rückblickend als das große Emanzipationsprogramm der Moderne angesehen werden. Dieses Programm ist zweifelsohne eingelöst worden. Befreit haben wir uns jedoch nicht *als* Natur, sondern *von* ihr. Dies wird uns heute immer deutlicher als Problem aufgedrängt, nicht zuletzt von der durch dieses Programm zerstörten Natur.

Die zunehmende Abkoppelung der Zeitgeberfunktionen von den kosmischen und den natürlichen Vorgaben führte im weiteren Verlauf der Geschichte dann dazu, daß Regeln (z. B. in Tarifverträgen, in Betriebsordnungen, durch Arbeits- und Verwaltungsgerichte usw.) entwickelt wurden, die die Menschen vor den negativen Effekten einer naturfernen Zeitordnung schützen mußten. Kaffeepausen, Urlaub, Freizeit, Fünftagewoche, all dies sind Errungenschaften einer Gesellschaft, die die Zeit und ihre Strukturierung selbst in die Hand genommen hat. Zweifelsohne haben wir unseren Güterwohlstand diesem beschriebenen Perspektivenwechsel zu verdanken – aber auch unseren Zeitnotstand. Die Ablösung der Naturrhythmen durch den menschengemachten mechanischen Takt hat uns zu neuen Horizonten der Freiheit geführt – jedoch um den Preis wachsender funktionaler Abhängigkeiten. Wir sind heute in Mitteleuropa weitgehend unabhängig von den Folgen der Naturgewalten, dafür abhängiger vom Ölpreis. Unsere Erlösungs-Hoffnungen richten sich nicht mehr auf die Ewigkeit, sondern auf die rechtzeitige Auszahlung unserer Lebensversicherung.

Zeiten der Unruh: Zeitmessung

Zeitmessung bedeutet Zeiteinteilung. Der moderne Mensch gibt mit Hilfe eines Datums an, wann er geboren wurde, wann er in die Schule kam und wann er diese schließlich auch wieder verließ. Er weiß, an welchem Tag er geheiratet hat, und falls er es vergißt, wird er durch eine gewisse Krisenstimmung am Hochzeitstag daran erinnert. Er kennt das jeweils aktuelle Datum, wenn man ihn danach fragt, und er kann jedem, der sich nach der Zeit erkundigt, mit dem Blick auf die Uhr eine präzise Antwort geben. Er kann Termine machen, bekommt ein schlechtes Gewissen, wenn er sie versäumt, und kennt auch die zeitlichen Spielräume, die ihn zu einem pünktlichen oder zu einem unpünktlichen Menschen stempeln. Allein seinen Tod kann er nicht beziffern. Das können nur andere, vorausgesetzt, der Betreffende ist vorher gestorben.

Die Zeit ist ganz selbstverständlich für den heute lebenden Europäer, und nicht nur für diesen, meßbar – und zwar höchst genau. Das war, wie im Abschnitt über die Vormoderne geschildert, nicht immer so. Das Messen der Zeit setzt eine Distanz zur Zeit voraus, und diese war nicht immer und überall vorstellbar und realisierbar. Zeitmessung ist also kein Ur-Bedürfnis des Menschen, sie ist vielmehr ein Uhr-Bedürfnis.

Die Literatur über die Entwicklung der Zeitmessung ist umfassend und gut ausgearbeitet. Daher ist es sinnvoll, an dieser

Stelle Zeit zu sparen, ganz im Sinne moderner Handlungsprinzipien. Viel anschaulicher als der Besuch eines der vielen Uhrenmuseen (insbesondere ist die Zeitmeßabteilung des Deutschen Museums in München zu empfehlen) kann eine systematische Abhandlung über die Geschichte der Zeitmessung gar nicht sein. Für eine Beschreibung des Umgangs mit der Zeit in unterschiedlichen Epochen ist es daher sinnvoll, nicht zuallererst die Zeitmeßgeräte, sondern die durch sie in Gang gesetzten jeweiligen Ordnungsleistungen in den Blick zu nehmen.

Zeitmeßgeräte waren bereits im Altertum verbreitet. Die Hochkulturen der Vormoderne: Babylonier, Ägypter, Griechen, Römer, aber auch die Maya und die Inka, hatten ein teilweise höchst komplexes Zeitmeßsystem. Sonnen- und Wasseruhren existierten lange Zeit vor Christus und ebenso die instrumentellen Möglichkeiten, jahreszyklische Ereignisse zu berechnen. Räumliche Maße waren üblich, um zeitliche Entfernungen zu bestimmen. (Hingewiesen wurde bereits auf das „Tagwerk" im Deutschen, oder „journey", jene Reisestrecke, die man an einem Tag zurücklegen konnte, im Englischen.)

Die vorchristlichen Zeitmeßgeräte dienten letztlich kultischen Zwecken. Deren Berechnungsgrundlagen und ihre Anwendung blieben aber weitgehend auf jene Personen beschränkt, die die kultischen Handlungen vollzogen. Weitgehend galt dies auch für den Einsatz der frühchristlichen Zeitordnungssysteme.

Im 13. Jahrhundert begann sich dies zu verändern: „Robertus Anglicus spricht ... von der Wandlung in der Zeiterfahrung und Zeitvorstellung, die darin besteht, daß man von der Tageseinteilung in ungleiche Stunden zu einer solchen von 24 gleich langen Stunden überging, was durch eine mechanische Uhr berechnet und angezeigt wurde. Er beschreibt die Herstellung einer solchen Uhr folgendermaßen: Jede Stunde entspricht einem Abschnitt von 15 Grad des Äquinoktialkreises; eine solche Uhr ist genauer als ein Astrolabium. Nichts erlaubt den Schluß, daß das beschriebene Instrument bereits existierte. Man versuchte wohl, es herzustellen. Offenbar hatte man die technischen Mittel noch nicht gefunden, um diese Uhr herzustellen. Immerhin, und das ist wichtig in diesem Zusammenhang, der Begriff der Zeit war bereits vollständig gewandelt. Man verstand die Zeit als objektive Gegebenheit, die ganz exakt gemessen werden kann“ (Leclercq 1974, S. 12 f). Dies aber wurde zur damaligen Zeit noch zu keiner Erfahrung, die den Alltag bestimmte. Es blieb quasi ein Geheimwissen einiger weniger einflußreicher Personen.

Nicht lang danach jedoch ging es relativ rasch mit der Veralltäglichung der neuen Zeitmessung. Die Zeit konnte zuerst gesehen und später dann auch gehört werden. In Oberitalien (Mailand 1336), in Frankreich (Avignon 1353) und in Südengland (Windsor Castle 1351) wurden mechanische Uhren an kirchlichen und weltlichen Gebäuden angebracht. 1358 wurde in Regensburg die erste deutsche Schlaguhr am Rathaus befestigt, andere Städte wie Nürnberg und Augsburg folgten. Oftmals waren diese Uhren mit einem Hahn geschmückt – vielleicht ein Zeichen dafür, daß man der neuen Technik noch nicht ganz traute. Der Hahn verkündete sein nun mechanisches „Kikeriki“ lauthals unter Flügelschlagen am Ende des Glockenspiels. Im Straßburger Münster ist ein solch metallisches Federvieh von 1354 noch heute zu besichtigen. Die ursprüngliche Funktion des Hahns im Zusammenhang mit Zeitmeßgeräten ist jedoch religiöser Art. Sie ist heute nur noch wenig bekannt. Der Hahn sollte die Menschen davor warnen, Gott zu verraten. Er ist eine mahnende Erinnerung an die Worte Jesu, die er an Petrus richtete: „Ehe der Hahn kräht, wirst du mich dreimal verleugnen“ (Mt 26, 34). Christlicher Tradition folgend sind Uhren immer auch Mahner der Menschen. In den meisten Fällen sollten sie daran erinnern, daß die Menschen zeitliche Wesen sind und daß sie sich auf die zeitlose Ewigkeit vorbereiten sollen. Diese Symbolik bleibt uns heute weitgehend verborgen. Auch ein Zeichen dafür, daß wir die Zeit nicht mehr als Eigentum Gottes begreifen.

Technisch Interessierte mag die in den folgenden Jahrhunderten zunehmende Vervollkommnung der mechanischen Uhren interessieren. Auch dieser Fortschritt ist gut dokumentiert. In unserem Zusammenhang ist jedoch in erster Linie der soziale Prozeß einer zeitlichen Ordnungspolitik wichtig, die sich vom sakralen Bereich zunehmend zur weltlichen Macht hin verlagerte. Diese Entwicklung vollzog sich langsam. Sie dauerte Jahrhunderte und hatte ihren Schwerpunkt in den wachsenden Städten. Beispielsweise in Frankfurt: 1453 wurde das Frankfurter Rathaus, der Römer, mit einer Uhr ausgestattet. Noch bis 1561 war es jedoch die monumentale Domuhr, die die offizielle Zeit für die Bevölkerung von Frankfurt angab. Die Verfügungsgewalt über die ordnungspolitisch höchst wichtigen Kommunikationsmittel „Uhr“ und „Glocken“ war im 16. Jahrhundert zwischen Stadtverwaltung und Kirche heftig umstritten. Nicht überall wurde der Konflikt so eindeutig entschieden wie in Venedig. Dort verbot der Doge den Mächtigen der Kirche, eine Uhr am Markusdom anzubringen. Dem Entschluß, den Klerikern ihr zeitliches Orientierungsmonopol zu nehmen, haben wir den schönsten städtischen Uhrturm der Welt, gleich neben der Markuskirche, zu verdanken. In Nürnberg versuchte die weltliche Macht in anderer Art und Weise der Geistlichkeit Konkurrenz zu machen. Die Uhr an der Frauenkirche zeigte nicht, wie üblich, eine biblische Szene. Stündlich umkreisten dort die sieben Kurfürsten den Kaiser.

In Frankfurt, wie in vielen anderen mitteleuropäischen Städten und Gemeinden, wurden Kompromisse, z. B. Mietpachtverhältnisse für Kirchtürme, abgeschlossen. Auch heute noch werden von der Stadt München 115 Kirchenuhren betreut und bezahlt. Etwa 300 000 DM kostet es die Stadtverwaltung jährlich, um sie am Laufen und damit die Bürger auf dem Laufenden zu halten. Im Turm des Frankfurter Doms beispielsweise hingen zu Beginn der Neuen Zeit zehn Stadt- und Kirchenglocken, deren Funktion durch eine bis ins kleinste Detail ausgefeilte Läuteordnung geregelt wurde. Man konnte sich zu allen Zeiten auf das Läuten der Glocken verlassen. Sie weckten die Menschen, sie riefen zur Messe, zur Arbeit, zum Mittagessen, und sie läuteten zur Vesper und zum Nachtgebet. Die Werkglocke regelte den Arbeitstag, die Wein- bzw. die Bierglocke die Ausschankzeiten, die Feuerglocke ermahnte die Bevölkerung zur Verwahrung der Herdfeuer, die Ratsglocke rief zu Ratsversammlungen, die Marktglocke regelte Beginn und Ende des lokalen Handels, und die Zinsglocke mahnte säumige Zahler (vgl. dazu im Detail: Jenzen 1989). Die Bevölkerung der Städte fand zu dieser Zeit ihre temporale Orientierung primär übers Ohr. Mit einem gesonderten Zeitsinn ist der Mensch nicht ausgestattet. So mußte er kompensatorische Aktivitäten, die erfreulicherweise häufig zu bewundernswerten kulturellen Errungenschaften wurden, entfalten. Glocken und Uhrtürme sind zwei davon. Sie sorgten dafür, daß die Uhrzeit immer mehr das Alltagsleben beeinflußte. So ließen sich beispielsweise plötzlich Termine machen, das, was fünfhundert Jahre später, zum allseits beliebten Volkssport wurde. Und ab und zu fühlten sich einige Bürger auch schon von der Zeit gehetzt. Nicht zuletzt lag das daran, daß die Zeiteinteilung auf der Uhr im Laufe der Zeit immer kleinteiliger wurde (vgl. dazu besonders Dohrn van Rossum 1992). Auf jeden Fall dienten die Uhr und die Glocken zur ständigen Aufforderung, zeitbewußt zu leben und haushälterisch mit der Zeit umzugehen. Zuallererst galt das nur für den lichten Tag. Aber es dauerte nicht allzu lange, dann verwiesen sie darauf, daß der Tag auch dann noch weiterging, als die Sonne nicht zu sehen war.

Um 1500 tauchten die ersten Uhren mit Minutenzeiger auf. Zumindest weiß man das durch eine Zeichnung von Leonardo da Vinci, deren Entstehung in diese Zeit fällt. Aber erst sehr viel später setzten sie sich im ganzen Land durch. Der Alltag war zu dieser Zeit zeitlich noch nicht sehr präzise geregelt, und er mußte dies auch gar nicht sein. Später änderte sich das. Ab dem 17./18. Jahrhundert hatten sich die gesellschaftlichen, speziell die wirtschaftlichen Bedingungen so dynamisiert, daß die Zeit schneller lief und die Uhren daher neue Ordnungsleistungen zu erbringen hatten: Das Zählen in Minuten wurde üblicher, und manche Uhr bekam sogar schon einen Sekundenzeiger. Unterstützt wurde dies durch Läutewerke, die nicht mehr nur in Turm-, sondern auch in Zimmeruhren eingebaut waren. Die Viertelstunden wurden hörbar. Im 18. Jahrhundert entstand dann ein Gefühl, das wir heute alle gut kennen, es war das Gefühl, daß „einem die Zeit davonläuft". Dokumente zeigen, daß Uhren für die Planung von Arbeitsleistungen eine immer zentralere Rolle zu spielen begannen. Die Gelegenheiten, zeitlich präzise zu planen und ebenso zu handeln, nahmen zu. Individuelle Verabredungen und gesellschaftliche Verpflichtungen richteten sich immer häufiger an der Uhrzeit aus.

Zu Beginn des 19. Jahrhunderts standen dann neue technische Mittel für die Beschleunigung zur Verfügung. Die Erfindung der Dampfmaschine schaffte die Voraussetzungen zur Industrialisierung. Auch die Entwicklung der Eisenbahn war eine Folge dieser Erfindung. Inzwischen ist sie schon viel zu langsam, und trotzdem kann sie als das zentrale Symbol zunehmender Schnelligkeit für das 19. Jahrhundert gelten: Die Lokomotive hat der Zeit ein neues Tempo gegeben. Auto und Flugzeug sind die Symbole des beginnenden 20. Jahrhunderts. Vom Automobilfabrikanten Henry Ford, dem personifizierten Sinnbild des Unternehmers am Beginn unseres Jahrhunderts, wird bezeichnenderweise erzählt, daß er seine Karriere als Uhrmacher begann.

Ende des 19. Jahrhunderts gab es noch von Stadt zu Stadt unterschiedliche Zeiten. In den USA existierten 1860 noch dreihundert verschiedene Lokalzeiten. Im Deutschen Reich waren es weniger, aber immer noch so viele, daß man stetig mit der „Zeit" beschäftigt war. Insbesondere galt das für jene Personen, die um 1890 mit der Eisenbahn um den Bodensee von Kreuzlingen über Konstanz, Friedrichshafen, Lindau und Bregenz nach Rorschach reisten. Sie mußten auf dieser rund 100 Kilometer langen Fahrt ihre Uhren nacheinander um vier, drei, neun und sechzehn Minuten vor- und bei ihrer Rückkehr in die Schweiz um 32 Minuten zurückstellen. In Baden galt nämlich Karlsruher Zeit, in Württemberg Stuttgarter Zeit, in Bayern Münchner Zeit, in Österreich Prager Zeit und in der Schweiz Berner Zeit (Messerli 1997, S. 60). Mit der immer schneller fortschreitenden Entwicklung des Verkehrs und der Kommunikationsmittel wurden umfangreiche und nationale und internationale Zeitkoordinationen notwendig. Es war diesbezüglich „allerhöchste Eisenbahn". 1891 forderte von Moltke im Parlament unter Verweis auf militärische Gründe die Einführung einer Standardzeit in Deutschland. 1893 geschah dies schließlich auch. Die Feinabstimmung der Zeit hatte damit eine neue Qualität erreicht. Die Zeit hatte ihren Ort verloren, das Zeitalter der Ortszeit war vorüber. Sie wurde zur Territorialzeit und bald danach, durch die Einteilung des Globus in 24 Zeitzonen, zur Weltzeit. Die Globalisierung begann demnach vor mehr als hundert Jahren.

Diese Zeitdynamik spiegelte sich in der enormen Verbreitung von immer preisgünstigeren industriell gefertigten Uhren. In der zweiten Hälfte des 19. Jahrhunderts stieg der Umsatz an Taschenuhren enorm an. Als dann Anfang des 20. Jahrhunderts die Armbanduhr eingeführt wurde, hatten alle ihren Zeitmesser – aber nicht mehr ihre Zeit.

Die folgenreichste aller zeitlichen Ordnungsleistungen wurde jedoch von der Stechuhr erbracht. Ihre Entwicklung am Ende des 19. Jahrhunderts und ihre Verbreitung im 20. hatten u. a. den Effekt, daß der Arbeitsprozeß wieder mit quasi kultischen Formen angereichert wurde: kein Arbeitsanfang und kein Arbeitsende ohne rituelle Zeitnahme. Das, was die Gebete in früheren Zeiten zu leisten hatten, Anfänge und Abschlüsse zeremoniell zu sichern, hatte jetzt die Stechuhr zu übernehmen. Es läßt sich daran erkennen, daß es nicht allzu leicht ist, die Geschichte loszuwerden. Manchmal kommt man auf Umwegen zum Ursprung zurück. Vielleicht ist die Moderne also gar nicht so modern, wie sie sich gerne gibt? Dies ist aber eine eher grundsätzliche Frage, die hier nicht endgültig beantwortet werden kann.

Auch die über den Tag hinausgehenden zeitlichen Ordnungssysteme, die Kalender, haben eine Entwicklung von vormodernen zu modernen Fassungen durchlebt. Vernachlässigt man die vorchristlichen (z. B. mesopotamischen) und die nichtchristlichen Kalender, so zeichnen sich die christlichen Kalender weit über das Mittelalter hinaus als jene Ordnungen aus, die Naturzeiten und religiöse Zeiten in Einklang brachten. So mancher Bauernkalender zeugt noch heute davon. In unserem thematischen Zusammenhang sind jedoch die unterschiedlichen Kalender weniger interessant als deren Reformen.

Im Oktober 1582 wurde der Julianische Kalender durch den Gregorianischen abgelöst. Durch Berechnungsfehler des alten Kalenders war der Ostertermin zu dieser Zeit um zehn Tage vorgerückt. Die Reform von Papst Gregor XIII. bestand nun darin, zehn Tage ausfallen zu lassen (der Kalender sprang 1582 vom 4. auf den 15. Oktober) und die Schalttagregelung zu verbessern. Gegen diese Reform gab es heftigen Widerstand, speziell von protestantischer Seite. In Deutschland dauerte daher die Umstellung über hundert Jahre. Schweden war erst 1753 bereit, sich der neuen Zeit anzupassen, und Rußland stellte seine Kalender erst 1918 um. Der Widerstand richtete sich nicht gegen die Präzisierung der Jahreseinteilung. Er richtete sich gegen das päpstliche Dekret. Der Papst nämlich hatte zur Zeit der Kalenderreform nicht mehr die unumstrittene Macht in Europa. Die Verbreitung reformatorischer Ideen machte es vielen Menschen schwer, eine inhaltlich durchaus sinnvolle päpstliche Reform zu akzeptieren. Zeitordnungen, an dieser Stelle wird es besonders deutlich, sind immer auch herrschaftliche Akte. Wer die Zeitmaße und die Zeitmessung bestimmt, fordert andere zur Folgebereitschaft auf. Die Macht ist nicht nur eine Frage der Zeit, die Zeit ist auch eine Frage der Macht.

Daß die Strukturierung von „Zeit“ als Mittel der Herrschaftssicherung eingesetzt wurde (und immer noch wird), belegt auch die revolutionäre Zeitrechnung der Französischen Revolution. Das Neue, und auf das Symbol des „Neuen“ kam es den Revolutionären primär an, war die Außerkraftsetzung der christlichen Zeitrechnung. Der Mensch, so die revolutionäre Botschaft von 1789, und nicht Gott, ist der große Schöpfer, auch der der Zeit. Der sogenannte Revolutionskalender begann mit dem 22. September 1792, dem Gründungstag der Republik. Das Jahr war in zwölf Monate zu dreißig Tagen eingeteilt. Diesen 360 Tagen schlossen sich dann die fünf jours complémentaires an, zu denen im Schaltjahre ein sechster, der Tag der Revolution, trat. Solche Schaltjahre waren das 3., 7. und 11. Jahr der Republik. Die Wochen waren zehn Tage lang, der Tag zehn Stunden und die Stunden hatten hundert Minuten. Dies war eine völlig neue, eine wirklich revolutionäre Zeitordnung. Daß diese mit großen Akzeptanzproblemen zu kämpfen hatte, liegt auf der Hand. So machte sich Napoleon sehr beliebt, als er Ende des Jahres 1805 den Revolutionskalender durch ein Dekret wieder außer Kraft setzte. Neue Zeiten – neue Machtverhältnisse, neue Machtverhältnisse – neue Zeiten, das ist die gern genutzte Symbolik. Diese wird noch durch den Sachverhalt verstärkt, daß die Zeit ja ehemals im Besitz Gottes war. An dessen Stelle zu treten, bemühten sich in der Geschichte (leider) allzu viele, manche versuchten es mit Kalenderreformen. Im 20. Jahrhundert hat es dann noch einmal Mussolini gewagt. Sein faschistischer Kalender rechnete ab dem 28. Oktober 1922, dem Tag des Marsches der Faschisten auf Rom. Die Akzeptanz dieser Zeitrechnung war aber relativ gering, und verständlicherweise verschwand der Kalender auch wieder mit seinem Erfinder. Hitler spekulierte auch mit einer neuen Zeitrechnung. Aber sein Hochgeschwindigkeitsprogramm, das „Tausendjährige Reich in zwölf Jahren abzuwickeln“, ließ ihm keine Zeit dazu. Die Zeit überlebt nämlich alle, auch die, die sich an ihr zu schaffen machen. Diese Tatsache wenigstens ist zeitlos.

Die Zeit der Kalender neigt sich heute ihrem Ende zu. Kalender werden von Zeitplansystemen, die man bevorzugt in Zeitplanstudios erwerben kann, abgelöst. Der Abreißkalender steht vor dem Abriß. Für die Dringlichkeitsdynamiker unserer Gegenwart ist ein Kalender zu undifferenziert, zu grob. Eine stetig wachsende Industrie mit angehängtem Dienstleistungsangebot verspricht uns mehr Zeit durch noch mehr Zeitorganisation mit Hilfe immer kleinteiligerer Zeitkategorien. Es sieht so aus, als sei das ein Versprechen, das einem Versprecher sehr ähnelt.

Auf der Schnellstraße des Fortschritts: Zeitverständnis

Die unvergleichliche Erfolgsgeschichte der mechanischen Uhr und die dieser nicht nachstehende Verbreitung von Kalendern ist mit einer grundlegenden Veränderung der Zeitorientierung und des Zeitverständnisses verbunden. Anfänglich betraf das in erster Linie den Adel, die Kleriker und das städtische Bürgertum, später dann auch die Bauern (in Bayern waren 1820 noch vier Fünftel der Bevölkerung als Bauern oder Pächter tätig) und die Arbeiter. Der Wandel des Zeitverständnisses läßt sich in vier Schwerpunkten darstellen:

1. An die Stelle eines konkreten Ereignisses, das die Zeit markiert, tritt in der Moderne ein ereignisunabhängiger Termin.
2. Die Wiederkehr, die Wiederholung, die alles Zeitliche kennzeichnet, wird durch die Vorstellung ersetzt, daß die Zeit unwiederbringlich vergeht. Sie schreitet fort.
3. Die Zukunft ist nicht mehr länger vorbestimmt und festgelegt. Sie wird in der Moderne als etwas Beeinflußbares, das es zu gestalten gilt, verstanden.
4. Lag die Zeit in der Vormoderne in der Hand Gottes, so geht sie nun in den Besitz der Menschen über. Zeitmaßstäbe werden in

der Moderne von Menschen gemacht. Man kann sie verändern, und man kann Widerstand gegen die Veränderungen der Zeitmaße leisten.

Die moderne Zeit unterscheidet sich also in der Zeitwahrnehmung und dem Zeitverständnis radikal von der vormodernen Zeit. Hatte der Kreis als Denkfigur die vormoderne Zeitauffassung charakterisiert, so ist es nun die aufsteigende Linie, die die Zeitvorstellung der modernen Zeit symbolisiert. Das Gefühl der Geborgenheit in der Wiederkehr des Gleichen, wie es durch die Zyklen kosmischer und natürlicher Abläufe ehemals fundiert wurde, weicht in der beginnenden Moderne einem Gefühl des Eingeengtseins, eines Gefangenseins durch ebendiese sich stets wiederholenden Ereignisse. Man wollte die Zeit nicht mehr nur erleben, erhoffen und ertragen, man will sie von nun an aktiv gestalten. Damit veränderte sich das bisher als unbeeinflußbar geltende Vorherbestimmte in Richtung einer offenen Zukunft. Das aktuelle Leben wurde unter dieser Perspektive zum Durchgangsstadium auf ein Zukünftiges hin. Zeit wurde gestaltbar, formbar, beeinflußbar. Die Welt konnte als eine vorwärtsschreitende Welt gedacht werden.

Es ist bereits darauf hingewiesen worden, daß der expandierende Handel, insbesondere aber die rasante Entwicklung der Geldwirtschaft dieses linienförmige (lineare) Verständnis der Zeit gefördert haben. Der Handel erforderte von den Beteiligten eine vom traditionellen Zeitverständnis abweichende Einstellung zur Zeit. Kaufleute mußten mit Zeit rechnen, kalkulierten Gewinne und Preise unter der Berücksichtigung des Zeitbedarfs, den der Transport der Waren über große Entfernungen verlangte. Mit dem Handel waren Risiken verbunden, die es galt, profitabel zu machen. Das aber bedeutete nichts anderes, als mit Zukunft zu spekulieren.

Die Linearität wird in dieser Zeit zunehmend auch zu einem Denkmodell, das sich in den Werken der großen Denker, speziell jener der Aufklärung, wiederfindet. Eliade (1984, S. 157) beschreibt dies anschaulich: „Vom 17. Jahrhundert ab gewinnen der Linearismus und die fortschrittliche Auffassung von der Geschichte immer mehr an Kraft und bauen den Glauben an einen unendlichen Fortschritt ein, wie ihn zuerst Leibniz verkündet. Diese Anschauung wurde beherrschend im Jahrhundert der Aufklärung und wurde dann im 19. Jahrhundert durch den Triumph der Evolutionsideen vulgarisiert." Bereits vorher hatte der große neapoletanische Renaissancephilosph Pico della Mirandola die Würde des Menschen nicht mehr daran geknüpft, sich den natürlichen und den göttlichen Vorgaben demütig unterzuordnen. Er richtete den Blick auf das Individuum und sah in der Fähigkeit zur aktiven Gestaltung von dessen eigener Natur den Ausdruck eines würdigen Verhaltens. Der von Eliade erwähnte Leibniz formulierte schließlich das Programm des linearen Denkens und Handelns. „Alles in allem, glaube ich, wachse die Welt in stetiger Vervollkommnung und kehre weder im Kreis zurück noch schreite sie durch Evolution fort, da sie nämlich keinen Endzweck hat."

Die mechanische Gleichförmigkeit, die sich im Takt der Maschine als dominierenden Zeitgebers ihren Ausdruck verschafft, ist das Ideal der modernen Weltauffassung. Ihre Form ist die der Geraden. Die Schnellstraße ist ihre historische spätere Konsequenz. In ihr sind die modernen Zeit- und die modernen Raumvorstellungen in perfekter Art und Weise integriert. Wer sich linear bewegt, produziert permanent zurückliegende Vergangenheit und vor sich liegende Zukunft. Dabei stellt die Gegenwart nur einen punktuellen Zwischenraum dar, der sogleich immer wieder zur Vergangenheit oder zur Zukunft wird. Alle jene, die sich auf Schnellstraßen, auf Autobahnen, in Schienenfahrzeugen oder im Flugzeug befinden, sich also im „Linienverkehr" aufhalten, wissen das zu schätzen. Nicht wenige jedoch bekommen auch die Schattenseiten dieser aggressiven linearen Dynamik zu spüren. Nicht dem beliebten „Hintersichlassen" sollte daher die historische Tatsache anheimfallen, daß die ersten Autobahnen der Kriegsvorbereitung dienten. Der für den Bau dieser Schnellstraßen zuständige Fritz Todt hat in einer 1933 gehaltenen Rede die Rücksichtslosigkeit des linearen Denkens zum Programm gemacht. „Unserem nationalsozialistischen Wesen entspricht die neue Straße Adolf Hitlers, die Autobahn. Wir wollen unser Ziel weit vor uns sehen, wir wollen gerade und zügig dem Ziel zustreben; Durchkreuzungen überwinden wir, unnötige Bindungen sind uns fremd. Ausweichen wollen wir nicht" (zit. nach: Schönleben 1942, S. 13).

Wo diese Ideologie linearer Rücksichtslosigkeit endet, das hat die Welt zu spüren bekommen. Zumindest seit dieser Erfahrung kann das Denkmodell der Linie als beispielhaftes Vorbild individueller und gesellschaftlicher Praxis nicht mehr als unumstritten gelten. Dies gilt über die militärische Zerstörung hinaus: Die Distanz zur beengenden und maßvollen Natur und der Verlust traditionsgesteuerter Lebensformen haben unser Zeitverständnis für beliebige Zwecke geöffnet – auch für natur- und menschenfeindliche (vgl. dazu besonders Virilio 1989). Allein das Zählen der Zeit ist noch keine sinnvolle Erfindung. Der persönliche Preis, den wir durch die Ignoranz der rhythmisch pulsierenden Natur in uns und um uns herum für unsere lineare Lebensführung zahlen, läßt sich heute nicht mehr leugnen. Verkehrsunfälle, Krankheiten, Arbeitsstörungen und psychische Schäden sind die Schattenseiten einer zeitlichen Existenz, die in überaus erfolgreicher Art und Weise den Güterwohlstand gemehrt hat.

Das Prinzip des rechten Zeitpunkts ist in der Moderne durch das des optimalen Zeitpunktes abgelöst worden. Das Leben ist schneller und berechenbarer geworden, zumindest stellen sich die Menschen das so vor. Lineare Zeit ermöglicht die Quantifizierung des Vergänglichen, sie läßt es zu, verschiedenste Ereignisse zu verschiedenen Zeiten an unterschiedlichen Orten zu vergleichen, und sie erlaubt, auf Zukunft hin gestaltend aktiv zu werden. Da sie sich am Ende des 20. Jahrhunderts als Ordnungsvorstellung fast über den gesamten Globus ausgebreitet hat, eröffnet sie auch viele Möglichkeiten, sich mit Menschen zu verabreden und zu verständigen, von denen man früher nicht wußte, daß es sie überhaupt gibt. Auch unsere individuelle Existenz gestalten wir linear verzeitlicht. Der Begriff des „Lebenslaufs" drückt dies treffend aus. Das Leben ist heutzutage zu einer Aufgabe aktiven Zeitmanagements geworden. Allein der Tod kann uns dabei stören. Durch ihn bricht die Lebenslinie abrupt ab. Wahrscheinlich ist das auch der Grund für die großen Verdrängungsleistungen, die wir in der Neuzeit dem Tod entgegensetzen. Er paßt nicht ins Bild der kontinuierlich aufsteigenden Linie. „Schnell weg da, weg da, weg. Mach Platz, sonst gibt's noch Streit. Wir sind spät dran und haben keine Zeit", heißt es in einem Chanson des Liedermachers Herman van Veen.

Beschleunigung und Zeitkontrolle: Zeitmuster

Entrhythmisierung, Beschleunigung, Vertaktung und Kontrolle der Zeit sind die vier dominierenden Zeitmuster moderner Lebensführung.

Zum Takt, jenem Zeitmuster, das den Rhythmus abgelöst hat, wurde im Abschnitt über die moderne Zeitmessung bereits das Notwendige geschrieben, auch das Muster der Entrhythmisierung wurde dort charakterisiert. Beschränken wir uns also im folgenden auf die Zeitmuster der Beschleunigung und der Zeitkontrolle.

„Wenn's nur nicht so lang geht": Beschleunigung

Der Zeitbegriff der „Beschleunigung" ist, wie viele andere auch, das Produkt eines modernen Zeitverständnisses. Er läßt sich nur dann mit Bedeutungen aufladen, wenn man nicht ausschließlich dem Zeitgeschehen ausgeliefert ist, sondern dieses auch von „außen“ betrachten kann und man sich dadurch imstande fühlt, in eben dieses Zeitgeschehen handelnd einzugreifen. Dies ist, wie wir gesehen haben, eine Vorstellung der Welt und ihrer Veränderungen, die wir mit einem neuzeitlichen Begriff als „neuzeitlich“ bezeichnen. „Beschleunigung“ setzt also die Erfahrung von Beschleunigung voraus. Das, was wir „Moderne“ nennen, ist genau diese Erfahrung. Heute nun machen wir – in der Folge davon – die Erfahrung, daß sich nicht nur vieles in der Moderne beschleunigt, sondern daß sich die Moderne selbst beschleunigen läßt. Sogar über sich selbst hinaus. Es gibt ernst zu nehmende Stimmen, die uns in der Post-Moderne angekommen sehen. Dunkel bleibt, ob dies eine Folge der Moderne oder eine Flucht vor ihr und ihren beschleunigungswirksamen Tendenzen ist. Im 20. Jahrhundert haben wir nämlich unsere Geschwindigkeit der Kommunikation mit einem Faktor von 10^7 gesteigert, unsere Reisegeschwindigkeit mit 10^2, die Geschwindigkeiten der Datenverarbeitung um 10^6, die Fähigkeit, Krankheiten unter Kontrolle zu bringen, mit etwa 10^2. Täubrich (1999, S. 105) hat dies anschaulich als eine „Entwicklungslinie von der Schneckenpost zur drahtlosen Sofortbotschaft“ beschrieben. Er schildert detailliert den Weg von der körpergebundenen Beförderung zur körperlosen Nachrichtenübermittlung. Entrhythmisierung, zunehmende Vertaktung und besonders extreme Beschleunigung sind das Wasserzeichen dieser Dynamik.

„Während sich die Weltbevölkerung im Spiegel expansiver Computernetzwerke als globale Dorfgemeinschaft neu entdeckt, mag es kaum vorstellbar erscheinen, daß gerade vor einem guten Jahrhundert die Überwindung von Zeit und Raum für einen geregelten und erschwinglichen Nachrichtenaustausch noch Gegenstand zukunftsorientierter Visionen war. In einer atemberaubenden, von den jeweiligen Zeitgenossen kaum vorhersehbaren Entwicklung schrumpften die Entfernungen durch Eisenbahn, Dampfschiffahrt und Flugzeug, hoben Telefon und

Telegrafie die zeitliche Distanz nahezu ganz auf. In Quantensprüngen wissenschaftlicher Entwicklung erschließt die Telekommunikation noch vor kurzem ungeahnte Möglichkeiten der Informationsübermittlung. Im rührenden Bestreben, das Neue begreifbar zu halten und Liebgewonnenes zu bewahren, klammern wir uns an bekannte Bilder und Begriffsmuster. Wir schnüren Bits und Bytes zu ‚Paketen' um sie in Sekunden auf der Daten-‚Autobahn' um die Erde zu schicken, je nach Computerausstattung auf der ‚Kriech-' oder ‚Überholspur'. Und wir stekken auf elektronischem Weg ‚E-Mail' in ‚Briefkästen', die nur mehr als digitale Zeichenkombinationen existieren. (...) So erweist sich die Post rückblickend als höchst bedeutsames Vehikel eines sich permanent verändernden Raum- und Zeitgefühls. Mit ihr fand der Traum von der Vernetzung in der Neuzeit seine entscheidende Verdinglichung. Er gelangte jedoch erst im Laufe einer langen Entwicklung, die sich oft kaum von der Stelle zu bewegen schien zur Erfüllung. Über Jahrhunderte galten menschliche Bemühungen dem Ziel, jede Nachricht sofort und unverzüglich, ohne großen Aufwand und ohne jede Veränderung transportieren zu können. Nicht die Qualität der Nachricht stand im Mittelpunkt, sondern die Bewältigung quantitativer Beförderungsprobleme. Am Ende sind zumindest durch die Telekommunikation Zwischen-Raum und Zwischen-Zeit durch Allgegenwart und Gleichzeitigkeit ersetzt. Als Ergebnis klafft im Zeitalter elektronischer Medien unübersehbar die Schere auseinander zwischen der gegen Null gehenden Dauer der Informationsübermittlung und dem Zeitaufwand, den es nach wie vor erfordert, eine gehaltvolle Information zu erstellen oder sie – als Empfänger – zu verarbeiten (...) Auch die Frage, inwieweit das Tempo als lebensbestimmendes Element zu veränderten Schriftverkehrsformen führt und Einfluß auf die Rezeption einer Nachricht hat, ist nicht ganz unwesentlich. Haben wir uns mehr zu sagen, nur weil wir es uns einander schneller mitteilen können?" (Täubrich 1999, S. 106 f).

Im 19. Jahrhundert lieferten die Dampfmaschine und später dann der Elektromotor die Möglichkeiten für gravierende Beschleunigungsschübe. Der Landtransport, der bis dahin in der Höchstgeschwindigkeit des Pferdes seine natürliche Grenze hatte, wurde technisch im wahrsten Sinne des Wortes auf die Beschleunigungsschiene gesetzt. Innerhalb weniger Jahre vervielfachte sich die Transportgeschwindigkeit um das Dreifache. Eisenbahn, Telegraf, Telefon, das Automobil und schließlich das Flugzeug verscheuchten die Pferde und die Kutschen aus den Städten und drängten die Fußgänger an den Straßenrand. Der Nationalökonom Friedrich List geriet 1837 über die Eisenbahn ins Schwärmen: „Durch die neuen Transportmittel wird der Mensch ein unendlich glücklicheres, vermögenderes, vollkommeneres Wesen" (zit. nach Treue 1982, S. 217). Aber nicht alle waren dieser Meinung. So wurde 1830 im amerikanischen Lancaster eine Versammlung abgesagt, in der über den Sinn von Eisenbahnen diskutiert werden sollte. Die nicht ganz moderne Begründung: „Hätte Gott vorgesehen, daß der Mensch sich mit einer beängstigenden Geschwindigkeit von 15 Meilen fortbewegen soll, hätte er das durch seine Propheten verkünden lassen." Man befürchtete, sich bei Zugfahrten in die Arme des Teufels zu begeben.

Dies aber waren die letzten Vormodernen, die immer noch die Zeit in Gottes Händen wähnten. Längst waren diejenigen in der Mehrheit, die die Zeit zu einer Sache des Verlustes machten, denen die Zeit davonlief. Diese Einstellung, verbunden mit der Bereitschaft, sich von der Beschleunigung anstecken zu lassen, führte zu einem neuen Phänomen, dem des „Rekords". Heute hält das Guinness-Buch der Rekorde den Rekord bei den verkauften Büchern. Und die meisten dort notierten Rekorde sind Zeitrekorde. Im Rekordtempo eilt man, heute mehr denn je, von Rekord zu Rekord. Kein Wunder, daß sich auch jene Kulturleistung, die als „ernste" Musik firmiert, von der Rekordsucht anstecken ließ: Beethoven brauchte bei der Uraufführung der

„Eroica" 60 Minuten für das Stück, Leonard Bernstein brauchte dazu in Wien 53 Minuten und 20 Sekunden, in New York nur 49 Minuten und 30 Sekunden (die schnellere Stadt). Herbert von Karajan hat es in 50 Minuten und 10 Sekunden geschafft, und Michael Gielen dirigierte die „Eroica" 1987 in 43 Minuten. Rekord!

Beschleunigung, das wird in der Rekordsucht offensichtlich, ist zunehmend zum Selbstzweck geworden. Gut ist etwas, wenn es schnell ist, und weil es schnell ist, ist es gut. Mit etwas Ironie ließe sich als Motto dieser Beschleunigungsgesellschaft formulieren: „Ich weiß nicht, wo's langgeht, wenn's nur nicht zu lang geht." Sucht man nach einer das 20. Jahrhundert kennzeichnenden Metapher, so findet man sie im Wettlauf, im Wettlauf gegen die Zeit. „Matches against time" nannten die Engländer einstmals den Leistungssport: ein treffendes Bild für das Zeitmuster unserer gesamten heutigen Zivilisation.

Wirtschaftliches Wachstum, die Entwicklungen der Transportmittel und die Dynamiken des „Maß-losen" Geldverkehrs haben uns zu einer Überholspurgesellschaft gemacht, deren Bevölkerung mehrheitlich mit Mitleid oder Verachtung auf jene blickt, die sich – aus welchen Gründen auch immer – auf der Standspur befinden. Zeitnot haben sie alle, dies eint sie weltweit. Am 13. Mai 1999 meldete der „Stern" unter dem Titel: „Die gehetzte Gesellschaft", daß 73 Prozent der Deutschen über Hektik und das Diktat der Schnelligkeit klagen. In Japan, so die Zeitung „Mainichi Shimbun" (1991), fühlen sich 70 Prozent der Befragten unter Zeitdruck. So ist es nur allzu verständlich, wenn in Deutschland 215 Millionen Anrufer jährlich die richtige Zeit bei der Telekom erfragen. Möglicherweise haben sie keine Zeit, auf die Uhr zu schauen. Irgendwie glauben sie, daß ihnen die Zeit davonläuft, und doch sind sie es, die der Zeit davonlaufen. „Keine Zeit zu haben" ist das die Menschen einende dominierende Gefühl am Ende des zweiten Jahrtausends. Die nicht ganz unwichtige Frage, ob diese „Einigkeit" als Basis für einen gesellschaftlichen Zusammenhalt ausreicht, ist im dritten Jahrtausend zu beantworten.

Sicher, es gibt heute auch Gegenbewegungen. Die „Entdeckun der Langsamkeit“ ist in unseren Medien, speziell in unseren schnellen, ein beliebtes Thema. (Anruf eines Privatsenders beim Autor: „Können Sie unseren Hörern in zwei Minuten sagen, was die ‚Produktivität der Langsamkeit‘ ist?“) Die Wahrscheinlichkeit, daß sich hierdurch grundsätzlich etwas ändert, daß das dominante Zeitmuster „Beschleunigung“ durch das der „Verlangsamung“ abgelöst wird, ist gering. Zu sehr sind auch diese Gegen-Tendenzen Teil einer Bewegung, die von beschleunigter ökonomischer Zirkulation lebt und profitiert. Belegen läßt sich das durch eine Aufregung, die bereits hundert Jahren alt ist. Mit Hilfe der auch heute noch hochaktuellen Frage: „Wieviel Beschleunigung verträgt der Mensch?“ wurde damals eine breite Nervositätsdebatte geführt. J. Radkau hat sie detailliert und sehr sensibel aufgearbeitet (1994). 1899, als Alois Riedler, ein damals bekannter Maschinenbauer, den „Schnellbetrieb“ zum kategorischen Imperativ des technischen Fortschritts erhob, warnten Ärzte zunehmend vor der Zeitkrankheit (im doppelten Sinne), der „Neurasthenie“. Diese diagnostizierte man gehäuft bei Telefonistinnen, beim Fahrpersonal elektrischer Motorwagen und schließlich auch beim regierenden Kaiser Wilhelm II. (auch „Wilhelm der Plötzliche“ genannt). Als Symptome galten Überreiztheit, Neigung zur „Verzettelung“, Erschöpfungszustände, übermäßige Erregbarkeit sowie Kopfschmerzen, Herzbeschwerden und Verdauungsstörungen.

Nun kann man kaum behaupten, daß diese Symptome in den danach folgenden hundert Jahren geringer geworden wären – allein, sie werden nicht mehr dem Krankheitsbild der „Neurasthenie“ zugeordnet. Die damalige breite Diskussion über die krank machenden Effekte des nervenaufreibenden Schnellbetriebs, der Terminjagden und der Zeitnot haben das dominie rende Zeitmuster der Beschleunigung nicht gebremst. Die heutige „Terminitis“ ist schon allein deshalb kein Krankheitsbild, weil sie der Normalzustand ist. Vieles, ja das meiste wurde noch schneller. Sogar Blitzkriege hat man geführt, und selbst deren vernichtender Ausgang hat der Tendenz zu weiterer Beschleunigung keinen Einhalt geboten.

Der Grund dafür ist dort zu suchen und zu finden, wo man einen Blick auf die Gewinne und die Erfolge richtet, die mit dem „Immer schneller" erlangt und erreicht wurden. Das waren zuallererst einmal Kapitalgewinne. Die Dynamik des Geldverkehrs, aber auch die taktförmig beschleunigte Organisation der Industriearbeit hat die Kapitalbesitzer reich gemacht und den Arbeitern und Arbeiterinnen höhere Löhne und gestiegene Einkommen eingebracht. Zweifelsohne ist der Güterwohlstand der Industrieländer und deren Bevölkerung aufgrund des „Schnellbetriebes" fast stetig gestiegen. Materielle und soziale Sicherheit gehören heute ebenso zur Grundausstattung wie der erheblich verbesserte Schutz vor Krankheiten und Naturkatastrophen. Die Beschleunigung hat unbestritten zu ungeahnten Möglichkeiten des Transports, des Reisens und der Kommunikation geführt. Die Elektrizität hat die Nacht erleuchtet und die vielen Lernmöglichkeiten die Gehirne (wobei diesbezüglich ab und zu auch Zweifel erlaubt sind). Ein Zurück zur eher schlechten „guten alten Zeit" ist, trotz mancher schöner Träumereien, keine realistische Alternative. Vom Hackfleisch führt kein Weg zurück zum Steak. Und trotzdem ist die Sehnsucht nach vergangenen Zeiten produktiv. Zumindest befruchtet sie die Poesie:

„O Täler weit, o Höhen,
O schöner, grüner Wald,
Du meiner Lust und Wehen
Andächt'ger Aufenthalt!
Da draußen, stets betrogen
Saust die geschäft'ge Welt,
Schlag noch einmal den Bogen
Um mich, du grünes Zelt!"

Diese Eichendorffschen Zeilen erinnern an das, was wir verloren haben, um schließlich das zu bekommen, was wir heute besitzen.

Leben nach dem Terminkalender: Zeitkontrolle

Nimmt man die Zeit und deren Organisation in die eigene Hand, muß man sie auch kontrollieren. Verliert man den Glauben, daß Gott alles Zeitliche und alles Überzeitliche regelt und der Lauf der Natur nicht zu beeinflussen ist, dann bürdet man sich, neben den vielen neuen Möglichkeiten, die ein solcher Perspektivenwechsel eröffnet, eine Menge Planungs- und Kontrollaufgaben auf. Je kleinteiliger die Zeitorganisation, um so größer werden diese Aufgaben. Die Meßtechnik, die das menschliche Zeitverhalten dominiert, kontrolliert das Gemessene (also das Leben in der Zeit) und bedarf darüber hinaus selbst wieder der Kontrolle. Stechuhren, Wecker, Terminpläne, Kalender, Tagebücher, Fabriksirenen zerhacken die fließende Zeit. Sie tun das mit allem, was zeitlich existiert (und was ist das nicht?). Der Alltag wird durch Befristung strukturiert. Das Verfallsdatum entwickelt sich zum Fetisch der modernen Zeit.

Es ist der Verfall, unser eigener und jener der übrigen Natur, aber auch derjenige, der auf die von den Menschen hergestellten Produkte zukommt, dem wir unsere intensivsten Kontrollanstrengungen widmen. Wer das Vergehen kontrolliert, kontrolliert auch das Werden und damit die Zeit. Gelingt dies, dann haben sich die Menschen eine maßgebliche göttliche Macht angeeignet. Sie brauchen dann eigentlich keinen Gott mehr, sie sind es selbst geworden.

Einen entscheidenden Schritt dazu stellen die Erfindung und die globale Anwendung des Verfallsdatums dar. Weder Gottes unerfindlicher Ratschluß noch die Systemzeiten der Natur bestimmen ab dieser Zeit, wann etwas verfällt, wann es nicht mehr zu gebrauchen ist. Die Menschen tun es selbst. Sie stempeln, sie prägen, sie drucken auf alles und jedes einen manchmal minutengenauen Zeitpunkt. Ist dieser überschritten, ändert der so gekennzeichnete Gegenstand radikal seine Qualität. Die nicht immer leicht entzifferbaren Zahlenkombinationen entscheiden punktgenau, wann etwas als alt anzusehen ist, wann es unbrauchbar oder unverzehrbar wird. Kalender und Uhrzeit liefern das Maß dafür. Sie entlasten uns davon, den Verfall zu riechen, zu schmecken, zu sehen, zu hören. Der Verfall ist kein Prozeß mehr, er dauert nicht, er tritt an einem lange vorher fixierten Zeitpunkt schlagartig ein. Tot oder lebendig, brauchbar oder unbrauchbar, aufbewahren oder wegwerfen, das sind die harten Alternativen. Dazwischen gibt's nichts. Keine Übergänge, keinen Prozeß des Reifens, des Vergehens. Der Verfall markiert nicht mehr länger eine Entwicklung, er ist nur noch die Entscheidung über einen Zeitpunkt. Diesen können die modernen Menschen selbst treffen, dank der menschengemachten Zeitordnungssysteme „Uhr" und „Kalender". Deren standardisierte Gleichmäßigkeit verführt sie zu der unrealistischen Auffassung, alles Zeitliche sei regel- und kontrollierbar, alles könne rechnerisch in Zeitportionen zerlegt werden. Dies aber ist eine Illusion. Allein die Tatsache belegt es, daß die Menschen, die so bereitwillig auf alles und jedes ein Verfallsdatum drucken, dies bei sich selbst tunlichst vermeiden. Da man ja relativ wenig Einfluß auf den Zeitpunkt des eigenen Todes hat, übt man diesen extensiv gegenüber den „Lebens-Mitteln" aus. Dies ist ein ernstes Spiel mit der Zeit und mit dem Leben. Es hat dann ein Ende, wenn das Verfallsdatum verfällt.

Die Moderne lebt vom Wandel, das heißt vom Befristeten. Das Neue macht immer gleichzeitig anderes alt. Diese Dynamik will kontrolliert sein, da sie nur so beherrschbar ist. Zuallererst trifft das auf die Naturzeiten zu. Seit der Erfindung des Kühlschranks sind wir in der Lage, natürliche Verfalls- und Reifeprozesse zu beeinflussen; durch medikamentöse Manipulationen greifen wir in Wachstums- und Entwicklungszyklen von Tieren und auch immer öfters in die von Menschen ein. Höchst realitätsfremd mutet daher heute die Aussage des Realpolitikers Bismarck an: „Wir können das Reifen der Früchte nicht dadurch beschleunigen, daß wir eine Lampe darunter halten, und wenn wir nach unreifen Früchten schlagen, so werden wir nur ihr Wachstum hindern und sie verderben.“ Von der Konservenindustrie mit ihrer massenweisen Verwendung von Konservierungsstoffen konnte sich Bismarck anscheinend keine Vorstellung machen. Ebensowenig wie von den vielen Kosmetika, die den Kampf gegen die Zeit zu gewinnen versprechen. Auch das „Time-stop-Gel“ wird nur gekauft, weil es eine schöne Illusion ist, die eigene Verfallszeit kontrollieren zu können. Bei all dem Aufwand, möglichst schnell zu sein, wenn’s um die Lebenszeit der Menschen geht, hat die Verlangsamung ihre moderne Chance. Dies aber mit möglichst schnellen und schnell wirkenden Formen der Zeitkontrolle. Die Attraktivität der Gentechnik, mit der die Zeitkontrolle der belebten Natur eine völlig neue Qualitätsstufe erreicht, ist in dieser Tendenz begründet. Auch bei ihr liegen Befreiung und Unterwerfung, wie bei fast allen zeitkontrollierenden Techniken, eng beieinander. Oftmals sind sie nicht voneinander zu unterscheiden.

Bereits lange vor den inzwischen postmodern gewordenen Zeiten geschah eine entscheidende Ausweitung der Zeitkontrolle: die temporale Kolonisierung der Nacht. Sie passierte in jenem Moment, in denen Städte, Dörfer, Straßen und Wohnungen ans Elektrizitätswerk angeschlossen wurden. Mit der Erleuchtung dessen, was vorher im Dunkeln lag, reduzierte sich neben dem Glauben an Gott auch der an den Teufel, an Geister und Gespenster. Grenzte man bis dahin die Nacht von der Zeitkontrolle aus, indem man u. a. die Stadttore schloß und Ausgangssperren anordnete, so machten die Gaslaternen und Petroleumlampen die Nacht zum „Tag der offenen Tür“. Goethe noch bekämpfte seine Furcht vor der Finsternis durch nächtliche Spaziergänge auf Friedhöfen. Kurze Zeit später, als der Tag durch das künstliche Licht auf 24 Stunden verlängert wurde, hätte er das nicht mehr nötig gehabt. Heute ist die Finsternis auf der Strecke geblieben.

„Tod dem Mondschein“ forderte Marinetti Anfang des 20. Jahrhunderts im Futuristischen Manifest. Der elektrische Ersatz war zwar nicht romantischer, aber doch besser kontrollierbar. Der Mond hat (noch) keinen Lichtschalter. Die schattige Rückseite dieser grell erleuchteten Welt hat Novalis 1797 in seinen „Hymnen an die Nacht“ beschrieben. Lange bevor die Finsternis im künstlichen Licht verlorenging, klagte er: „Unselige Geschäftigkeit verzehrt den himmlischen Anflug der Nacht.“ Die Straßenbeleuchtung, die Lichter der unzähligen Verkehrsmittel und die der aufdringlichen Leuchtreklame machen es nur mehr unter erschwerten Verhältnissen möglich, „im Dunkeln zu munkeln“. So sicher ist man sich der kontrollierenden Helligkeit, daß sogar die Polizeistunde gelockert bzw. ganz abgeschafft werden konnte. Sollte jemand auf die Idee kommen, nächtens eine der noch existierenden öffentlichen Uhren zu verstellen, er würde gesehen werden. Ludwig Thoma muß diese Lust an der Zeitkontrolle aufgefallen sein. In seiner beliebten Posse „Ein Münchner im Himmel“ kontrolliert und organisiert er sogar die Zeit der Ewigkeit. „Von morgens acht Uhr bis mittags zwölf Uhr ‚Frohlocken‘, von mittags zwölf Uhr bis acht Uhr abends ‚Hosianna-Singen‘.“

Der liebe Gott scheint von den Menschen viel gelernt zu haben, jedoch nur, wenn das stimmt, was sich die Menschen so vorstellen.

Ein entscheidender Schritt zur kontrollierenden Herrschaft über die Zeit wurde durch deren Regulierung und Standardisierung geschaffen. „Mir ist nicht bange, daß Deutschland nicht eines werde; unsere guten Chausseen und künftigen Eisenbahnen werden schon das Ihrige tun.“ Etwas später hätte Goethe, der dies 1828 Eckermann gestand, bei seiner Einheitsobsession sicher auch die Harmonisierung der unterschiedlichen regionalen Zeitordnungen erwähnt. Die weltweite Vereinheitlichung der Zeitordnungen, die Gleichförmigkeit der Zeigerbewegungen beförderten das Gefühl, das Leben (oder das, was man dafür hält) planen und kontrollieren zu können. Der weiter andauernde

Kampf gegen das „Ungefähre“ und „Ungenaue“ treibt dabei auch seltsame Blüten: Wir finden Uhren attraktiv, die uns heute mit der Zusicherung offeriert werden, sie gingen in einer Million Jahre nur eine einzige Sekunde nach. Die Hoffnung, das überprüfen zu können, dürfte die zentrale Motivation für den Kauf des so angepriesenen Zeitmessers sein. Nun gut – man darf auch in der sich aufgeklärt wähnenden Moderne die Rationalität nicht allzu weit treiben, es sei denn, man gedenkt, zumindest in diesem Fall, die vormoderne Tradition der Grabbeigaben wiederzubeleben.

Zeitkontrolle, das zeigt die teilweise brutale Geschichte der Pünktlichkeitserziehung nur allzu deutlich, ist in einer hierarchisch strukturierten Gesellschaft immer auch die Kontrolle von Menschen und deren individuellen Zeiten. Das läßt sich bereits sehr früh in der Geschichte nachweisen. Die Pharaonen kontrollierten den Kalender der Ägypter, die Priester den der Römer und den der Maya, und die Päpste den der Christen bis zum Beginn der Moderne. Macht, speziell auch politische Macht, war und ist – wie wir gesehen haben – immer mit Zeit-Wissen und Zeit-Technik eng verbunden. Der monarchistische Staat des 17. und 18. Jahrhunderts begriff sich als ein Uhrwerk, bei dem der Herrscher das Räderwerk regulierte und gleichzeitig als Werkmeister und Triebfeder der Welten-Uhr fungierte. Die Zeitkontrolle von oben war ein einflußreiches politisches Programm des 18., des 19. und auch des 20. Jahrhunderts. Dazu gehörten vor allem Zensurpraktiken der Regierenden gegenüber Kalenderherstellern. Weit spürbarer für die Menschen waren die Zeitkontrollen und die zeitlichen Disziplinierungsmaßnahmen der Unternehmer im sich entwickelnden industriellen Kapitalismus. Die Fabrikherren machten deutlich, wer die Herren der Zeit im Lande wirklich sind. Ihr Privileg nämlich war es, nie zu spät zu kommen, sie kamen immer richtig – auch wenn sie zu spät kamen. Ganz anders die Arbeiter. In den Fabriken wurde die Einhaltung der Zeitdisziplin durch detaillierte Fabrikordnungen erzwungen. An den entsprechenden Regelwerken mußten die Arbeitenden ihre Zeiten penibel ausrichten. Mit drakonischen Strafen wurden Verstöße gegen die Zeitdisziplin geahndet: Lohnabzug, Aussperrung, Entlassung, körperliche Strafen für Unpünktlichkeit und unerlaubte Pausen. Die Schule und das Militär unterstützten staatlicherseits diese Form der Pünktlichkeitserziehung. Sie hatten immer auch die Aufgabe, einer rationalen Zeitwirtschaft zum Durchbruch zu verhelfen. Ein solches politisches Ziel war nur mit rigoroser Fremdkontrolle erreichbar. Zumindest war diese so lange notwendig, bis sich alle im Sinne der Fremdkontrolle dann schließlich selbst kontrollierten. Im 20. Jahrhundert war das nach zweihundert Jahren Fremddisziplinierung und Fremdkontrolle der Fall. Die „Pünktlichkeit" konnte aus den Schul- und Arbeitszeugnissen als wichtiges Bewertungskriterium entfallen. Als weitgehend perfekte Zeitingenieure unseres Lebens haben wir uns heute an eine strenge Zeitdisziplin gewöhnt. Termingerechte Einschulung, Regelstudienzeiten, Öffnungszeiten für Kindergärten, Mindestalter für das Fahren von Mopeds, Motorrädern und Autos, Fristen für die Steuererklärung – das alles und viele andere Zeitvorgaben mehr nehmen wir klaglos hin. Hinsichtlich der Zeitkontrolle sind wir gleichzeitig autonomer und abhängiger geworden. Die Zeitlisten und die Zeitkonten führen heute nicht mehr unsere Vorgesetzten, wir führen sie selbst. Wir besitzen alle eine, meist aber mehrere Uhren. An den Verspätungen sind wir immer selbst schuld. (Die Uhren übernehmen die Verantwortung dafür leider immer noch nicht.) Versäumen wir die terminlichen Erwartungen unserer Chefs, werden wir nicht mehr bestraft, sondern auf ein Seminar für effiziente Zeitplanung geschickt, und es wird uns nahegelegt, eines der vielen Zeitplanbücher anzuschaffen. Heute ist von der Weigerung der Arbeitskräfte, sich einer methodisch-zeitökonomischen Lebensführung zu unterwerfen, wie wir sie aus dem 18./19. Jahrhundert aus vielen Berichten kennen, nichts mehr zu sehen.

Das Programm der Aufklärung, widerspenstige Natur in gezähmte Natur zu verwandeln, ist, was das Zeitverhalten betrifft, zweifelsohne erfolgreich gewesen; beim Naturwesen „Mensch", aber auch in der Natur um ihn herum. „Die zwei größten Tyrannen der Erde", wie Johann Gottfried Herder den Zufall und die Zeit nannte, wurden erfolgreich bekämpft; und zwar mit Uhren und ihren immer kleinteiligeren Zeitmaßen, mit Kalendern, die zu Timern wurden, mit Stundenplänen, Fahrplänen, Stechuhren, Zeitkonten, Zeitansagen und vielen anderen Techniken und Technologien mehr. Der Zufall ist, ebenso wie die Zeit, berechenbar geworden. Nicht zuletzt auch dadurch, daß wir heute in unseren Terminkalendern sogar für das Zufällige Zeit reservieren. Wir haben es zu perfekter Zeitkontrolle gebracht. Aber belastet uns die Zeit jetzt, wo wir sie in Stücke, in Scheibchen, in Zeitpunkte zerlegt und eingeteilt haben, etwa weniger? Es sieht nicht so aus.

Alle Zeitordnungen, haben wir gezeigt, sind immer auch Mittel zur Verwirklichung von Herrschaftsprogrammen. Andererseits sind sie aber zugleich auch Mittel, diese berechen- und kalkulierbar zu machen. Nur deshalb haben so viele Menschen bisher dabei mitgemacht, und nur deshalb machen fast alle auch noch heute weiter mit.

Die Zukunft unter Zeitdruck: Zukunftsbewußtsein

Stirbt der Glaube an die unsterbliche Seele und an die Vorherbestimmung alles Geschehens durch Gottes unerfindlichen Ratschluß, wird die Zukunft und deren Gestaltung zu einer irdischen Aufgabe. Die offene Zukunft tritt an die Stelle Gottes. Zeit wird zum knappen Gut. Es gilt, das Leben zu nutzen, und zwar durch einen rational planenden Umgang mit der Zukunft. Wenn Gott verschwindet, der Himmel auf die Erde geholt wird und die Geschichte sich nicht wiederholt, hört das, was sich auf Erden tut, auf, einen nichtweltlichen Sinn zu haben. Die Menschen erfüllen dann durch die Zukunftsgestaltung nicht mehr den Plan Gottes, sondern den der auf Erden Herrschenden, und neuerdings auch immer mehr ihren je eigenen. „Nimm Deine Zukunft in die eigene Hand, erjage selbst dein Glück!“, so lautet das aus Amerika kommende Zukunftsbewußtsein, das vor fünfhundert Jahren in den Renaissancestädten Italiens seinen Ursprung hatte. Wir müssen uns heute, da wir unsere Fragen und Bitten immer weniger an Gott richten, selbst helfen. Dies tun wir durch die kontinuierliche Neuerfindung der Zukunft. Daher haben wir auch Zukünfte und nicht nur eine Zukunft. Für diese opfern wir nicht selten unsere Gegenwart. Meist stehen wir mit einem Fuß in der Gegenwart, mit dem anderen in der Zukunft. Die Sicht auf spätere, kommende Situationen verdrängt das Genießen des Augenblicks. Andererseits aber gibt ein solches Denken – das in erster Linie aus dem Protestantismus stammt – in leidvollen Situationen auch Hoffnung, das aktuelle Unglück selbst verändern oder zumindest reduzieren zu können.

Das vormoderne Denken in Schicksalskategorien wird in der Moderne durch das Kalkulieren von Risiken ersetzt. Risiken lassen sich berechnen und aktiv handelnd beeinflussen. Das expandierende Versicherungsgewerbe profitiert ebenso davon, wie der Handel mit Sicherheitstechnik und das Geschäft der Dienstleister, die es sich zur Aufgabe machen, die Menschen vor Gefahren zu schützen. Unser vielfältiges und teures Sozialsystem ist weitgehend auf Risikominimierung ausgelegt. Mit hohem Aufwand und vielen Anstrengungen versuchen wir das Schicksal durch die Planung der Zukunft auszuschließen. Sie soll beherrscht werden, und zwar möglichst bevor sie eintritt. Wir schreiten fort, indem wir die Zukunft zur Gegenwart machen.

In der Moderne steigt die Wertigkeit des „Fortschreitens“ im individuellen und im gesellschaftlichen Bewußtsein deutlich an. In gleichem Maße nimmt die des Bleibenden, des Traditionellen, des Nichtveränderlichen ab. Das aktive Leben hat einen höheren

Stellenwert als das beschauliche. „Wir wollen uns auf Erden schon das Himmelreich erwerben“, dichtete Heinrich Heine. Er knüpfte dabei an das von Kant formulierte Programm der Aufklärung an, das den Menschen dazu aufforderte, sich aus seiner selbst verschuldeten Unmündigkeit herauszubegeben. Man trennt sich, so gesehen, nicht vom vormodernen, christlichen Erlösungsgedanken, sondern macht ihn zu einem irdischen Projekt. Den Himmel, so Heines Empfehlung, sollte man den Spatzen überlassen. Eine solche zukunftsbezogene Zeitperspektive fördert die Handlungsbereitschaft der Menschen und stärkt deren Initiative im Hinblick auf Veränderungen. Jürgen Habermas faßt es so zusammen: „Zu den charakteristischen Erfahrungen der Moderne gehören eine Beschleunigung des geschichtlichen Prozesses und eine stetige Erweiterung des Zukunftshorizonts mit der Folge, daß gegenwärtige Situationen immer deutlicher im Lichte vergegenwärtigter Vergangenheit und vor allem künftiger Gegenwarten interpretiert werden. Eine Funktion dieses veränderten, reflexiv gewordenen Zeitbewußtseins ist die Zumutung, gegenwärtiges Handeln unter Prämissen von Vorgriffen auf künftige Gegenwarten zu stellen“ (1998, S. 288).

Unser Handeln erhält durch die Zukunftsperspektive einen Sinn. Der damit gesetzte Anspruch auf Selbstbestimmung hat schließlich auch zu den gravierenden gesellschaftlichen Umbrüchen der letzten zweihundert Jahre geführt. Weder die Natur noch Gott können mehr für die politischen und sozialen Zustände rechenschaftspflichtig gemacht werden. In modernen Zeiten müssen sich die Herrschenden, die die Gegenwart und die Zukunft zu gestalten angetreten sind, für das, was ist, rechtfertigen. Es kann den Menschen unter diesen Bedingungen nicht mehr gleichgültig sein, wie sich die Gesellschaft entwickelt und in welcher Situation sie sich dabei selbst befinden.

Der nachhaltige Wunsch nach einer besseren Welt war es auch, der die Ideen, die Motive und die Kräfte für revolutionäre Aktivitäten lieferte. Die Französische Revolution von 1789 ist das markanteste Beispiel dafür, daß Menschen bereit waren, Geschichte und Zukunft zu entwerfen, und dies in einer rasant beschleunigten Art und Weise. Revolutionen sind ja, ganz dem Zeitverständnis der Moderne entsprechend, politisch-gesellschaftliche Beschleunigungsakte im Hinblick auf eine lebenswerte Zukunft. Ohne Zukunftsbewußtsein und ohne beschleunigungsorientiertes Zeitmuster wären revolutionäre gesellschaftliche Umwälzungen nicht denkbar und auch gar nicht machbar.

Erst etwa ab dem 17. Jahrhundert wurde die Zukunft zum Gegenstand menschlicher Sorge. Dies galt speziell für das politische Handeln der Staatsmänner. Sie fühlten sich für die Zukunft der Bürger und Bürgerinnen verantwortlich. Zukunft wurde zum Fortschritt. Und dieser Fortschritt wurde „gemacht", und zwar indem Natur in bearbeitete Natur verwandelt wurde. Als Resultat versprach man sich die Verbesserung des Menschengeschlechts und die der gesellschaftlichen Ordnung. Einflußreiche Menschen – neben den Staatsmännern v.a. Unternehmer und Militärs – entschieden über die Ziele und den Umfang erzieherischer Aktivitäten, die mit großen Zukunftsentwürfen verbunden wurden. Man meinte zu wissen, wo es langzugehen hat. Erziehung war das beliebteste Medium, durch das die Erlösung, die jetzt als Zukunfts- bzw. Fortschrittserwartung daherkam, gefördert werden sollte.

Wenn sich die äußere Natur gestalten ließ, dann auch die innere. Und in der Tat, die Menschen zeigten sich als weitaus formbarer, als man dies vorher annahm. Das neue Zukunftsbewußtsein und der feste Glaube an die Verbesserung des Menschen durch Erziehung beflügelten die Entwicklung zukunftsstürmender Utopien. Diese waren – im Gegensatz zu ihrem heutigen Ruf – meist sehr wirklichkeitsangemessen. Sie bestanden nicht etwa nur aus Luftschlössern oder Hirngespinsten. Sie griffen vielmehr eine historisch-gesellschaftliche Realität auf und radikalisierten deren Entwicklungstendenzen. Damit beabsichtigten sie eine Wende der Zeitverläufe und nicht deren Überwindung. Die Utopien waren also auf eine diesseitige Zukunft hin ausgerichtet, gerade nicht aufs zeitlose Jenseits. Daher waren solche Zukunftsentwürfe immer auch Zeit-Utopien. In ihnen fanden historisch geprägte Wunschzeiten und Zeitwünsche ihren Ausdruck. Die „großen Erzählungen" des Thomas Morus, die von Tommaso Campanella, die von Francis Bacon und schließlich auch jene von Karl Marx waren von solch realistischer Qualität. Ganz einerlei, ob sie die Emanzipation der Menschheit, die Befreiung des Proletariats, die Gleichheit, die Freiheit und die Brüderlichkeit oder die Erlösung vom Joch der Arbeit zum Ziel hatten, sie alle basierten auf der Idee, daß die Zeit und deren Dynamik eine steuerungsfähige Größe sei. Sie förderten die Erwartung, die Gesellschaft und die Individuen auf eine höhere Entwicklungsstufe heben zu können. Eben dies wurde ab der Mitte des 18. Jahrhunderts dann „Fortschritt" genannt.

Ebenso modern wie dieser Zeitbegriff „Fortschritt" ist auch das Wort „Zukunft". Der Historiker Hölscher (1997) beschreibt dessen Entwicklung: „Modern wie der Zeitbegriff ist nun auch das Wort ‚Zukunft' selbst. Vor dem 18. Jahrhundert sprach man im Deutschen nur, in Übersetzung des lateinischen ‚futurum', vom ‚Zukünftigen'. Gemeint waren damit die zukünftigen Ereignisse selbst, für den Zukunfts‚raum' als solchen gab es dagegen – abgesehen von der grammatikalischen Tempusbezeichnung ‚Futur' – noch keinen Begriff. Dem Wort ‚Zukunft' lag ursprünglich eigentlich eine räumliche Vorstellung zugrunde; es bezeichnete das, was auf einen ‚zukommt', im spätmittelalterlichen Sprachgebrauch stand es noch für ‚Ankunft'. Erst seit der Mitte des 18. Jahrhunderts bezeichnete es, auf die Zeit übertragen, die ‚kommenden Dinge'."

„Fortschritt" und „Zukunft", diese beiden zentralen Zeitbegriffe der Aufklärung, unterlagen in ihrem Vorstellungsgehalt selbst der Beschleunigung. Sie wurden Teil jenes Zeitmusters „Beschleunigung", das die Moderne dominiert. Verwendete die Aufklärung für den „Fortschritt" noch das Bild der Kutsche, bediente sich Marx bereits dem der Eisenbahn, und Lenin sah den Fortschritt im Automobil kommen. Daß dieser Fortschritt heute wie eine Rakete auf uns zurast, ist nur eine konsequente Folge eben dieses rasenden Fortschritts.

Alles Weitere kann man sich ausdenken – sofern man keinen dringenden Termin hat.

Modern Times – am Ende

Moderne Zeiten. Nirgends ist das Wesen der modernen Zeit anschaulicher und erfahrbarer dargestellt als in Chaplins zweitem Tonfilm mit dem epochalen Titel „Modern Times“ (1936). Es ist, so der erste Zwischentitel, „eine Geschichte von Fleiß, Unternehmergeist und freiem Wettbewerb. Die Menschheit auf der Suche nach dem Glück“. Bereits im Vorspann ist eine Uhr zu sehen, auf der es zwei Minuten vor sechs ist. In den folgenden Einstellungen erkennt man eine sich drängende Schafherde, die von einer Szene abgelöst wird, in der ebenso drängende und dazu noch gehetzte Menschen zu ihrer Arbeit in die Fabrik eilen. Anschließend folgt Szene auf Szene, in denen Charlie meist Opfer, manchmal aber auch Täter der kleinteilig zerhackten modernen Zeit wird: am Fließband, beim Essen, auf der Toilette. Zeit-Kontrolle total und immer wieder die Kommandos des Unternehmers: „Das Fließband schneller.“ Charlie, der das alles nicht mehr meistert, obgleich er immer mehr zur Maschine wird, landet schließlich im Nervenkrankenhaus. Aus diesem wird er zufallsbedingt wieder entlassen. Die Schlußsequenz zeigt Charlie, der zwischenzeitlich sein Glück in Gestalt eines armen Mädchens gefunden hat, wie er mit diesem auf einer geraden Straße der Zukunft entgegengeht.

In diesem Filmklassiker sind die einflußreichen Zeitformen der Moderne anschaulich herausgearbeitet. Die vertaktete, die zerstückelte Zeit der Fabrikarbeit, die Linearität des Fließbandes, die permanente Beschleunigung des Arbeitsprozesses, die porenlose Kontrolle zeitlicher Abläufe, aber auch – am Schluß – die offene Zukunft mit ihren Möglichkeiten, die Zeit zu gestalten und dabei das Glück zu finden. Charlie ist zur Uhr geworden und hat doch über einige komisch-schmerzliche Umwege sein Glück gefunden. Seine Geschichte hat ein Happy-End. Ob die Zeit der Moderne ein Happy-End hat und inwieweit die modernen Zeiten noch andere Happy-Ends zulassen, das bleibt offen.

„Ist das menschliche Geschlecht im beständigen Fortschreiten zum Besseren?" fragte 1798 Immanuel Kant. Die Antwort konnte damals nicht eindeutig sein – und sie ist es heute, nach zweihundertfünfzig Jahren „Fortschritt", immer noch nicht. Um Eindeutigkeit geht es allerdings hier nicht, auch nicht in diesem Buch. Aber zumindest Teilantworten sollen auf die Frage gegeben werden, ob das Zeit-Konzept der Moderne, das Uhrzeit-Konzept, an seinem Ende angekommen ist. Wenn das der Fall ist, dann ist das zweifelsohne ein höchst erfolgreiches Ende. Hatte sich die Menschheit der abendländischen Welt vor fünfhundert Jahren, erst zögerlich, dann immer intensiver und gewaltsamer, von den Zeiten der Natur und der des einen Gottes gelöst, so hat sie sich doch wieder in neue Abhängigkeiten begeben – diesmal in selbst geschaffene. Die Verfügungsgewalt über die Uhr hat die Menschen zur Illusion verführt, sie hätten damit auch die Verfügungsgewalt über die Zeit. Keine technische Erfindung der Moderne aber hat in solchem Ausmaß wie die mechanische Uhr belegt, daß Gegenstände, die für die Menschen entwickelt wurden, immer auch Menschen benötigen, die diesen Gegenständen angepaßt werden. In den lauter werdenden Flexibilisierungsparolen der letzten beiden Jahrzehnte wird diese Dialektik zum Thema gemacht. Es stellt sich nämlich die Frage: Brauchen wir ein neues Zeitkonzept, eines, das neben der Uhrzeit existiert oder das sie gar ersetzt?

Wie und wo soll noch beschleunigt werden, wenn wir beim Transport unserer wichtigsten Güter, der Informationen, bei der Lichtgeschwindigkeit angekommen sind? Das Erreichen der doppelten Lichtgeschwindigkeit wird schwerfallen – zumindest sind die Physiker skeptisch. Auf jeden Fall wird eines bleiben – die offene Zukunft. Wenn es diese nämlich nicht gäbe, dann wäre die Frage nach jenem Zeitkonzept, das nach dem modernen kommt, überflüssig, ja widersinnig. Die Unruhe, die die Uhr in doppelter Hinsicht in diese Gesellschaft gebracht hat, bleibt uns weiter erhalten, nicht zuletzt weil wir irgendwo zwischen Himmel und Erde unsere Zeit verbringen. Deshalb wird die große Frage der Moderne auch in nächster Zukunft nicht beantwortet werden: Ticken wir noch richtig?

Man schämt sich schon jetzt der Ruhe; das lange Nachsinnen macht beinahe Gewissensbisse: Man denkt mit der Uhr in der Hand, wie man zu Mittag ißt, das Auge auf das Börsenblatt gerichtet, – man lebt wie einer, der fortwährend etwas versäumen könnte, denn das Leben auf der Jagd nach Gewinn zwingt fortwährend dazu, seinen Geist bis zur Erschöpfung auszugeben, in beständigem Sichverstellen oder Überlisten oder Zuvorkommen. Die eigentliche Tugend ist jetzt, etwas in weniger Zeit zu tun als ein anderer. Und es gibt nur selten Stunden der erlaubten Redlichkeit: in diesen aber ist man müde und möchte sich nicht nur gehen lassen, sondern lang und breit plump sich hinstrecken.

(Friedrich Nietzsche, Muße und Müßiggang)

Die Zeit der Postmoderne

Foto: Telearbeit (1995)

Nicht mehr die Religion und auch immer weniger die Kunst produzieren in der Postmoderne jene Symbole, die das Welt- und das Zeitverständnis prägen. Dies tut in erster Linie die Werbung. Oberflächlich vergleichbar mit Brueghels „Kornernte", erblicken wir auf diesem Werbefoto für Telearbeit mehrere unterschiedliche Geschehensabläufe. Man erkennt die Zeit der Natur, die Zeit der Arbeit, speziell die des Arbeitsgerätes „Computer", die Zeit des Kindes und die Zeit der Mutter. Aber im Gegensatz zur Darstellung des vormodernen Zeiterlebens bei Brueghel existiert in dieser dargestellten Situation kein Zentrum mehr. Es fehlt die Einheit des Zeitmaßes. Genau dies ist die beabsichtigte Botschaft: Telearbeiterinnen sind frei, sich ihr Zeitmaß selbst wählen zu dürfen. Für diese Freiheit, die wir heute Flexibilität nennen, wird in dem Foto geworben. Läßt man sich jedoch von dem Versprechen nicht blenden, entdeckt man den Zwang, der mit dieser „Freiheit" notwendigerweise verbunden ist: Die unterschiedlichen Zeiten und Zeitbedürfnisse müssen kontinuierlich koordiniert werden. Die junge Mutter, die ihre Arbeit im sonnigen Garten erledigt, hat immerzu neu zu entscheiden: Richte ich meine Aktivitäten an den Zeiten des Kindes, an denen des Computers, an denen der Natur (Wetter) oder an meinen eigenen Bedürfnissen (Müdigkeit, Hunger usw.) aus? Insofern thematisiert dieses Foto die Belastung, immer neu über „Zeit" und deren Organisation entscheiden zu müssen, und die Freiheit, dies tun zu dürfen.

„Alles immer, überall und sofort“: Postmoderne Zeiten

Eines modernen Tages, es ist noch nicht allzulange her, erkannte man, daß „Flexibilisierung“ der treffende Ausdruck für jenes zeitliche Verhalten war, an dem es uns mangelte. Dies war der Anfang vom Ende einer sich ausschließlich an der Uhrzeit orientierenden Zeitordnung. Pünktlichkeit war nicht mehr allererste Bürgerpflicht. Ab sofort hatte man flexibel zu sein, und ab sofort durfte man auch flexibel sein. Das Zeitalter sozial fremdbestimmter Zeitorganisation schien damit an seinem Ende angekommen zu sein.

Flexibilisierung, Deregulierung und Globalisierung markieren als aufdringliche Hinweisschilder den Weg in eine neue Zeit-Epoche, für die man den nicht unumstrittenen Begriff der „Postmoderne“ gefunden hat. Das Präfix „post“ macht dabei auf den Sachverhalt aufmerksam, daß die neuen, die flexiblen Zeiten der Preis sind, den wir für die überaus erfolgreiche moderne Zeit zu zahlen haben. Auf der anderen Seite ist diese zunehmende Flexibilität jedoch auch die radikale und die konsequente Weiterführung der modernen Zeit-Dynamik. Zwar sind wir nicht am Ende der Neuzeit angekommen, es beginnen aber neue Zeiten. Nicht mehr länger sind es Rhythmen, an denen wir uns zeitlich zu orientieren haben, wir müssen uns von nun an selbst in der Zeit und mit der Zeit zurechtfinden, eben flexibel müssen wir sein. Mußte man sich während der Vormoderne in natürliche und kosmische Zeitvorgaben einfügen, so war man in der Moderne gezwungen, sich den herrschaftlich vorgegebenen Zeitmustern unterzuordnen. Heute nun stellt sich uns die Frage: In und mit welcher Zeit wollen wir leben? Nie zuvor in der Geschichte hatte in den entwickelten Industrieländern eine so große Anzahl von Menschen soviel Entscheidungsfreiheit über die Zeit und deren Ordnung, aber auch nie zuvor hatten diese Menschen auch eine solche Menge Entscheidungsprobleme damit.

Was unter „Postmoderne" firmiert, benennt eine Epoche, oder besser: den Beginn einer Epoche, in der wir im Hinblick auf die Möglichkeiten unseres Umgangs mit „Zeit" reicher geworden sind. In der Realität aber erleben wir eher das Gegenteil. Dort haben wir meist weniger Zeit als früher. Der Grund dafür liegt nicht zuletzt darin, daß wir die größeren Freiheiten gegenüber vorgegebenen Zeitordnungen nicht nur nutzen können, sondern sie auch zu nutzen gezwungen werden. Das kostet Zeit. Mit der Eroberung neuer ungeahnter Möglichkeiten rasen und hetzen wir uns nämlich immer auch neue Entscheidungsprobleme zusammen. So kommt es zu dem lästigen Zustand, daß man immer mehr Zeit braucht, um schließlich etwas mehr Zeit zu haben. Viele führen ihr Leben nur mehr als eine fortwährende Ablenkung, die, wie Kafka das vorausahnend formulierte, „nicht einmal zur Besinnung darüber kommen läßt, wovon sie ablenkt". Ein Fortschritt, der bei näherem Hinsehen nur halb so groß ist, wie er auf den ersten Blick aussieht. Bestes Beispiel dafür ist der Computer. Er ist eine Zeitsparmaschine, die viel, sehr viel Zeit kostet. Unlösbare Widersprüche und paradoxe Ausweglosigkeiten mehren sich. Um aus den Zeitzwängen herauszukommen, müssen wir uns zwingen, uns mit der Zeit zu beschäftigen. Und nicht nur mit dieser. Auch die Idee des Fortschritts, nach der Europa zweihundertfünfzig Jahre gelebt hat, ist heute erschüttert.

Wir wissen: Morgen geht gestern nicht weiter. Aber wir wissen nicht: Wie soll's weitergehen? Alle leben wir heute auf eigene Gefahr. Mit Hilfe von Zeitmanagementseminaren, durch Zeitplanbücher und Terminkalender, zunehmend auch in elektronischer Ausführung, werden Orte und Zeiten gesucht, in und an denen man verweilen kann und die dem raschen Veränderungsprozeß entzogen sind. Trotzdem kommen wir vor lauter Schnelligkeit und sekundengenauer Zeitplanung zunehmend häufiger zu spät. Anläßlich seines hundertsten Geburtstages im Jahre 1990 hat der Sozialethiker Oswald v. Nell-Breuning seine Lebenserfahrung zwischen modernen und postmodernen Zeiten auf eine anschauliche Formel gebracht: In den zwanziger Jahren habe er von seiner Hochschule zum Frankfurter Hauptbahnhof 15 Minuten benötigt, heute „nur" noch gut 25 Minuten. Die Widersprüche sind offensichtlich, und sie verschärfen sich. Ihre Auflösung wird immer unwahrscheinlicher. Der Alltag zeigt es nur allzu deutlich.

Was haben wir uns nicht alles zugelegt, um uns das Leben zu erleichtern: Nach erfolgreich absolviertem Orientierungsstreß bei der Sichtung des Angebotsmarktes zuallererst ein schnelles Auto, dann eine Stereoanlage mit vielerlei Funktionen, eine Telefonanlage mit ISDN-Anschluß und integriertem Anrufbeantworter, Waschmaschinen mit Schnell- und Schongang und eine Mikrowelle, die man auch als Toaster benutzen kann und die neuerdings sogar mit Internet-Anschluß zu haben ist. Aber all das, was das Leben so viel üppiger, so viel leichter und schneller macht, wirft einen unverkennbar dunklen Schatten. Sie heißt „Gebrauchsanweisung". Zwar haben uns die Verkäufer vieles, vielleicht sogar alles erklärt, aber Zweifel kommen doch rasch auf, ob es denn wirklich genügend war, und ob man denn dies alles auch wirklich brauchen und gebrauchen kann. So nehmen wir uns gezwungenermaßen Zeit für die Gebrauchsanleitung. Es ist ein Buch mit sieben Sprachen, irgendwo dann endlich die deutsche Fassung. Aber das ist kein Deutsch, es ist eine schwerverständliche Mischung aus schlecht übersetzten Fachbegriffen und solchen, die im englischen Original belassen wurden. Ohne einschlägigen Fremdsprachenkurs für Elektroingenieure läßt sich das Wichtige kaum verstehen. Die neuen Freiheiten, die man sich durch den Kauf des Gerätes verspricht, werden zum Zwang, dieses auch bedienen und nutzen zu können. Von Zeit-Entlastung keine Spur. Dafür gehetzte Suche nach jener gewonnenen Zeit, die uns die Werbung so blumig ausgemalt hat. Ähnliches schildert bereits Rilke in den „Aufzeichnungen des Malte Laurids Brigge": Zunächst erscheint es so, daß man noch sehr viel Zeit hat, wenn man die Jahre, die man noch hat, „in Tage, in Stunden, in Minuten, ja, wenn man es aushielt, in Sekunden umwechseln" könnte. Aber bald fiel es dem kleinen Beamten, der diese Überlegung anstellte, auf, „daß er unglaublich viel ausgäbe. Ich werde mich einschränken, dachte er. Er stand früher auf, er wusch sich weniger ausführlich, er trank stehend seinen Tee, er lief ins Bureau und kam viel zu früh. Er ersparte überall ein bißchen Zeit. Aber am Sonntag war nichts Erspartes da. Da begriff er, daß er betrogen sei. Ich hätte nicht wechseln dürfen, sagte er sich. Wie lange hat man an so einem Jahr. Aber da, dieses infame Kleingeld, das geht hin, man weiß nicht wie."

Die Hoffnungen der Moderne, durch die Beschleunigung der Beschleunigung endlich der Zeitnot zu entkommen, hat sich als trügerisch herausgestellt. Die Zeit durch immer präzisere Kalkulation schließlich beherrschen zu können, diese zentrale Denk- und Handlungsfigur der Moderne, ist nicht mehr unumstritten. Ebenso wie die Hoffnung, die Zeiten der Natur dadurch in den Griff zu bekommen, daß sich die Menschen selbst zum Schöpfer des zeitlichen Geschehens in dieser Welt machen. Selten, so eine Meldung der Münchner Rückversicherung, der größten einschlägigen Agentur der Welt, selten haben so viele Naturkatastrophen die Erde heimgesucht und derart schwere Schäden angerichtet wie gerade heute. Mehr als 50 000 Menschen starben bei Erdbeben, Überschwemmungen und Hurrikans. Die volkswirtschaftlichen Schäden der weltweit siebenhundert Naturkatastrophen im Jahre 1998 haben sich seit den sechziger Jahren des 20. Jahrhunderts verneunfacht. Die biologischen und klimatischen Grenzen der Beschleunigung und des Zeitdrucks scheinen erreicht. Das Steigerungsprinzip der kalkulatorischen Zeitnutzung, mit dessen Hilfe wir unseren Güterwohlstand entscheidend verbessern konnten, wird zur Bedrohung, sozial, ökonomisch und ökologisch. Der Begriff des „Risikos", der einen zentralen Stellenwert in der postmodernen Gesellschaftstheorie einnimmt, benennt das mögliche Scheitern einer weitgehend an menschlichen Entscheidungen orientierten Zeitordnung. Die Kalkulierbarkeit des Lebens, die Berechenbarkeit der Welt, die

Ideale der Aufklärung sind nicht mehr länger unstrittig. Die Zeiten der Natur ebenso wie die der sozialen Organisationen lassen sich nicht mehr ohne wachsende Risiken dem Monopol der Uhrzeit unterordnen. Andere, neue Formen der Orientierung des Denkens und Handelns zeichnen sich ab. So wird das mechanistische Weltbild des Uhrwerkes und des regelmäßigen Taktes von den Vorstellungen des Chaos, der Komplexität, der Diskontinuität und des Nicht-Linearen abgelöst. Die Mobilisierungsbegriffe „Flexibilisierung“ und „Deregulierung“ belegen, daß sich die Orientierung am Zeittakt lockert. Dies aber nicht, wie in der Vormoderne, zugunsten einer Anbindung an die Rhythmen der Natur oder die von sozialen Gemeinschaften. Vielmehr wird die Bindung an standardisierte äußere Zeitgeber generell verringert. Das zeitliche Orientierungsmaß wird individueller Disposition anheimgestellt. „Wir sind“, so kann man bereits bei dem weitsichtigen Novalis nachlesen, „aus der Zeit der allgemein geltenden Formen heraus“ (Fragment Nr. 2167). Die permanente Unsicherheit wird zum Normalzustand. Woody Allen verleiht in seinem Film mit dem postmodernen Titel „Schatten und Nebel“ dieser Instabilität durch die Figur des Herrn Kleinmann (!) deutlichen Ausdruck:

Kleinmann: „Ja, aber wissen Sie, es geht alles so schnell vorbei. Schon jetzt fängt der Nebel an, sich wieder zu verdichten. Und alles bewegt sich die ganze Zeit. Denn alles ist ständig in Bewegung, und deshalb ist es auch kein Wunder, daß ich – seekrank bin.“

So geht's inzwischen fast allen, insbesondere wenn man betrachtet und bewertet, was mit der Zeit so alles gemacht wird und was die Zeit mit uns so alles macht.

Größere Entscheidungsfreiheiten der Einzelnen und die Zunahme von Mobilitätsmöglichkeiten, das sind die attraktiven Seiten der sich abzeichnenden postmodernen Zeitordnung. Die Ablösung von entlastenden (traditionellen, naturnahen und sozialen) zeitlichen Orientierungsmarken sowie das Anwachsen des Entscheidungsstresses sind der Preis dafür. Getrieben durch die Geschäfte und die Geschäftigkeit des Alltags machen wir uns auf die Suche nach der gewonnenen Zeit. Bis wir schließlich – all der vielen Hetze müde – fragen: Lohnen sich eigentlich die Zeitgewinne, zahlt sich der Aufwand aus, den wir mit der „Zeit" betreiben? Angesichts der sichtbaren und spürbaren Verluste an Zeit, Lebensqualität und ökologischer Balance gibt es auf diese Fragen keine eindeutig positive Antwort mehr.

Die Idee der Moderne, daß die Welt, insbesondere die Menschen und die Dinge darin, stetig besser würden, diese Idee hat in der jüngsten Geschichte zu viele Rückschläge erlitten, als daß sie sich heute noch uneingeschränkter Zustimmung erfreuen könnte. Nicht zu übersehen ist jedoch, daß diese Unsicherheiten und Uneindeutigkeiten (manche sprechen von „Chaos") auch neue Möglichkeiten eröffnen. Sie befreien von falschen Eindeutigkeiten und zeigen Wege für alternative, hoffentlich auch bessere Ordnungen auf. Um den Blick auf diese zu öffnen, muß man ihn zuerst auf die Merkmale des gegenwärtigen Wandels richten (vgl. dazu: Orthey 1999).

Fünf Charakteristika sind es, anhand deren sich die strukturellen Veränderungen vom modernen zum postmodernen Zeitalter charakterisieren lassen:

Erstens: Der Rhythmus des Sozialen löst sich auf

Zwar hat die Moderne das Zeitverhalten der Menschen aus der engen und einschränkenden Verknüpfung mit den Prozessen der Natur, Gottes Willen und der kirchlichen Lehrmeinung befreit, doch wurde mit diesem Schritt der Umgang mit der Zeit für die Menschen nicht zu einem Akt freier Wahl. Die Zeitkultur der Moderne setzte andere, insbesondere selbstgemachte Traditionen, Rituale und Zeremonien an die Stelle der vormodernen Vorgaben. Einflußreiche Männer, Landesfürsten, Unternehmer und kirchliche Würdenträger strukturierten das zeitliche Verhalten der Bevölkerung, indem sie verbindliche Standards setzten. Sie schrieben die Länge der Arbeitstage vor und entschieden damit auch über die

Dauer der arbeitsfreien Zeit. Sie bestimmten die Feier- und die Festtage. Auch heute tun sie es noch, inzwischen als demokratisch legitimierte Machthaber. So z. B. bei der Einführung der Sommer- und der Winterzeit. Parlamentarier entscheiden, zu welchem Zeitpunkt wir jene Stunde, die uns im Frühjahr genommen wird, im Herbst wieder zurückerhalten. Auch die Befriedigung unserer Konsumbedürfnisse werden per Parlamentsbeschluß zeitlich eingeschränkt, durch Regelungen von Ladenöffnungszeiten. Diese temporalen Standardisierungen gaben und geben immer noch, heute meist in der Form von Vorschriften, einen für das Zeitverhalten der Menschen stabilisierenden, aber auch einschränkenden Rahmen ab. Sie waren und sind Fixpunkte im Fluß der Zeit und ermöglichen die Rhythmisierung des Alltags und die des Lebenslaufes. Die Programmpunkte heutiger Veränderungsabsichten lauten: Flexibilisierung, Deregulierung und Entstandardisierung. Sie setzen die in der Moderne entstandenen Zeitformen und Zeitvorstellungen einem radikalen Wandel aus. Zeitliche Bindungen sollen, so die Absicht dieses postmodernen Programmes, nicht mehr aus der Vergangenheit übernommen werden, sie sind jeweils aktuell zu entscheiden und immer wieder neu herzustellen. Deregulierung und Destandardisierung fördern dabei die Flexibilisierung der sozialen und der individuellen Zeitrhythmen. Wenn es nicht so bleibt, wie es war und auch nicht so, wie es ist, dann steigt der Druck, die Zeitmaße selbst finden zu müssen oder zu lernen, ohne orientierendes Zeitmaß leben zu können. Daß dies ein anderes Leben und eine andere Zeitkultur als jene ist, die in der Moderne auf den Weg gebracht wurde, zeigt der postmoderne Alltag: Kalender werden durch Zeitplanungssysteme ersetzt. Die Funktion der Uhren übernehmen Mobiltelefone.

Zweitens: Die Individualisierung von Zeitordnungen

„Selbstbedienung" ist das flächendeckend anzutreffende Handlungsmodell der Postmoderne – auch gegenüber der Zeit und deren Maße. Die Einzelnen müssen ihre je eigene Zeit und deren

Ordnung täglich neu „erfinden". Dies läßt sich zweifelsohne als Gewinn von Zeitsouveränität interpretieren. Der Preis dafür besteht jedoch in dem Zwang, allzeit zeitsouverän sein zu müssen, auch wenn man es nicht kann oder nicht will. Dieser Sachverhalt aber schränkt die Zeitsouveränität wieder ein. Heute existieren kaum mehr gesicherte Grundlagen der Zeitordnung, und wenn überhaupt, dann nur kurzfristig. Es gibt keine sozial festgelegte richtige und auch keine falsche Zeit mehr. Die einzelnen Individuen können und müssen, je nach Situation, selbst bestimmen, welche Zeit richtig und welche falsch ist. Damit übernehmen sie auch die Konsequenzen für ihre jeweils selbst hergestellte Zeitordnung. Neben einem Zuwachs an Entscheidungsfreiheit führt dies zu größeren und umfangreicheren Zeitkonflikten, zu mehr Unsicherheiten und zum Anwachsen des zeitlichen Orientierungsbedarfes.

Drittens: Die Zunahme von Zeitkonflikten

Durch die Individualisierung der Zeitordnungen steigt die Vielfalt neuer Erlebnis- und Erfahrungsmöglichkeiten. Diese lassen sich durch das systematische Ausschöpfen der Beschleunigungspotentiale des Individualverkehrs – das Auto sieht nach dem inzwischen massenhaft genutzten Zugang zum Internet neuerdings ziemlich alt aus – weiter erhöhen. Aber jeder Stau, jede Unterbrechung, jede Störung bringt uns in unserem zeitlich „ausoptimierten" Alltag in Zeitkonflikte. Flughäfen, die hektischen Marktplätze der Postmoderne, sind dafür die geeignetsten Beobachtungsobjekte. Nirgends wird häufiger gewartet, herumgestanden, nirgendwo wird mehr gehetzt und gehastet als an diesen flüchtigen Orten. Nirgends auch wird deutlicher, wie mobilitätsbedingte Zeitgewinne in Zeitverluste umschlagen und wie die Schnelligkeit den Zeitdruck auf die Beschleunigung von Anschlußhandlungen erhöht. Symptomatisch dafür ist der hektische Manager, der, von einem 14tägigen Meditationskurs aus einem nepalesischen Kloster kommend, das Bodenpersonal wegen eines verpaßten Anschlußfluges erregt beschimpft. Das Gefühl, etwas zu versäumen, steigt mit wachsender Wahlfreiheit und steigenden Wahlmöglichkeiten. Immer mehr findet gleichzeitig statt und auch immer mehr zu einem Zeitpunkt, zu dem man schon etwas anderes vorhat. „Zeit haben" heißt unter diesen Bedingungen: immer zu wenig Zeit zu haben. Die Möglichkeiten, die wir uns zusammenrasen, sind immer auch erhetzte zeitraubende Entscheidungsprobleme. So werden wir zunehmend häufiger Opfer unserer eigenen Zeitfreiheit. Nicht mehr die Zeit, sondern unsere Zeitfreiheit beherrscht uns.

Viertens: Die Privatisierung der Zeitkoordination

Wenn Zeitordnungen in die Verfügungsgewalt von Einzelpersonen übergehen, wird die Zeitkoordination zu deren Aufgabe. An die Stelle von natürlichen und sozialen Rhythmen tritt die von den Subjekten zu leistende Synchronisation der unterschiedlichen Zeitordnungen. Wenn Zeitordnung nicht mehr durch soziale Herrschaft oder Natur hergestellt wird, muß sie zwischen den Individuen – wollen diese nicht vereinzelt leben – ausgehandelt werden. Das benötigt viel Zeit und provoziert den Wunsch nach Beschleunigung. Dieser ist ja nichts anderes als die Hoffnung, Zeit sparen zu können. Deshalb werden Verabredungen heute gerne per Fax vereinbart, und nicht selten ersetzt das Telefongespräch den ehemals gemeinsam verplauderten Genuß einer Flasche guten Weines.

Den gewachsenen Aufwand, der mit der Suche nach gemeinsamen Zeiten einhergeht, bekommen insbesondere jene Gemeinschaften und Vereine zu spüren, die sich der Geselligkeit verschrieben haben. Sie müssen um ihre Mitglieder fürchten. So verloren beispielsweise viele Sportvereine Mitglieder an die rund um die Uhr zugänglichen Fitneß-Studios. Dort kann man – dies eine Formulierung des Wiener Kaffeehausspezialisten Polgar – „in Gesellschaft alleine sein". Der Wunsch, sich vom steigenden zeitlichen Koordinationsaufwand zu entlasten, ist verständlich;

aber er ist auch illusorisch, wenn man die wachsenden Möglichkeiten, speziell die des Dienstleistungsbereiches, wirklich nutzen will. So müssen beispielsweise heute die unterschiedlichen Lernangebote für die Kinder, die vielfältigen Freizeitofferten und die Attraktionen des Fernsehprogrammes privat zeitlich koordiniert werden. Die verschiedenen Öffnungszeiten von Supermärkten, Kindergärten, Beratungsangeboten und Einwohnermeldeämtern muß man (meist betrifft dies Frauen) irgendwie „auf die Reihe" bekommen. Alle – ob wir das wollen oder nicht –, alle müssen wir zu Zeitmanagern und Zeitmanagerinnen werden. Nicht selten wird dabei die Qual der Wahl zur Wahl einer Qual. Und diese heißt immer öfters: sich noch mehr Zeit für die Zeitkoordination nehmen zu müssen.

Fünftens: Steigender Aufwand an Zeitkoordination

Als Unternehmer unserer eigenen Lebenszeit sind wir dazu verurteilt, diese Lebenszeit ohne Unterlaß zu organisieren, zu optimieren und zu kontrollieren. Das ist aufwendig, das kostet Zeit, meist jene Zeit, die nicht in Geld verrechnet werden kann. Die reichhaltige Güterausstattung, die wir uns nicht zuletzt durch eifriges Zeitsparen erarbeitet haben, sie benötigt Zeit sowohl für ihren fachgerechten Gebrauch, ihre Wartung und schließlich auch für ihre Entsorgung. Allein die Trennung der unterschiedlichen Abfallsorten gelingt kaum mehr ohne systematischen Lernprozeß im Hinblick auf ein erfolgreiches Trennungsmanagement; und wenn man dann die unterschiedlichen Müllabholtermine mit den anderen unabdingbaren Tätigkeiten des Alltags in Einklang gebracht hat, erfährt man, wie anstrengend und zeitraubend der heutige Zeitkoordinationsaufwand ist. Familien mit halbwüchsigen Kindern und einem Fernsehapparat mit 53 Programmen, stellen zweifelsohne die geeigneten Studienobjekte für Belastungsanalysen postmoderner Zeitkoordination dar. Sie erleben den Widerspruch zwischen dem Glück, das ihnen durch die vielen Möglichkeiten offeriert wird, und ihrem eigenen

Unglücklichsein, wenn sie diese Möglichkeiten nutzen wollen. Sie erfahren, wie der Kauf eines Fernsehgerätes die Zeit des In-die-Ferne-Sehens beschränkt, weil die Zeit damit zugebracht werden muß, das Nahe auf die Reihe zu bringen. Auch all jenen, die lieber alleine leben, um die Möglichkeiten des Arbeits- und des Erlebnismarktes ausnutzen zu können, geht es nicht viel besser. Die hochflexiblen jungen Menschen, die mehr oder weniger gezwungen werden, durchs „Job-Surfen“ ihren Lebensunterhalt zu bestreiten, sind zu kaum leistbaren Koordinationsanstrengungen verurteilt: Morgens Textverarbeitung, mittags Bedienung am Tresen des Schnellimbißrestaurants, nachmittags zwei Stunden Arbeit im Szene-Café, abends noch schnell einen Artikel für die Stadtzeitung schreiben und nachts hin und wieder Taxifahren; das läßt sich nicht so einfach unter einen Hut bringen, das „kostet“ Zeit – nicht selten ist das dann mehr Zeit, als die Arbeitszeitverkürzung und die allseitige Beschleunigung eingebracht haben. So kommt es zu dem lästigen Zustand, daß man immer mehr Zeit braucht, um mehr Zeit zu haben, daß man immerzu Zeit spart, diese aber dann gar nicht hat.

All der zeitliche Aufwand für die Zeitregulation und die Zeitkoordination führt unweigerlich zur beliebtesten Entschuldigung: „Tut mir leid, keine Zeit.“ So bieten viele gestreßte Menschen, mehrheitlich Männer, häufig als Beziehungsangebot nicht viel mehr als ihr Bedauern an, keine Zeit zu haben. Wenn diese schließlich irgendwann einmal zum Nachdenken darüber kommen, was ihnen die Freiheit, über die Zeit selbst bestimmen zu können, wirklich gebracht hat, gerät der Glaube an den unaufhaltsamen Fortschritt unweigerlich ins Schlingern.

Die ewige, allgegenwärtige Geschwindigkeit: Zeitgeber*

Vor mehr als fünfhundert Jahren, als man noch nicht über die Zeit gesprochen und auch nicht mit ihr Handel getrieben hat, war diese heilig. Später waren es die Uhren und die Kalender, die zu Heiligtümern wurden – so mancher Manager trägt noch heute seinen „Timer" wie eine Monstranz vor sich her –, und jetzt, in der Postmoderne, heiligen wir die Medien, die ihrerseits das Aktuelle, das „Immer", das „Überall" und das „Sofort" anbeten. „Die Civilisation will die Materie vergessen machen und den Verkehr beflügeln ..." mit diesen prophetischen Worten kennzeichnete der Philosoph Franz von Baader vor hundertfünfzig Jahren die Entwicklun „des Lebens überhaupt und des socialen Lebens insbesondere" (1854, S. 101). Er hatte in einem Ausmaß recht, wie er es sich selbst nicht hat vorstellen können. Am Ende des 20. Jahrhunderts ist zur Realität geworden, was die Futuristen an dessen Beginn kühn postulierten: „Zeit und Raum sind gestern gestorben. Wir leben bereits im Absoluten, denn wir haben schon die ewige, allgegenwärtige Geschwindigkeit erschaffen" (Marinetti 1909).

Zwischen Slow-Motion und High-Speed ist alles möglich und wird auch alles Mögliche gemacht.

Rundfunk, Fernsehen und neuerdings das Internet bestimmen mit wachsender Intensität unsere Wirklichkeit und das, was wir für wirklich halten. Sie prägen in der Art, wie sie gestaltet und von uns wahrgenommen werden, unser Verständnis von Zeit und unseren Umgang mit dieser. Die zeitlichen Koordinaten des Lebens in Arbeit, Freizeit und Familie sind häufig durch Medien bestimmt: Mit dem Radio lassen wir uns wecken, und mit der Fernbedienung in der Hand schlafen wir vor dem Fernseher ein; dazwischen ein Arbeitstag, den immer mehr Menschen vor dem

* In diesen Abschnitt sind Überlegungen eingegangen, die in dem von M. Schneider und mir herausgegebenen Buch: „Flimmernde Zeiten – Vom Tempo der Medien" (Stuttgart 1999) detailliert ausgearbeitet wurden.

Computer-Bildschirm verbringen. Ein flimmerndes Viereck, durch das wir aus der realen Welt in die verlockende Welt des Virtuellen heraustreten.

Die Zeitgestalten der Medien und auch die Möglichkeiten, Zeit mit Medien zu gestalten, sind äußerst vielfältig. Auf den ersten Blick dienen die geliebten Geräte vor allem der Beschleunigung des Lebens. Insbesondere in den elektronischen Medientechniken sind „zeitsparende" Effekte angelegt: Das Telefon spart den persönlichen Besuch oder den zeitaufwendigen Brief; Fax und E-Mail befördern eine Nachricht in Sekundenschnelle um den Erdball; Radio und Fernsehen können uns „live" über beliebig entfernte Ereignisse informieren ohne jene Zeitverzögerung, die dem vormals „schnellen" Medium Zeitung noch anhaftet. Das neue Leitmedium, den Computer, nutzen wir, um zeitintensive Routinen und Abläufe zu beschleunigen: von der Buchhaltung über die Textverarbeitung mit integrierter Fußnotenverwaltung bis hin zu umfangreichen Internet-Recherchen in den global verstreuten Datenbanken. Zumindest in technischer Hinsicht scheint das Ende der Beschleunigung erreicht. Wenn sich Informationen mit Lichtgeschwindigkeit übertragen lassen, ist dem unaufhörlichen Streben nach möglichst rascher und verzögerungsfreier Nachrichtenübermittlung das Ziel abhanden gekommen. Mag es auch hier und da noch Oasen des Langsamen geben – mit dem Erreichen globaler Gleichzeitigkeit von Ereignissen und ihrer medialen Präsenz ist die Beschleunigung als technische Leitmaxime der Medienentwicklung an ihr „natürliches" Ende gekommen.

Das Beschleunigungsprogramm der Moderne ist heute „erfolgreich" abgeschlossen. Napoleon, darauf machte Paul Valéry aufmerksam, ist nicht schneller vorangekommen als Cäsar zweitausend Jahre vorher. Aber im Anschluß an das Napoleonische Zeitalter vollendete sich die Beschleunigungsidee in weniger als zweihundert Jahren. Die elektromagnetischen Wellen haben die Sekunde in deren Bruchteile zerlegt und die Räume, besonders aber die Zeiten, der menschlichen Wahrnehmung entzogen. Die Zeit wird mittels neuer Techniken jenseits der bewußten Anschauung organisiert. Zur Erinnerung ein Blick zurück! Schivelbusch zitiert in seiner lesenswerten „Geschichte der Eisenbahnreise" (1978, S. 17) Thomas de Quinceys Wahrnehmung der Geschwindigkeit anläßlich einer Kutschfahrt:

„Wenn wir in der alten Postkutsche saßen, brauchten wir zur Feststellung der Geschwindigkeit außer uns selbst keinen Beleg. Die lebendige Erfahrung unserer Sinne ließ keinen Zweifel über unsere Geschwindigkeit zu; wir hörten die Geschwindigkeit, wir sahen sie, wir spürten sie als Erregungszustand (thrilling); diese Geschwindigkeit war nicht das Produkt blinder und empfindungsloser Kräfte, die in keinem Einklang mit uns standen, sondern sie lebte in den feurigen Augen des edelsten Tieres, in seinen erweiterten Nüstern, seinem Muskelspiel, seinen donnernden Hufen."

Ein solcher Rückblick beabsichtigt nicht, vergangenen Zeiten einen romantisch-sentimentalen Anstrich zu verleihen. Er dient allein dem Zweck, die lebendige Anschauung und Erfahrung von Geschwindigkeit jener entstofflichten, nicht mehr wahrnehmbaren der Medien gegenüberzustellen, mit denen wir es heute zu tun haben.

Durch die Beschleunigungspotentiale der Medien wurden völlig neue Möglichkeiten des Denkens und Handelns erschlossen. Mit der „elektrischen Augenblicksverbindung" und der „Eroberung der Allgegenwärtigkeit" (A. Warburg) läßt sich die Zeit scheinbar eliminieren. Nichts dauert mehr. Alles ist sofort, auf Knopfdruck da. Und doch haben wir das Gefühl, daß uns mehr denn je etwas fehlt, und dies trotz 50 Millionen Fernsehgeräten, noch mehr Telefonen, 30 Millionen Videorecordern und dem Siebenfachen an Radios und CD-Playern, die allein in deutschen Wohnungen und neuerdings auch in so mancher Jacken- oder Hosentasche zu finden sind.

Mit dem Ende der Beschleunigung gewinnt die Zeit-Verdichtung noch mehr Bedeutung als ehedem. Sie ist, ebenso wie die

Steigerung der Geschwindigkeit, eine zeitökonomische Strategie. Verdichtet, so die real wirksame Vorstellung, läßt sich die relativ knapp bemessene Lebenszeit dann „effizienter" nutzen, z. B. indem man mehrere Dinge gleichzeitig tut bzw. möglichst viel (an Information) in die gleiche Zeit packt. Auch hierfür bietet die Welt der Medien eine Vielzahl an Möglichkeiten: Radiohören beim Zeitungslesen, Bügeln beim Fernsehen, Musikhören beim Internet-Surfen, Telefonieren beim Auto- oder beim Zugfahren. Wer seine Aufmerksamkeit teilt, hat mehr vom Leben – so lautet das Credo der Zeitoptimierer. Die Zeit wird porenlos genutzt, und da die Erlebnisdichte zunimmt, so mancher Zeitgenosse dabei atemlos. Immer geschieht etwas, und weil immer etwas geschieht, geschieht auch vieles andere; und das möglichst gleichzeitig, zumindest aber möglichst schnell.

Das Handeln derer, die die Medien nutzen, erschöpft sich jedoch nicht in den Strategien der Beschleunigung und Zeitverdichtung. Denn Zeit ist in unserer Gesellschaft nicht nur zu einem knappen Gut geworden, mit dem es möglichst „effizient" und „sparsam" zu wirtschaften gilt. Sie ist zuweilen auch im Überfluß vorhanden. Am offensichtlichsten für das wachsende Heer der unfreiwilligen Arbeitslosen. Aber auch für diejenigen, die sich tagsüber in ihrem Beruf abrackern (dürfen), verwandelt sich Zeit spätestens am Feierabend oder in der Freizeit zu etwas, mit dem man reichlich gesegnet ist. (Erst „ranklotzen", dann „reinglotzen", ist das Motto dieses Lebensstils.) Mit diesem Zeit-Reichtum können nicht alle gleichviel anfangen. Die gesuchte Ablenkung, die drei Stunden, die die Bundesbürger täglich vor dem Fernseher verbringen, ist auch eine Ablenkung von der „Leere" der Zeit, von der „Langeweile", dem ereignislosen Verfließen der Zeit – und damit immer auch eine Ablenkung von sich selbst. Der zunehmende Mediengebrauch dient offenbar nicht nur der Beschleunigung des Lebens, sondern auch dazu, die wachsende „freie" Zeit zu strukturieren und ihr einen wie auch immer gearteten Sinn zu geben.

Ganz gleich, ob in chronischer Zeitnot oder in Situationen, in der wir uns einem Überfluß an Zeit gegenübersehen: In beiden Fällen – gehetzt wie gelangweilt – vertreiben wir die Zeit aus unserem Leben: Zum einen, indem wir sie möglichst intensiv bewirtschaften und nach dem Prinzip „Zeit ist Geld“ den Kampf gegen alles Langsame, Bedächtige, Pausierende aufnehmen. Zum anderen, indem in der so gewonnenen Freizeit mit Hilfe der Medien die Zeit „totgeschlagen“ wird. Auch wenn tagsüber durch Telefon und Fax erfolgreich Zeit „gespart“, Abläufe beschleunigt und durch zahlreiche Parallelhandlungen verdichtet wird, scheinen viele doch an langen Fernsehabenden oder in stundenlangen Internet-Sitzungen alle Zeit der Welt zu haben. Die Rastlosigkeit beim vermeintlichen Sparen von Zeit mündet am beruflichen Feierabend in der nicht minder großen Ratlosigkeit, sinnvoll mit ihr (und sich) umzugehen. Es fällt offenbar schwer, eine Balance zwischen dem Zeitsparen-Müssen und der Muße zu finden. Zeitmangel und Zeitüberfluß verwirren sich zu postmoderner Zeiterfahrung. Je mehr Zeit man hat, um so mehr muß mit dieser etwas gemacht werden, und entsprechend weniger hat man schließlich wieder, mit der man sparsam umzugehen hat.

Vier Zeit-Tendenzen sind es, die für die elektronischen Medien und für deren Gebrauch charakteristisch sind:

1. Informations- und Kommunikationsmedien zielen grundsätzlich darauf ab, räumliche wie zeitliche Distanzen zu reduzieren. Bereits die frühen Formen der Nachrichtenübermittlung versuchten, das Trennende des Raumes mit möglichst geringem Zeitaufwand zu überwinden. Den neuen elektronischen Medien gelingt es erstmals, diesen Zweck aller Mediennutzung zu vollenden. Mit der Lichtgeschwindigkeit der Signalübertragung wird die Grenze der Beschleunigung erreicht, werden zeitliche und räumliche Distanzen reduziert und der Wahrnehmung entzogen. Ohne nennenswerte Zeitverzögerung ist uns von nun an jeder Ort der Welt medial zu-

gänglich (und sind auch wir an jedem Ort erreichbar). Räumliche wie zeitliche Unterschiede verlieren ihre Bedeutung im weltweiten Netz der Medien. Die globale Gleichzeitigkeit wird zur zentralen Zeiterfahrung.

2. Die weltweite Medienvernetzung kommt dem menschlichen Streben und der menschlichen Sehnsucht nach möglichst schwereloser Überwindung von Raum und Zeit entgegen. Weniger diese Überwindung als solche, vielmehr ihre (vermeintliche) Mühelosigkeit macht die Faszination der neuen Medien aus. Angefangen mit dem Telefon, vorerst endend mit der digitalen Neuschöpfung der Welt im Cyberspace, erheben wir uns zu engelsgleichen Wesen. Geschöpfe, die die Barrieren von Raum, Zeit und Materie mühelos überwinden. Die Gesetze der Schwerkraft scheinen außer Kraft, wenn wir uns per Mausklick oder Fernbedienung die Welt auf den Bildschirm holen. Diese „Engelhaftigkeit" unserer virtuellen Existenz versteckt und verdeckt die materiellen und naturgesetzlichen Bedingungen, denen auch die neuen Medien und ihr Gebrauch unterliegen (vgl. dazu Schneider 1999).

3. Die Informations- und Kommunikationsmedien sind nicht nur Teil unserer Non-Stop-Gesellschaft; sie sind dafür mitverantwortlich. Die pausenlose Verfügbarkeit von Programmangeboten in Fernsehen und Radio ist heutzutage – nach Abschaffung des Sendeschlusses im Fernsehen und der Pausenzeichen im Radio – eine Selbstverständlichkeit. Das Internet ist ein „Ort", zu dem man jederzeit Zutritt findet (sofern die technischen Voraussetzungen geschaffen sind). Die vielfältigen Formen moderner Telekommunikation ermöglichen ein Nonstop der Erreichbarkeit. Dadurch nehmen die individuellen Nutzungsspielräume entscheidend zu. Eine soziale Koordination des Medienumgangs und des Mediengebrauchs findet jedoch nur selten statt. Individuell sind die Freiheiten zweifelsohne größer geworden, aber kollektiv (z. B. politisch) werden diese Freiheiten nicht mehr

abgesichert, so daß mit den Freiheiten auch die Zwänge zunehmen. Auf soziale Zeiten und Rhythmen, wie etwa das Wochenende oder den Wechsel von Arbeit und Ruhe, nehmen die Medien (bzw. ihre Nutzer) keine Rücksicht mehr. Dies führt zur paradoxen Erfahrung: Je vernetzter und flexibler unsere Non-Stop-Gesellschaft ist, desto isolierter sind ihre Mitglieder. Das allmähliche Verschwinden der Wirklichkeit geht einher mit einem wirklichen Verschwinden der Allmählichkeit.

4. Die Medien, speziell jene, die wir als „neu" bezeichnen, konfrontieren uns täglich mit höchst flexiblen Zeitformen. Diese Vielfalt der Medienzeiten ist jedoch nicht mehr an der zeitlichen Vielfalt der Natur orientiert. Die Medien orientieren sich z. B. nicht am Rhythmus der Jahreszeiten. Sie funktionieren im Sommer genauso wie im Winter, sie sind unabhängig von Helligkeit und Dunkelheit, Tag und Nacht. In einer globalisierten Medienwelt ist immer „etwas los", ist immer alles taghell. Die Vielfalt der Zeitmuster, die wir in der Natur vorfinden, werden ergänzt und häufig auch ersetzt durch eine Vielfalt technisch/elektronisch produzierter Zeitmuster und Programmschemata. Durch diese Entkoppelung von den Zeiten der Natur entsteht eine zivilisatorische Spannung zwischen der Welt der Medien einerseits und der kaum noch wahrgenommenen Natur andererseits. Trotz aller medialer Aufrüstung und Abschirmung sind und bleiben die Menschen jedoch Teil der Natur. Diese Zugehörigkeit zur Natur läßt sich „dank" der Medien lediglich besser leugnen. Zumindest am Ende unserer Existenz werden wir sie akzeptieren müssen.

Die in diesen vier Punkten dargestellte Zeiterfahrung der Postmoderne wird maßgeblich durch die Verbreitung und den grenzenlosen Gebrauch von vier Medien gestaltet: durch Telefon, Film, Fernsehen und Computer.

Die Übermittlung von Nachrichten erfuhr bereits im 19. Jahrhundert einen entscheidenden Beschleunigungsschub. Zwölf Tage brauchte 1850 eine Nachricht aus den USA, bis sie in Mitteleuropa eintraf. Das Telefon hat diesen Transport auf Sekundenbruchteile reduziert. Hochaktuell klingt die Bemerkung von Thoreau aus dem Jahre 1854: „In großer Hast konstruieren wir einen magnetischen Telegrafen von Maine nach Texas – doch Maine und Texas haben sich vielleicht gar nichts mitzuteilen ... Wir wollen unbedingt unter dem Atlantik graben, und so die Neue und die Alte Welt einander ein paar Wochen näherbringen. Doch vielleicht wird die erste Neuigkeit, die das große amerikanische Schlappohr erreicht, die sein, daß die Prinzessin Adelaide den Keuchhusten hat."

Das Telefon hat das Private in vielerlei Hinsicht mobilisiert. „Schreib mal wieder" ist die Parole von gestern, „Ruf doch mal an" die von heute. Auch der offensichtliche Sachverhalt, daß wir zunehmend seltener unsere Adressen weitergeben, dafür häufiger unsere Handynummern (also den Wohnort durch die Erreichbarkeit ersetzen), zeugt davon. Der Wunsch und die Verpflichtung zu permanenter Erreichbarkeit verändert die Raum-Zeit-Erfahrung grundlegend. Das Mobiltelefon eröffnet völlig neue zeitliche Dispositionsspielräume, entwickelt aber auch bisher nicht gekannte Formen der zeitlichen Nötigung. Es koppelt die Möglichkeiten der Abwesenheit mit denen der (elektronischen) Anwesenheit. Der Handybesitzer ist quasi immer da, aber nicht immer dort. Deshalb auch ist die Frage „Wo sind Sie denn gerade?" die inzwischen meistgebrauchte Eröffnungsfloskel eines Telefongesprächs. Beim „Handy" wiederholt sich die Zeit-Erfahrung, die man bereits beim Kauf eines Standardtelefons machen konnte. Es bietet viele Möglichkeiten, die Zeit „besser" nutzen zu können. Aber es wäre eine Illusion, dies mit der Erwartung zu verknüpfen, daß man dadurch mehr Zeit hätte. Denn es ist gerade die rationale Nutzung der Zeit, die die Zeit noch enger macht. Die Zeitspannen, über die entschieden wird, werden kleiner, daher werden sie in höherem Maße genutzt und schließlich hierdurch enger. Die Folge: Der Zeitdruck steigt. Generell und nicht nur fürs Telefon gilt, daß die Rationalisierung der Zeit die Zeitnot erhöht – auch wenn das Gegenteil beabsichtigt wird. Jedes neue Gerät beansprucht Aufmerksamkeit, d. h. Zeit auch für die Entscheidung, es nicht zu nutzen. Dies gilt ebenso für den Anrufbeantworter, der ja dazu verführt, gleichzeitig mehreres zu tun: Anrufe entgegenzunehmen und dabei ein Buch über das Tempo der Welt zu schreiben.

Der Film

Der Film mit seinen bewegten Bildern ist die wichtigste kulturelle Zeit-Errungenschaft der Postmoderne. Durch ihn haben wir völlig neue Ebenen und Perspektiven der Schaulust, des Erzählens und Berichtens sowie des Langweilens, des Dösens, des Spaßes, der Ablenkung und der Zerstreuung kennengelernt. Wir wissen das zu schätzen und stürmen die Kinos dank der radikalen Veränderungen der Wertschätzung unserer Schaulust. Augustinus, der nicht nur über Zeit nachdachte, hielt die Schaulust im Hinblick auf das geistige Heil noch für höchst gefährlich. Das hat sich radikal gewandelt, vielleicht auch deshalb, weil es uns heute weniger ums geistige Heil geht. Nicht die Zeiten der Natur und auch nicht mehr die Uhrzeit bestimmen die Zeiten des Kinofilms, das tut die szenische Zeit. Diese befreit von den Zwängen moderner Uhrzeit-Logik. Filmkunst ist, so der Regisseur Tarkowskij, „das Modellieren der Zeit". Vergangenheit, Gegenwart und Zukunft werden beliebig manipulierbar, „zurück in die Zukunft" ein attraktives Programm. Im Film wird Zeit zerlegt, neu zusammengesetzt und relativ frei rhythmisiert. Dort können wir uns an vieles, das wir erst erleben, bereits erinnern: „Clint Walker als ‚Yellowstone Kelly' kommt die hügelige Landschaft herangeritten, wie es so Westernart ist, in gemessenem Tempo; solange man ihn reiten sieht, spürt man die endlose Weite des Landes, aber kaum ist er hinter einem Hügel verschwunden, muß sein Pferd Flügel bekommen, denn schon ist er auf der Kuppe des nächsten zu sehen, und dann beginnt er gar, Hügel zu überspringen, bis er plötzlich direkt vor uns auftaucht; dieses Land steckt voller Zeitfallen“ (Seeßlen 1993, S. 48).

Viel häufiger als in der Realität werden den Uhren auf der Leinwand die Zeiger abgeschossen, und eben dies gelingt dem Film auch formal unentwegt. Daß er die Beschränkungen der linearen Uhrzeit zu überwinden vermag, macht ihn zu einem magischen Medium, das die Dunkelheit braucht, um die Helligkeit zu befördern. Wer also mit Zeit wirklich flexibel umgehen will, muß die Uhr wegwerfen und sich eine Kamera kaufen. Im Kino nämlich läßt sich die verlorene Zeit wiederfinden, dort gelingt es, sich gegen den Zeitfluß zu stellen und in die Gleichzeitigkeit unterschiedlicher Zeiten einzutauchen. Wo sonst sieht man einen Turmspringer, der rückwärts aus dem Wasser auf das Sprungbrett zurückhechtet. Der Film präsentiert die postmodernen Zeiten wie kein anderes Medium.

Das Fernsehen

Das Fernsehen beschert uns die Erfindung der Echtzeit. Das, was weit entfernt geschieht, wird im gleichen Moment zum medialen Naherlebnis. Der Ort, wo etwas passiert, ist ein anderer als der, an dem es wahrgenommen wird. Es verfließen die Unterschiede und die Grenzen von Zeit und Raum. Wir haben hierdurch eine zunehmend größere Auswahl an „Gegenwart“, und das bedeutet, wir haben Entscheidungsprobleme, was wir zu unserer je individuellen Gegenwart machen wollen. „Bei welchem Programm sollen wir heute einschlafen?“ ist die Frage, mit der wir das Nachtgebet ersetzen. Drei Stunden und zwanzig Minuten läuft der Fernseher täglich, dies lassen uns die Statistiker wissen. Doch unklar bleibt, ob es Interesse oder Langeweile ist, die die Menschen vor die Mattscheibe treibt. Bei so viel Zeit fürs Fernsehen kann der Zeitdruck in dieser Gesellschaft eigentlich nicht so hoch sein, oder fühlen sich gerade deshalb so viele Menschen in Zeitnot? Zappelig zappen wir uns durchs Leben, das nicht wenige der Vielseher mit einer Live-Sendung verwechseln.

Es gibt einen überzeugenden Grund, warum wir das Fernsehen nötig haben: Es bietet uns jene Zeitorientierung an, die uns die flexiblen Verhältnisse in dieser Welt zunehmend verweigern. Das Programmschema rhythmisiert und strukturiert durch die regelmäßige Wiederkehr bestimmter Sendungen unser hochmobiles Leben. Neben der Beliebtheit der Nachrichten belegt dies auch die Attraktivität der Serien. Sieht man den sympathischen älteren Mann im Arztkittel auf dem Bildschirm, weiß man, daß es Dienstagabend ist. Wir brauchen keine Uhren mehr, wir brauchen Fernsehserien.

Der Computer

„Hatte das Fernsehen es noch nötig, Vor-Bilder, die es zu übermitteln gilt, zu haben, so entfällt diese Einschränkung bei den computergenerierten Bildern. Wirklichkeit kann hergestellt werden. Indifferent gegenüber jeglichen traditionellen zeiträumlichen Verhältnissen, lösen sich die computergenerierten Bildwelten vom Realitätsrahmen uns vertrauter Erscheinungen. Markiert die televisionale Simulation das Verschwinden der Raumdifferenz, vollendet sich im computer-simulierten Echtzeit-Fenster das Verschwinden der Zeitdifferenz" (Baeriswyl 1998, S. 230). Anders ausgedrückt: Der Computer ist mit hoher anschlußfähiger Unruhe und Instabilität ausgestattet. Daß wir diesbezüglich den Anschluß gefunden haben, ist hinlänglich bekannt. In bisher ungeahntem Ausmaß lassen sich Zeitgestalten manipulieren, so etwa die Geschwindigkeit, die Dauer, der Takt. Auch wenn der Computer massenweise anzutreffen ist, so ist er doch kein (im traditionellen Sinne des Begriffes) „Massenmedium". Er ist ein hoch individualisiertes Medium, daher auch die Bezeichnung „Personal-Computer (PC)".

Mit Hilfe der vom Computer erzeugten Zweitwelten (Cyberspace) lassen sich Zeiten und besonders auch Zeitordnungen virtualisieren. Diese virtuellen Realitäten erlauben es, die als hemmend empfundenen Grenzen der Uhrzeit-Ordnung aufzuheben, Zukunft und Vergangenheit im Jetzt zu konzentrieren und mit Gleichzeitigkeit zu experimentieren. Das Zeiterleben der Individuen, aber auch die gesellschaftliche Zeitorganisation werden vor allem durch den Einsatz des Computers innerhalb der Arbeitswelt verändert. Richtung und Qualität dieser Veränderung sind jedoch nicht eindeutig. Auf der einen Seite nehmen die zeitlichen Anforderungen und zeitlichen Normierungen mit der Bildschirmarbeit und dem weltweiten Aufbau eines Informations- und Kommunikationsnetzwerkes eher zu als ab. Die ansteigende Flut an Informationen erhöht nämlich den zeitlichen Druck, diese auch verarbeiten zu müssen. Auf der anderen Seite versprechen die neuen flexiblen Formen der Arbeit, z. B. die Telearbeit, die langersehnte Befreiung des Berufslebens von den Fesseln des Arbeitsortes und der Arbeitszeit. Sie schaffen bisher unbekannte zeitliche Freiräume und eine Durchmischung der ehemals scharf abgegrenzten Bereiche von Arbeit und Freizeit. Aber sie verlangen von den Telearbeitern zugleich ein hohes Maß an Selbstorganisation und Eigenverantwortung. Diese ist immer auch mit Koordinationsarbeit verbunden.

Die Frage, ob die Bildschirmarbeit mit mehr Zeitsouveränität einhergeht, läßt sich daher nicht eindeutig beantworten. Die Zeitgewinne der Arbeit sind ja nicht unbedingt Zeitgewinne fürs Leben. Bei der Telearbeit wird diese Ambivalenz besonders deutlich (vgl. hierzu besonders Rinderspacher 1999).

Durch die mediengesteuerte Verkürzung von Reaktions- und Rechenzeiten wird die Arbeit zweifelsohne schneller und der Zeitdruck auf die Arbeitenden steigt. Andererseits werden die vielen „Online-Wanderarbeiter“ (Volpert) zeitlich dadurch entlastet, daß ihnen das Gerät und weitgehend auch die Informationen zeitlich unbegrenzt, d.h. rund um die Uhr, zur Verfügung stehen. Trotz alledem wiederholen sich auch die Bildschirm-Zeiterfahrungen, die man aus der Vorcomputerwelt kennt. Es muß auch im Netz gewartet werden und dort wird auch getrödelt und gebummelt. Durch „verplemperte“ Zeit am Computer, so eine Zeitungsmeldung, gehen zwei Prozent des Bruttosozialprodukts der USA verloren. Ob dieser Verlust nicht vielleicht doch auch ein Gewinn ist, das muß man andere, möglichst keine Ökonomen, fragen. Jedenfalls, und da scheinen sich Freaks und Feinde dieses Mediums einig zu sein, ist der Computer eine Zeitsparmaschine, die viel Zeit kostet. Die Abhängigkeit von der Zeit wird durch die neuen Medien nicht geringer, sie wird nur anders.

Mehr Freiheiten, aber nicht mehr Freiheit

Verzichtet wird an dieser Stelle auf eine eindeutige Bewertung der erheblich größer gewordenen medialen Möglichkeiten, mit Zeit bzw. deren Formen umzugehen. Man entdeckt diese zuhauf in der einschlägigen Fachliteratur. Aber auch in der Literatur, beispielsweise bei Kafka: „Es wurde ihnen die Wahl gestellt, Könige oder der Könige Kuriere zu werden. Nach Art der Kinder wollten alle Kuriere sein. Deshalb gibt es lauter Kuriere, sie jagen durch die Welt und rufen, da es keine Könige gibt, einander selbst die sinnlos gewordenen Meldungen zu. Gerne würden sie ihrem elenden Leben ein Ende machen, aber sie wagen es nicht wegen des Diensteides“ (1983, S. 33).

Zwischen Katastrophenszenarien: „Werden uns die Maschinen der Zukunft wenigstens noch als Haustiere behalten?“ und euphorischen Heilsversprechen: „Das Paradies steht uns, zumindest durch den Hintereingang, wieder offen“ findet man alles, was der postmoderne Supermarkt der Positionsmarkierer bereithält. Ignoriert wird jedoch bei all den neuen Angeboten, mit

„Zeit“ flexibel umzugehen, allzuoft die Tatsache, daß jede Mediennutzung Naturzeit zur unabdingbaren Voraussetzung hat. Und dies in doppelter Hinsicht: Zum einen muß man am Leben sein, um die neuen Medien zu nutzen. Eine Trivialität, die so trivial nicht ist, wenn man sich die vielen Anstrengungen vergegenwärtigt, die Sterblichkeit des Menschen zu verdrängen. Der Tod ist, wenn überhaupt, nur als Show-Veranstaltung mediengerecht. Zum anderen benötigt man für die neuen Medien eine Steckdos (ersatzweise eine Batterie). Man braucht Energie, und diese wiederum läßt sich nur aus der Natur und deren Zeitdepots (Kohlenstoffe) gewinnen. Der Baconsche Satz, daß nur diejenigen, die der Natur gehorchen, sie auch zu beherrschen vermögen, dieser Satz gilt trotz der vielen neuen vorläufigen Wahrheiten nach wie vor. Er gehört auf die Festplatte all jener, die uns mit den neuen Medien ausschließlich die „große Freiheit“ offerieren. Bisher nämlich haben sich allenfalls die kleinen Freiheiten vergrößert. Diese sollte man nicht mit der Freihcit verwechseln.

Mehr Freiheit würde nämlich einen erfahrbaren und erkennbaren Bezug unsres Fortschritts zu jenen Möglichkeiten voraussetzen, die von der Natur und der Organisation eines befriedigenden und befriedeten Sozialwesens bereitgehalten werden. Genau dies aber geschieht nur mehr selten. Die Freiheiten der Natur werden ignoriert, zugunsten der Erweiterung scheinbarer individueller Handlungsmöglichkeiten. Nur so kann die Vermarktung der Nacht, der die der Mittagsruhe und der „Siestakultur“ vorausgingen, als Freiheitsgewinn verstanden und akzeptiert werden. Nur so kann auch die Drohung der Münchner Stadtsparkasse, ihre nächste Zweigstelle auf unserem Nachttisch zu eröffnen, als attraktives Werbeangebot fürs Telebanking funktionieren. „Während Sie schlafen, lassen wir Ihr Geld arbeiten“, offerieren uns deren Kollegen von der Züricher Kantonalbank als attraktives Angebot, in konsequenter Umsetzung des Sachverhalts, daß Geld weder Ruhe noch Heimat kennt. Läßt uns ein solches Versprechen noch schlafen? Was macht die Bank eigentlich mit dem Geld, wenn man nicht schläft? Fragen über Fragen. Jedenfalls – und das ist wieder mal eine unhintergehbare Naturtatsache –, man muß wach sein, um eine Antwort zu finden. Wenn man auch sonst ein wenig aufgeweckter wäre, könnte man erkennen, daß Zeit letztlich keine Ware ist und auch kein Angebot an die Individuen, beliebig mit ihr umzuspringen. Der lateinische Begriff „tempus“ benennt ja nicht nur die „Zeit“, sondern auch das „Wetter“. In den romanischen Sprachen ist diese Doppelbedeutung bis heute erhalten. Zeit ist, dies drückt sich in solch doppelter Bedeutung treffend aus, auch eine objektive Gesetzmäßigkeit der Natur. Eine Befreiung von der Zeit – wie uns immer wieder eingeredet wird – kann und wird nicht gelingen. Die Natur in uns und um uns herum ist nicht beliebig manipulierbar. Schon allein deshalb können wir den neuen Medien, genausowenig wie den alten, die Gestaltung unserer zeitlichen Realität überlassen. Es ist daran zu erinnern: Wir machen nicht nur etwas, uns geschieht auch etwas. Deshalb gibt es Grenzen der Zeitkontrolle, der Beschleunigung und der Manipulation von Zeitmustern. Die suggestive Werbung der Uhrenfirma „Swatch“: „Time is what you make of it“ ist eine attraktive Lüge. Sie ist gefährlich, weil sie die Illusion schürt, wir könnten mit der Zeit völlig frei umgehen, es gäbe, wie uns die Telekom versichert, auf dem Information-Highway kein Tempolimit. Das, was uns als Freiheitsgewinn angeboten wird, ist zweifelsohne eine technisch bedingte Ausweitung des Möglichkeitsraumes. Es ist häufig aber nichts anderes als das falsche Versprechen, uns aus Bindungen an die Natur lösen zu können. Das Internet backt aber kein Brot und das Handy auch keine Pizza, und Fernsehköche kann man zwar satt bekommen, satt machen aber können sie nicht. „Die Realität“, so Woody Allens bedenkenswerter Hinweis, „ist der einzige Ort, an dem man ein anständiges Steak bekommen kann.“ Und dies benötigt, je nach Geschmackspräferenz, seine je eigene Zeit.

Was jedoch mit Hilfe der neuen Medien grundlegend verändert wurde, ist die Vergrößerung der individuellen Gestaltungsspielräume im Rahmen zeitlicher Entscheidungen. Wir passen unsere Lebensweise immer umfänglicher in eine selbstgemachte Zeitordnung ein. So etwas zu können und dies als Freiheit zu erleben, das ist der entscheidende Grund für die hohe Attraktivität der neuen Medien.

Die zeitliche Vielfalt der medialen Möglichkeit muß aber, will sie ihre eigenen Grundlagen nicht ignorieren und damit langfristig auch zerstören, mit der zeitlichen Vielfalt der Natur synchronisiert werden. Um Lebenszusammenhänge zu erfassen und vorsorglich und nachhaltig Zukunft zu schaffen und zu gestalten, müssen wir nicht nur die Technowelt und ihre Zeitmuster beherrschen, sondern auch Anschluß an die Natur in uns und um uns herum finden. Wir müssen uns also nicht lediglich im Kultur-, sondern auch im Naturzusammenhang begreifen.

Glasfaserkabel, Datenautobahn, Internet, Digitalisierung, all das wird eine „neue Zeit", eine radikal veränderte Gesellschaft und ein anderes Zeitverständnis entstehen lassen. Nach der naturnahen Zeitorientierung der Vormoderne und nach dem maßgebenden Monopol der Uhr mit ihrer abstrakten Zeit in der Moderne sehen wir uns heute vielfältigen und variablen Zeiten gegenüber. Mit diesen gilt es umzugehen. Diese sind ohne gemeinsames Maß. Sie sind zerrissen, und manchmal fliegen sie uns auch um die Ohren. Um all die Vielfalt der verschiedenen Zeiten wieder zusammenzubringen, stehen uns weder die Natur noch Gott mehr zur Verfügung. Und neuerdings leistet sogar die Uhr ihre diesbezüglichen Dienste nicht mehr zur allseits vollen Zufriedenheit. Wie aber läßt sich der technische Verstand, der uns in diese multitemporale Mediengesellschaft geführt hat, zur Zeit-Vernunft bringen? Lassen sich Erfahrungszusammenhänge herstellen, die die Zeit zu einer relativ stabilen Bedingung unserer Lebenswelt machen? Das sind neue, zentrale Fragen der Postmoderne. Eines jedoch ist bei aller Unsicherheit sicher, jede Antwort wird durch neue Antworten in ihrem Gewicht und in ihrer Wirkung immer wieder rasch entwertet werden. Daher ist es das postmoderne Schicksal, sich nie auf dem laufenden fühlen zu können. Das Tempo der Medienwelt läßt dies nicht zu – und weil wir darunter leiden, versuchen wir mit Hilfe von Medien wieder aufs laufende zu kommen.

Die Karriere des Radioweckers: Zeitmessung

Will man die Zeit messen, muß man eine Ahnung davon haben, was man mißt oder zu messen vorhat. Es stellt sich also die Frage: „Zeit", was ist das eigentlich? Oberflächlich, dafür aber global betrachtet, ist „Zeit" das, was die Schweizer in Form von Uhren herstellen, sie ist das, was die Deutschen zu ordnen versuchen, die Afrikaner eher verschwenden, von der die Buddhisten sagen, so etwas existiere überhaupt nicht, während die Nordamerikaner fest daran glauben, sie sei mit Geld identisch. Was aber ist sie nun? Obgleich eigentlich niemand so recht weiß, was sie ist, so wird sie doch so genau gemessen wie nur weniges auf dieser Welt. Es ist zu vermuten, daß dies etwas miteinander zu tun hat. „Messen" bedeutet ja immer auch kontrollieren, und kontrolliert wird das mit Vorliebe, was nicht zu fassen ist. Vor dem Unbekannten nämlich haben wir Angst. So auch vor dem, was wir „Zeit" nennen. Wenn „Zeit" dasjenige wäre, was die Uhr anzeigt, dann hätten die Physiker das Rätsel der Zeit seit längerem gelöst. Sie können nämlich präzise bestimmen, was eine Sekunde ist. Sie koppeln dieses Zeitmaß an die elektromagnetischen Schwingungen des Cäsiumatoms und wissen hierdurch, daß eine Sekunde das 9 192 631 770fache der Periodendauer der dem Übergang zwischen den beiden Hyperfeinstrukturniveaus des Grundzustands von Atomen des Nuklids 133Cs entsprechenden Strahlung ist. Den Physikern scheint diese Information weiterzuhelfen, dem Normalbürger nicht.

Eine Uhr, die so etwa mißt, die also höchst genau geht und die, nach Auskunft ihrer Konstrukteure, in 450000 Jahren nur um eine einzige Sekunde abweicht, eine solche Uhr kann man nicht am Handgelenk und auch nicht in der Hosentasche mit sich herumtragen. Eigentlich ist dies auch gar keine Uhr, es ist ein unhandliches Zeit-Meßgerät. Für den Alltagsgebrauch ist dieses nicht geschaffen. Dazu wird es auch nicht benötigt. Allerdings symbolisiert diese „Mikro-Zeit" der Physik einen Entwicklungsstand, mit dem wir auch im Alltag konfrontiert sind: Wir haben die Zeit nämlich kleingekriegt. Sie fließt nicht mehr, sie rückt in immer kleineren Bruchstücken voran, und je kleiner diese Zeit-Teile sind, um so mehr sind wir geneigt, von einer „präzisen Zeit" zu sprechen.

Im Zeitwettbewerb, für den wir zunehmend mehr Zeit aufwenden, kommt es immer häufiger auf Sekunden und deren Bruchteile an. Diese nun lassen sich durch die konventionellen Uhren, die wir seit etwa hundert Jahren bevorzugt am Handgelenk tragen, nicht mehr sichtbar machen. So wächst der Aufwand, um auch noch die kleinteiligsten Zeiteinheiten bestimmen und messen zu können. Die wirklich wichtigen Zeitmeßgeräte, jene, die über Sieg oder Niederlage entscheiden, sind nicht mehr tragbar. Sie müssen bei Ortsveränderungen mit hohem Aufwand transportiert werden. Die Zeitgewinne liegen heute jenseits unserer Wahrnehmung. Mit unseren Augen lassen sich die Differenzen zwischen den entscheidenden Zeitpunkten nicht mehr erfassen. Für diese Mikrowelt der Zeitordnung ist die Uhr am Handgelenk nicht mehr geeignet. „Die Uhr kommt aus der Mode, die Batterie erschöpft sich, das Handgelenk wird alt und runzelig" (Wassef 1991, S. 28).

Eine zweite technische Weiterentwicklung ist, neben der zunehmenden technischen Präzision, für die postmoderne Zeitauffassung von noch größerer Symbolik. Es ist die Digitaltechnik, die bei der Zeitmessung breite Anwendung findet. Diese Digitaltechnik erfaßt keine Zeitstrecken mehr, sie markiert Zeitpunkte. Die Zeiger der Analoguhren hingegen lassen es zu, Zeitstrecken wahrzunehmen. Dies verändert sich bei der Analogtechnik grundlegend. Das „Verfließen“ und das „Vergehen“ der Zeit, also der Bezug des zeitlichen Augenblicks zum Vorher und Nachher, der durchs Ziffernblatt noch erfahrbar ist, verliert in der Digitalanzeige seinen sichtbaren Ausdruck. Digitaluhren zeigen Zeitpunkte ohne Beziehung zum zeitlichen Zusammenhang an. Die Zeit wird zum Punkt, und das heißt, sie wird in radikaler Form vertaktet. „Die Symbole, mit denen sie Zeit ausdrücken, sind nicht wie bei Räderuhren ‚analoge‘ stufenlos vorrückende Zeiger ‚rund um die Uhr‘, sondern wechselnde ‚digitale‘ Signale, die auf Abruf in abgehackten Zeilen aufleuchten. Wie die Zifferblätter nicht mehr der runden Erde, ihre Zahlen nicht mehr den zehn Fingern ähneln, so verliert der Zeitpunkt die Entsprechung zum Augenblick, der Zeitablauf die Analogie zur Lebensgeschichte des Menschen. Auch die Bindung der Zeit an die Bewegungen von Himmelskörpern, an Sternstunde, Erdentag, Mondmonat und Sonnenjahr wurde aufgekündigt (...) Man mißt die Sekunde seit 1974 nach Atomschwingungen und unterteilt jede in eine Milliarde Nanosekunden, die mit Computern gezählt werden können. Sind das noch Zeitsymbole, die von Menschen auf ihre sozialen Beziehungen zugeschnitten wurden? Wir leben in einer Atomzeit, nicht mehr in einer Kalenderzeit“ (Borst 1990, S. 105). Wer wissen will, wie spät es ist, liest die Zeit heute am Computer und nicht mehr am Handgelenk ab.

Die Uhr ist nicht mehr länger jenes Medium, mit dem die gesellschaftliche Zeitordnung organisiert wird. Die Uhrzeit diente in der Moderne u. a. dazu, der staatlichen Einheit symbolischen Ausdruck zu verleihen und sie hierdurch auch abzusichern. Beispielsweise hatten die Württemberger und die Bayern im 19. Jahrhundert unterschiedliche Zeiten. Diese verschiedenen Zeitordnungen, die aber beide Uhrzeitordnungen waren, fungierten als wichtige zwischenstaatliche Abgrenzungsmerkmale. Die Uhren bestimmten durch ihre jeweiligen Zeitangaben die territoriale Einheit. Deshalb auch wurden sie mit Vorliebe weithin sichtbar an hohen Türmen angebracht. Ihre teilweise prunkvolle

Ausstattung, man denke nur an den venezianischen Uhrturm und die Uhr im Straßburger Münster, imponierte deren Betrachtern ehemals so, daß sie sich problemlos der Autorität der Uhrzeit und jener, die diese bestimmten, unterwarfen. Ähnlich vereinheitlichend wirkten Arbeitszeitregelungen in Unternehmen und auch die einschlägigen Vorschriften über Öffnungszeiten von Ämtern, Museen und Kaufhäusern. Solche „öffentlichen Zeiten" fanden ehemals in einer Vielzahl öffentlicher Uhren ihren überzeugenden Ausdruck. Das aber sind vergangene Zeiten.

Untrügliches Zeichen für eine Veränderung dieser modernen Zeitkultur ist das Verschwinden eben dieser öffentlichen Uhren. Ihre sozial integrierende Erziehungswirkung hat ausgedient. Ganz im Gegensatz zu den Weckern. Sie haben in den letzten Jahrzehnten eine steile Karriere gemacht. Die geforderte individuelle Zeitorientierung wird durch sie in entscheidendem Maße gestützt. Konnte noch bis weit ins 20. Jahrhundert hinein keine Kommune, die etwas auf sich hielt, ohne deutlich sichtbare öffentliche Uhr auskommen, so fehlt heute in keinem Schlafzimmer, ob in Hotels oder in Privatwohnungen, der individuell manipulierbare Radiowecker mit Digitalanzeige. Die Zeitorganisation ist zur Aufgabe der Einzelpersonen und damit zu einem Problem der Selbstdisziplinierung geworden. Weder an den Litfaßsäulen, noch an den U-Bahn-Eingängen und auch nicht mehr an den vielen Geschäftshäusern findet man Orientierung in der Vergänglichkeit des Tages. Man muß sich selbst, in welcher Form auch immer, zeitlich orientieren. Die Fähigkeit dazu wird als selbstverständlich vorausgesetzt.

Das mechanische Weltbild des Uhrwerkes hat seine orientierende Kraft eingebüßt. Der für die Moderne so symbolische Takt der Uhr ist nicht mehr das einzige Zeitmaß, das für das Leben und Arbeiten in der Postmoderne richtunggebend ist. Unregelmäßigkeit, Nicht-Linearität, Diskontinuität sind die Leitbilder der neuen Zeit. Sie benötigen andere, nicht mehr nur mechanisch gesteuerte und geregelte Formen der Zeitorientierung.

Individualisierung und Flexibilität sind angesagt. Die Individualisierung der Zeitmessung begann bereits mit dem Erfolg der zu Beginn des 20. Jahrhunderts auf den Markt gekommenen Armbanduhr. Jedes Schulkind besitzt inzwischen eine solche. Statistiker haben herausgefunden, daß in Japan inzwischen jeder Mann drei und jede Frau mittleren Alters sogar fünf Uhren besitzen, obgleich es dort vor hundertfünfzig Jahren noch nicht einmal ein Wort für die „Sekunde“ gab. In Deutschland dürfte das nicht viel anders aussehen. Damit ist die instrumentelle Ausstattung für die Individualisierung der Zeitordnung geschaffen. Die Flexibilisierung der Zeit hingegen wird durch die äußerst erfolgreiche Verbreitung der Wecker forciert. In einem unvergleichlichen Siegeszug haben sie die Nachtschränkchen der Nation erobert. Die heutigen flexiblen Arbeits- und Lebensverhältnisse sind ohne Wecker überhaupt nicht vorstellbar. Die Wecker erst haben die Erwartungen an ein flexibles Leben realistisch werden lassen. Wählbar sind heute der Zeitpunkt und häufig auch die Tonart des Weckrufes. Eine Vielfalt von zeitlichen, akustischen und auch ästhetischen Möglichkeiten steht dabei zur Auswahl. In Japan gibt es inzwischen sogar Wecker, die die Familienmitglieder persönlich ansprechen: „Aufstehn! Papa, schnell!“ Wir erleben es heute mehrheitlich als Freiheitsgewinn, jeden Abend neu entscheiden zu können, wann wir am nächsten Morgen das Bett verlassen und durch welches akustische Signal wir geweckt werden wollen. Dafür jedoch zahlen wir einen Preis. Der Wegfall von Routinen belastet uns unweigerlich mit zusätzlichem Entscheidungsstreß. Wer heute guten Gewissens aus dem Bett steigt oder dieses aufzusuchen gewillt ist, braucht ein Motiv. Das schlichte Naturereignis, daß die Sonne unter- oder aufgeht, reicht nicht mehr aus. Nicht einmal mehr, um unsere Kinder von dem Spiel mit dem schnellsten Haustier, der Computermaus, loszureißen.

Jahrtausendelang hat die untergehende Sonne der Menschheit den Weg in die Betten gewiesen, und die aufgehende Sonne hat sie dazu motiviert, diese wieder zu verlassen. Im letzten halben Jahrhundert hat, zumindest was den Beginn der Nachtruhe betrifft, der Sendeschluß des Fernsehens diese Funktion übernommen. Heute nun, wo die meisten Programme keinen Sendeschluß mehr kennen, müssen wir täglich selbst entscheiden, wann wir ins Bett gehen. Dadurch auch verschwindet so manches lästige Autoritätsproblem, das man ehemals mit jenen Personen hatte, die einem vorschreiben wollten, wann man schlafen durfte und wann man wach zu sein hatte. Was aber durch diese Freiheiten nicht gelöst wird, sind unsere Zeitprobleme. Nicht mehr mit Eltern und Vorgesetzten gilt es um die Zeit zu kämpfen, man muß dies mit den widerstrebenden eigenen Bedürfnissen und manchmal auch mit der Bedienungsanleitung des Radioweckers tun.

Die Zeitdisziplinierung wandert aus dem sozialen Raum in die Individuen hinein. Auch wenn alle ihre „eigene" Zeit haben und ihre „eigenen" Zeiten bestimmen können, von der Zeit befreit sind sie dadurch nicht. Auch nicht durch den derzeitigen Trend, die Einsatzmöglichkeiten der Uhren zu erweitern. Die Chronometer eines James Bond, die dieser üblicherweise bei seinen Hochgeschwindigkeitsaktionen nutzt, scheinen diesbezüglich das Vorbild abzugeben: Immer wieder rettet sich dieser durch eine technisch ausgefeilte Zusatzfunktion seiner Uhr vor gefräßigen Tieren und schußbereiten Feinden. Daß uns die Uhr vom Bösen befreien wird, ist zweifelsohne ein typisch moderner Mythos. Postmodern hingegen ist es, daß sie zu mehr als nur zur Zeitorientierung verwendet werden kann. Der Geschäftsführer von Citizen Watch Europe, der verständlicherweise zuallererst den Absatz seiner Uhren im Auge hat, beschreibt den Trend: „Es ist heute einfacher, eine zusätzliche Funktion in die Uhr zu integrieren, als in der Basistechnologie neue Durchbrüche zu erzielen" (Wirtschaftswoche Nr. 48/1997, S. 152). Praktisch geworden ist diese Analyse im eigenen Interesse inzwischen in vielfältiger Art. Man kann inzwischen Uhren mit Skipaß, mit internetfähigem Bildtelefon, mit Höhen- und Tiefenmesser, mit Kompaß, mit Thermometer und Pulsmesser und noch so manch anderer Zusatzfunktion auf dem Markt der Möglichkeiten erwerben.

Da sich vieles immer schneller ändert, gibt es im Rahmen des postmodernen Programmes selbstverständlich auch die Möglichkeit, vergangenen Zeiten nachzuhängen. Klassische Uhrenmodelle, als Antiquität oder als Reproduktion, finden daher heute eine breite Käuferschicht. Durch sie will man unter den Bedingungen des raschen Wandels den Anschluß an die Vergangenheit halten oder auch wiederfinden. Dies ist wahrscheinlich die einzige Möglichkeit, die Zeit und das Instrument, das diese mißt, in einen konsequenten Zusammenhang zu bringen. Uhren sind – als Zeitmesser zumindest – „in", weil sie „out" sind. Je weniger Uhren wir eigentlich benötigen, um so mehr scheinen wir sie zu brauchen: als Spielzeug, als mehr oder weniger demonstratives Schmuckstück und auch als Erinnerung daran, daß die Zeit einmal rund war – und das Leben auch.

Bei aller Vielfalt, bei aller Individualisierung und auch bei all der Flexibilität, so haben die postmodernen Zeitmesser doch ein zentrales Problem nicht gelöst: Es ist die Diskrepanz zwischen dem Freiheitsversprechen, mit dem all das Neue verbunden ist, und der anschließenden Enttäuschung, wenn wir dieses dann einzulösen versuchen. Heute gehen wir postmodern mit diesem Problem um, indem wir versuchen, durchs Denken über die Zeit und durchs Organisieren der Zeit aus den Zwängen der „Zeit" herauszukommen. Das gelingt nicht, und es wird auch nicht gelingen. Denn das Denken über die Zeit und das Organisieren der Zeit sind seinerseits von jener Zeithetze infiziert, der wir damit zu entfliehen versuchen.

Mit der Zeit beschäftigen wir uns mehr als je zuvor. Sie ist zum Thema Nummer eins geworden. Das Wort „Zeit" ist das meistgebrauchte Substantiv der deutschen Sprache und die telefonische Zeitansage die am häufigsten angewählte Telefonnummer. Die postmodernen „Zeitfreiheiten" und die dazu eingesetzten Zeittechnologien verringern aber nicht jene Herrschaft, die die Zeit über uns ausübt; vielmehr vollstreckt sie diese auf andere, manchmal auch tyrannische Art. Die Freiheit, zwischen unterschiedlichen Zeiten wählen und entscheiden zu können, ist nicht kostenlos. Unsicherheiten nehmen zu, Orientierungsprobleme wachsen, Selbstüberforderungssymptome werden offensichtlich. Befreit von Zeitzwängen landen wir schließlich bei anderen Zeitzwängen. Darauf machte bereits Goethe aufmerksam, der in seinen „Maximen und Reflexionen" mahnte: „Mit Ungeduld bestraft sich zehnfach Ungeduld; man will das Ziel heranzieh'n und entfernt es nur." Der Entwertungsprozeß von Routinen, von Traditionen, von Weltanschauungen liefert uns an den Fundamentalismus der steten Veränderung, den wir „Wandel" nennen, aus. Hat man nämlich einmal mit Veränderungen angefangen, lassen sich diese auch beschleunigen. Die Philosophie bzw. die Ideologie der postmodern gewordenen Industriegesellschaft heißt daher: Es gibt keine feste Wahrheit mehr. Es gibt nur mehr eine Wahrheit, die permanent, und dies immer rascher, unterwegs ist. Der Irrtum dieser „Weltanschauung" liegt jedoch darin, daß sie eine feste Wahrheit voraussetzt – nämlich die des steten, immer schnelleren, Wandels. So gesehen ist zu vermuten, daß der Aufwand an Zeit und Arbeit, den wir für die Entwicklung und die Bedienung unserer Zeitmeßgeräte aufwenden, nur eine Ersatzhandlung für die Sehnsucht ist, versöhnt in und mit der Zeit leben zu können. Die Uhren sagen uns nämlich nicht, was „Zeit" ist, sie sagen uns höchstens, daß es bereits zu spät ist, sich darüber Gedanken zu machen.

„Ich komm' ein wenig später": Das Ende der Pünktlichkeitsmoral

„Alle festen, eingerosteten Verhältnisse mit ihrem Gefolge von altehrwürdigen Vorstellungen und Anschauungen werden aufgelöst, alle neugebildeten veralten, ehe sie verknöchern können. Alles Ständische und Stehende verdampft, alles Heilige wird entweiht, und die Menschen sind endlich gezwungen, ihre Lebensstellung, ihre gegenseitigen Beziehungen mit nüchternen Augen anzusehen." Vor über hundertfünfzig Jahren prophezeiten uns dies Karl Marx und Friedrich Engels im „Kommunistischen Manifest". Was damals eine riskante Prognose war, ist heute erlebbare Realität. An der Entweihung einer der deutschen Mustertugenden, der Pünktlichkeit, läßt sich dies anschaulich beschreiben.

Wer sich von der Alltagshetze nicht mitreißen läßt und sich Zeit nimmt, etwas genauer hinzusehen, wird bemerken, daß heutzutage jene Menschen, die pünktliches Verhalten von anderen und von sich selbst verlangen, nicht mehr allzu jung aussehen. Für viele Jugendliche ist Pünktlichkeit anscheinend keine jener Werthaltungen mehr, die sie für besonders wichtig halten. Flexibilität erwarten sie, aber Pünktlichkeit? Warum eigentlich? Wozu? Zur Flexibilität gehört es zwar, daß man auch mal pünktlich ist, aber ebenso zählt es dazu, daß es kein Problem darstellt, wenn man es nicht ist. Wenn diese Beobachtung generalisierbar ist, dann geht das „Zeitalter der Pünktlichkeit" seinem Ende entgegen.

Dies war jene Epoche, in der die Erziehung zur Pünktlichkeit eines der wichtigsten Erziehungsziele war; sie dann auch im Alltag zu praktizieren war eine der am eindringlichsten erwarteten und geforderten Tugenden. Pünktlichkeitserziehung war ja nichts anderes als Erziehung zu Zeitdisziplin. Diese wurde für die Menschen von jenem Zeitpunkt an notwendig, als sie versuchten, sich von der Zeitordnung der Natur unabhängig zu machen. Ab diesem Augenblick galt es, sich zeitlich woanders als am Himmel zu orientieren. Etwa um 1770, als sich grundlegende Veränderungen in der Art der Arbeitsorganisation abzeichneten, wurde „Pünktlichkeit" zu einem öffentlichen Thema. Als „ordentlich" galt man von da ab, wenn man pünktlich war. Und pünktlich war man, wenn man die herrschaftlichen Zeitvorgaben einhielt. Dieser Sachverhalt verleitete Joseph Roth zur These, die Pünktlichkeit sei keine freie Willensfunktion, sondern eine Erfindung Friedrich Wilhelms I.

Westlund (1998 S. 102) beschreibt den Erziehungsprozeß, der Pünktlichkeit zum Ziel hat, als Phasenfolge mit acht Lektionen:

Lektion 1:	Lerne, die Uhr zu lesen!
Lektion 2:	Lerne, pünktlich zu sein!
Lektion 3:	Unterdrücke eigene Pläne / verschiebe Vergnügungen!
Lektion 4:	Setze (Uhr-)Zeit als gegeben voraus!
Lektion 5:	Verwende Zeit zur Ordnung des Alltags!
Lektion 6:	Wisse, daß Pünktlichkeit eine Tugend ist!
Lektion 7:	Zeit ist wertvoll! Behandle Zeit als Geld!
Lektion 8:	Habe den Wunsch nach mehr Zeit, um mehr erledigen zu können!

Durch diesen Erziehungsprozeß ist die Pünktlichkeit, die übrigens häufig mit Zuverlässigkeit verwechselt wird, zu einer der grundlegenden modernen Tugenden geworden. Dazu zwei informative Belege, die nicht einmal hundert Jahre alt sind. Der erste stammt aus dem „Enzyklopädischen Handbuch der Pädagogik" (hrsg. von W. Rein, 7. Band, Langensalza 1908, 2. Aufl., S. 137). Unter dem mehrspaltigen Stichwort „Pünktlichkeit" findet man dort folgenden Text:

„Das wirksamste Mittel, die Schüler an Pünktlichkeit zu gewöhnen, ist es jedoch, wenn des Lehrers Verhalten auch in dieser Beziehung vorbildlich ist, wenn er also in der Schule stets pünktlich, d. h. vor Beginn des Unterrichts erscheint, diesen zur festgesetzten Stunde beginnt, ebenso pünktlich schließt, die Pausen sorgfältig einhält, die schriftlichen Arbeiten zu festgesetzten Terminen aufgibt, einfordert und zurückgibt, wenn er die Bibliotheksstunden genau einhält, wenn er bei Ausflügen sich nicht um eine Sekunde verspätet, eher früher erscheint, und auch in der

Führung des Klassenbuchs, der Versäumnisliste usw. pünktlich ist. Wenn die Schüler in solcher Weise das Vorbild des Lehrers tagtäglich beobachten, so erwacht in ihnen ganz unwillkürlich der Drang, sein Vorbild nachzuahmen und die vorschriftsmäßigen Bestimmungen der Schule um so pünktlicher einzuhalten."

Nur wenig später publizierte ein hoher Staatsbeamter, der, aus welchen Gründen auch immer, anonym bleiben wollte, einen „Praktischen Ratgeber für alle, die in der Welt ihr Glück machen wollen, insbesondere für Beamte, Offiziere, Lehrer, Kaufleute und Angestellte aller Kreise" (Berlin, Nachdruck 1991). Der Autor geißelt auf den Seiten 161/162 die Unpünktlichkeit:

„Ein unpünktlicher Mann durchkreuzt unsere Pläne, verschwendet unsere Zeit, verursacht unangenehme Empfindungen und scheint uns sagen zu wollen, daß wir für ihn nicht wichtig genug sind, um pünktlich zu sein; aber der Fehler entspringt meistens aus einem Mangel am System, aus fehlerhafter Berechnung oder Unbedachtsamkeit beim Versprechen. Im Drang der Geschäfte kann es ja vorkommen, daß man nicht pünktlich sein kann".

In diesem zweiten Beispiel findet man einen interessanten Hinweis auf „das System", auf die Art der Geschäfte, bei denen der Grund für die Unpünktlichkeit liegen könnte. Eben diese Gründe sind es, die sich seit der Veröffentlichung dieses „Praktischen Ratgebers" entscheidend verstärkt haben. Die Geschäfte nämlich sind erheblich flexibler geworden: Anders ausgedrückt: Es kommt einem heute dabei öfters mal „'was dazwischen". Deshalb auch sind es neuerdings nicht mehr die Pünktlichen, sondern die Flexiblen, die im Berufsleben Karriere machen. Denn jene, die immer pünktlich sind, die kommen bei den flexiblen Zuständen und Situationen unserer Zeit immer häufiger zu spät. Wie etwa diejenigen nicht rechtzeitig kommen, die pünktlich zu Beginn des Sommer- oder Winterschlußverkaufstermins ein verbilligtes Kleidungsstück erwerben wollen. Sie müssen sich mit jenen Resten abfinden, die die Flexiblen übriggelassen haben. Den

Vorwurf, den sich Karl Roßmann vom Oberportier des Hotels Occidental in Kafkas Roman „Amerika" noch anhören mußte, er verhalte sich wie „eine schlecht gehende Uhr", den findet man heute fast nur noch in der Literatur. Eventuell vielleicht noch im Archiv der Weltfirma IBM, die unter dem Namen „International Time Recording Company" zu Anfang des 20. Jahrhunderts Stechuhren herstellte und diese mit dem Argument auf den Markt brachte, sie verbesserten die Pünktlichkeitsmoral. Heute hingegen ist IBM ein Vorreiter der Flexibilisierung sowohl bei den Produkten als auch bei der eigenen Arbeitsorganisation. Im Rahmen der geforderten Umstellungen auf flexible Verhältnisse liegen die Probleme viel eher dort, wo man mit den hinderlichen Spätfolgen der Pünktlichkeitserziehung zu tun hat. Umerziehung ist also angesagt.

Wenn kurzfristige Wechselfälle im Leben und im Arbeitsprozeß zunehmen, dann ist es wichtiger, auf das Unerwartete reagieren zu können, als an angelernten, situationsunabhängigen Tugenden festzuhalten. Wer ad hoc und spontan organisiert und variabel reagiert, kann nicht immer pünktlich sein. Nicht pünktlich, sondern am Punkt hat man zu sein. Kalkulierte und kalkulierbare Unpünktlichkeit tritt an die Stelle der ehemals moralisch hoch aufgeladenen Pünktlichkeitserwartung. Das „Nicht-pünktlich-Sein" ist schon allein deshalb kein strafwürdiger und verachtenswerter Tatbestand mehr, weil das Zuspätkommen in einer sich immer rascher verändernden Welt zum Normalzustand wurde. Kommen aber alle immer häufiger zu spät, läuft die Pünktlichkeitserwartung leer. Sie wandelt sich zur immerwährenden Hoffnung, früh genug zu spät zu kommen.

Unpünktlichkeit schließt nicht nur Kooperationschancen aus, sie eröffnet auch neue. Überall dort, wo detaillierte zeitliche Planung im Arbeitshandeln nur in geringem Umfang möglich ist, ist die Pünktlichkeitserwartung sinnlos. Dagegen sind dort Fähigkeiten gefragt, die es ermöglichen, sich in zeitlicher Offenheit zurechtzufinden. Wieweit wir uns inzwischen von traditionellen

Vorstellungen und Einstellungen entfernt haben, zeigt der Sachverhalt, daß es heute nur noch wenige Menschen als Kompliment empfinden, wenn man sie dafür lobt – wie dies von Kant immer wieder gesagt wird –, daß man die Uhr nach ihnen stellen könne.

Die Maxime postmodernen Zeithandelns ist, zum richtigen, nicht unbedingt zum vereinbarten Zeitpunkt zu erscheinen. Das nun ist nicht etwa ein Verfall der Zeit-Moral, das ist eine andere Zeit-Moral. Wer diese vertritt, kann sich auf Oscar Wilde berufen, der uns darauf aufmerksam machte, daß uns die Pünktlichkeit die beste Zeit stiehlt. Die Probleme mit der Unpünktlichkeit nehmen also heute ab. Das entlastet viele. Dafür wächst die Befürchtung, nicht an jedem Ort und zu jeder Zeit die Telefonnummer des gewünschten Gesprächspartners zur Hand zu haben.

Wer aber trotzdem weiterhin großen Wert auf Pünktlichkeit legt, wird viel alleine sein.

„Laßt tausend Zeiten blühen“: Die Entmachtung der Uhrzeit

Der zweistündige Tagesausflug

Seitdem es Uhren gibt, gibt es auch unterschiedliche Uhren. Deren Vielfalt hat sich im Laufe der Zeit in extremer Art und Weise vergrößert. Dafür gibt es verschiedene Gründe. Naheliegend ist der Sachverhalt, daß Uhren, wenn sie „richtig“ gehen, alle die gleiche Zeit anzeigen. Weil es für die Uhrzeit nur einen einzig gültigen Maßstab gibt, brauchen wir, um trotzdem Unterschiede machen zu können, verschiedene Uhren. Die ästhetische Differenz macht die Standardisierung des Zeitmaßes erträglich. Obgleich wir in und auch nach der gleichen Zeit wie unsere Nachbarn, unsere Arbeitskollegen, unsere Freundinnen und unsere Feinde leben, wir unterscheiden uns von ihnen durch unsere Uhren. Das macht die Gleichheitszumutung, die durch die Vereinheitlichung des Zeitmaßes provoziert wird, erträglicher. Dies funktioniert aber nur dort, wo sich die Standardisierung der Zeit als nützlich und sinnvoll erweist. In der Moderne war das der Fall. Für die Postmoderne gilt dies nur mehr eingeschränkt.

Die Schattenseiten des bisher handlungsbestimmenden einheitlichen Uhrzeit-Maßes werden heute offensichtlich. Mit den Deregulierungs- und Flexibilitätsmaximen sind ökonomische Wachstums- und lebensweltliche Freiheitshoffnungen verknüpft. Mit diesen aber steht auch die einheitlich regulierte und inflexible Zeit der Uhr zur Disposition. Wenn alles so ist, wie es ist, alles aber auch anders sein könnte, dann gilt dies auch für die Uhrzeit; dann verlieren die Zeiger ihr bisheriges Monopol bei der Zeitansage. Alternativen erscheinen plötzlich möglich; und sie werden auch gesucht. Neue, manchmal überraschende und verwirrende, aber auch anregende Fragen sind zu hören: Liefert das Zeitmaß der Uhr nicht vielleicht zu einengende, zu wenig flexible Vorgaben für das individuelle, das soziale und das gesellschaftliche Handeln? Sind Pünktlichkeit, Berechenbarkeit und Exaktheit, die Maximen der Uhrzeit, für die Gestaltung produktiver Lebens- und Arbeitsprozesse auch weiterhin sinnvolle Orientierungsmarken? In welchem Ausmaß schränkt die Uhr die Möglichkeiten des Handelns und des Erkennens ein? Solche Fragen entstehen nicht ohne Erfahrungshintergrund.

Die demonstrative Gleichmäßigkeit des Zeitverlaufs der mechanischen Uhren, deren Unabhängigkeit vom Wetter, ihre Ignoranz gegenüber Helligkeit und Dunkelheit und ihre Distanz zu den wechselnden Jahreszeiten, verleitet immer wieder zu folgenschweren Illusionen. Nicht selten fallen wir der unrealistischen Vorstellung zum Opfer, die Zeit sei geregelt, sie sei berechen- und in kleinste Abschnitte aufteilbar. Spätestens wenn wir das Leben leben wollen, erfahren wir, daß es sich auf der Basis dieser Prinzipien nicht organisieren läßt. Das Leben kann man nicht so einrichten „wie der Turner den Handstand“ (Kafka). Wer die Tage, die Monate, die Jahre ausschließlich nach der Uhrzeit plant und realisiert, schränkt das Leben in seinen Entfaltungsmöglichkeiten entscheidend ein. Die Uhr ist, obgleich wir immer wieder sagen, sie „geht", ein toter Gegenstand. Eine Gesellschaft, insbesondere aber eine Wirtschaft, die auf entwicklungsorientiertes und schöpferisches Denken und Handeln angewiesen ist, kann nicht ausschließlich der Logik des gleichmäßigen und des gleichmachenden Uhrentaktes folgen.

Allzusehr haben sich die Menschen in Mitteleuropa und in Nordamerika, zunehmend aber auch in den übrigen Ländern der Welt an die Scheinautorität der Uhrzeit gewöhnt. Verloren ging dabei der Blick auf die Möglichkeiten einer zeitlichen Vielfalt und der auf alternative zeitliche Handlungsformen. So schauen wir, wenn wir auf die „Zeit" schauen, reflexhaft auf die Uhr, und wenn wir jemandem „Zeit" schenken wollen, gehen wir in ein Uhrengeschäft. Das ist in flexiblen Zeiten ziemlich unflexibel.

Für die Physik hat vor hundert Jahren Albert Einstein die absolute Zeit, deren Grundlagen Newton ehemals ausgearbeitet hatte, von ihrem Thron gestoßen. In seiner Relativitätstheorie bewies er, daß Uhren in bewegten Systemen unterschiedlich schnell laufen – falls diese Systeme verschiedene Geschwindigkeiten haben. Uhren in schnellen Systemen sind langsamer als Uhren in langsameren Systemen. Durch diese bahnbrechende Erkenntnis wurde die Uhrzeit relativiert, es gab von da an nicht mehr nur die Einheitszeit. Der Lauf der Uhr, so Einsteins Beweis, ist abhängig von deren Position im Raum.

Auf unseren Alltag hat diese Erkenntnis der Relativität der Uhrzeit bisher jedoch wenig Auswirkungen gehabt. Die Stunde hat immer noch sechzig Minuten, auch wenn inzwischen in einzelnen Schulen der Tagesausflug nur mehr zwei Stunden dauert, auch wenn in so manchem Urlaub das vierzehntägige Heilfasten in fünf Tagen abgewickelt wird oder wenn, wie kürzlich von den Medien behauptet, in einem einzigen Jahr zwei

Jahrhunderthochwasser stattfinden. Eben dies sind Indizien, daß die Zeit ins Schwimmen gerät. Man muß nur etwas genauer hinsehen: Im Veranstaltungsprogramm einer mehrtägigen Zeittagung wird man beispielsweise durch die Bemerkung: „Open-End gegen 16.00 Uhr" irritiert, und bei der Suche nach einem Eßlokal durch die mehrdeutige Information: „Spargelwochen ab 17.30".

Wer die Zeichen sieht und zu deuten weiß, erkennt, daß sich etwas Entscheidendes zu ändern beginnt. Die Uhren verlieren ihren angestammten Platz im öffentlichen Raum. Dies ganz real. In und an den Bahnhöfen hatten und haben sie bis heute einen herausgehobenen Ort, während man sie in den Verkehrsknotenpunkten der Postmoderne, auf den Flughäfen, wenn überhaupt, nur noch nach längerem Suchen entdeckt. In den Kommunikationskathedralen der neuesten Welt, in den die Uhren- und Kirchtürme weit überragenden Bankzentralen, sucht man vergeblich nach sichtbarer Zeitorientierung. Großfirmen schaffen in diesen Tagen ihre vor einigen Jahren eingeführten Stechuhren wieder ab und entfernen die Wanduhren aus den Büros. Die Stadtverwaltungen verzichten auf die Uhrenmontage an U-Bahn-Eingängen, bauen alte Uhren ab oder unterlassen deren Reparatur, wenn diese defekt sind. Die Rationalität der Uhrzeit scheint für unsere telematische Gesellschaft nicht mehr das wichtigste Orientierungsmittel zu sein. „Das eherne Gehäuse der Hörigkeit" (Max Weber), in dem die Zeit der Uhr ehemals einen zentralen Platz einnahm, zerbricht. 1955 notierte Einstein in einem Brief, daß die Zeit, insbesondere die Unterscheidung zwischen Vergangenheit, Gegenwart und Zukunft, „nur die Bedeutung einer wenngleich hartnäckigen Illusion" hat. Allzu hartnäckig scheint diese Illusion nicht mehr zu sein. Der ehemals feste Glaube an die allmächtige Uhrzeit schwindet. Fiel es noch vor hundert Jahren großen Teilen der Bevölkerung schwer, das Leben nach der Uhrzeit auszurichten, so leiden viele Leute daran, auf diese verzichten zu müssen. Hat die Uhr ihre Schuldigkeit getan? Ist die Zeit der Uhrzeit abgelaufen? Zerbricht das Uhrzeit-Monopol an seinem flächendeckenden Erfolg? Stehen wir vor dem „Uhr-Knall“?

Das Ende des Zeitvorsprungs

Die absolute Herrschaft der Uhrzeit gründet sich maßgeblich auf deren unumstrittenen Beitrag zur Beschleunigung der Lebens-, besonders aber der Arbeitsverhältnisse. Zwar haben auch die Dampfmaschine, die Elektrizität, der Düsenantrieb und die Lasertechnik zur Beschleunigung beigetragen, aber die Uhr nimmt innerhalb dieser Dynamik eine besondere Rolle ein. Mit ihrer maßgeblichen Unterstützung wurden die Beschleunigung und besonders die Beschleunigung der Beschleunigung meßbar, kontrollierbar und weitgehend auch beherrschbar. Das Uhrzeitmaß trat an die Stelle kosmischer und natürlicher Maße. Erst mit Hilfe der Uhrzeit ließ sich Zeit gewinnen und verlieren, so daß sich die Leidenschaft der mitteleuropäischen Gesellschaften speziell auf die Realisierung von Zeitgewinnen und die Vermeidung von zeitlichen Verlusten konzentrierte. Diesbezüglich war man höchst erfolgreich. So erfolgreich, daß man heute am Ende der Beschleunigungsmöglichkeiten angekommen ist.

Mit nicht mehr zu überbietender Lichtgeschwindigkeit geschieht heute der Transport unserer wichtigsten Wirtschaftsgüter, der Informationen.

Als dynamisches Prinzip dieses Beschleunigungsprozesses bis an sein natürliches Ende fungierte die von Benjamin Franklin vor mehr als zweihundert Jahren postulierte Verrechnung von Zeit in Geld. Unter Wettbewerbsbedingungen hieß diese Formel jedoch nie „Zeit ist Geld“, sondern „Zeitvorsprung ist Geld“. Der Zeitvorsprung nämlich war es und ist es, der über Gewinn und Verlust, über Erfolg oder Konkurs entscheidet. „Die ‚chronisch immer sich selbst gleiche Sorge‘ des Kapitaleigners, termingerecht und möglichst schneller zu produzieren und zu liefern als seine

Konkurrenten, die Sorge um den Zuwachs von Gewinn durch den Vorteil, ‚eher am Markt' zu sein, läßt die Zeit zur knappen Ressource werden" (Elias 1976, S. 337).

Diese Ressource ist ausgeschöpft. Zeitvorsprünge wurden auf der Grundlage des Uhrzeit-Maßes festgestellt, berechnet und profitabel gemacht. So etwa hat sich die Familie Thurn und Taxis durch die Beschleunigung der Post, die sogenannte „Schnellpost", ein stattliches Vermögen erlaufen. Und von den Rothschilds wird berichtet, daß sie durch den Informationsvorsprung mittels Brieftaubeneinsatz zu ihrem Reichtum an den Börsen gelangten. Dies jedoch sind vergangene Zeiten. Die Beschleunigung findet heute nicht mehr durch den geschickten Einsatz von schnellen Tieren statt, dafür ist sie „tierischer" geworden. Nicht die Natur, die Technik wurde herausgefordert. Heute sind wir, dank dieser technischen Errungenschaften, am Ziel angekommen. Das Ende der Beschleunigungsmöglichkeiten ist erreicht. Die Börsenereignisse in New York werden gleichzeitig, in sogenannter „Echtzeit", in Frankfurt, in Buenos Aires, in Moskau und Tokio wahrgenommen. Es gibt also keinen Informationsvorsprung, keinen durch räumliche Distanzen verursachten Zeitunterschied mehr. Es ist die Lichtgeschwindigkeit, die uns allen den in der Moderne nicht gekannten Zwang zum „genug" auferlegt. Das von Galilei ehemals in Gang gesetzte Programm, alle Beschleunigungsmöglichkeiten zu realisieren, ist abgeschlossen. Von weiterer Beschleunigung ist daher in Zukunft kein Impuls für das wirtschaftliche Wachstum mehr zu erwarten. Sie ist nicht mehr länger ein Instrument, um Wettbewerbsvorteile zu erlangen. Durch die Informationsübertragung mit Lichtgeschwindigkeit sind wir zur gleichen Zeit überall zugegen und – potentiell wenigstens – auch über alles gleichschnell informiert. Da der Zeitvorsprung technisch zunichte gemacht wurde, gibt es für die Uhren nichts mehr zu messen. Aus Zeitvorsprüngen, die nicht existieren, kann auch kein Profit gezogen werden. Für jene, die mit Lichtgeschwindigkeit konkurrieren, ist es sinnlos geworden, schneller als der Konkurrent sein zu wollen. Es gewinnen alle oder, was wahrscheinlicher ist, keiner.

Wenn Zeitvorsprünge für Geldgewinne maßgeblich verantwortlich sind und eben dieser Zeitvorsprung grundsätzlich nicht mehr realisierbar ist, dann stellen sich neue und überraschende Fragen: „Gibt es andere Zeitformen, die profitabel gemacht werden können?" „Existieren jenseits der Uhrzeit Zeiten und Zeitmaße, die für die Entwicklung der Gesellschaft, der Kultur und der Ökonomie nützlich sein könnten?" Oder noch radikaler: „Wie sähe eine Welt und wie sähe deren Wirtschaft aus, die sich nicht mehr an der Uhrzeit orientierten?" Sollten wir nicht nur zwischen verschiedenen Uhren, sondern auch zwischen unterschiedlichen Zeiten wählen können?

Hans Blumenberg (1987, S. 137) regt uns in seinem „Lob des Umwegs" an, Antworten auf solche Fragen zu suchen. Er macht in seinem kurzen Text auf das Unproduktive der kürzesten Strecke aufmerksam.

„Nur wenn wir Umwege einschlagen, können wir existieren. Gingen alle den kürzesten Weg, würde nur einer ankommen. Von einem Ausgangspunkt zu einem Zielpunkt gibt es nur einen kürzesten Weg, aber unendlich viele Umwege. Kultur besteht in der Auffindung und Anlage, der Beschreibung und Empfehlung, der Aufwertung und Prämierung der Umwege. Nicht jeder erlebt alles, wenn auf Umwegen gegangen wird; dafür aber auch nicht alle dasselbe, wie wenn auf dem kürzesten Weg gegangen würde. Andersherum: Alles hat Aussicht, erlebt zu werden, wenn es gelingt, alle auf Umwegen gehen zu lassen. Die Welt bekommt Sinn durch die Umwege der Kultur in ihr." Und nicht nur „Sinn", so möchte man Blumenberg ergänzen, sie wird auch größer und auch wirtschaftlich attraktiver. Christoph Kolumbus hat es uns vorgemacht, er wollte auf Umwegen nach Indien und entdeckte dabei Amerika. Der Umweg hat sich – dies allen zeitsparenden Unternehmern ins Stammbuch geschrieben – rentiert.

Der Sohn des Präsidenten der weltbekannten Uhrenfirma „Swatch" Nicolas Hayek jun. präsentiert unter der suggestiven Überschrift „Revolte gegen die Zeit" in der Neujahrausgabe 1999 der Wochenzeitung „Die Zeit" ein neues Zeitmaß fürs Leben, Arbeiten und Surfen im Internet. Dessen Charakteristikum ist es, daß auch der allerletzte Bezug zu kosmischen Zyklen und natürlichen Rhythmen getilgt wird. Der Tag wird nicht mehr in Stunden, Minuten und Sekunden eingeteilt, die Woche nicht mehr in Tage, der Monat nicht in Wochen und das Jahr auch nicht mehr in Monate. Vorgeschlagen wird das Internet-Zeitmaß „Beat". Hayek wörtlich dazu: „Das Netz ist abstrakt, es gibt keinen Morgen und keine Nacht. Es ist eine Welt ohne Grenzen, in der es keine Rolle spielt, wo der Kommunikationspartner sitzt. Wenn ich jemanden morgen im Internet treffen will, dann fragt der andere: Moment, um 14.00 Uhr? Wo bist du eigentlich? Und wir müssen über etwas kommunizieren, das völlig unlogisch ist in diesem System. Wenn ich ihm sage, wir treffen uns um 500 Beats, ist das unmißverständlich. Und es ist meine persönliche Angelegenheit, zu wissen, welche Tageszeit bei mir ist. Die Beats sind ein Hilfsmittel, um das Leben in dem System Internet ein wenig zu vereinfachen."

Können und sollen wir jetzt die uns liebgewonnenen Zeitmaße Sekunde, Minute, Stunde und schließlich auch noch den Tag vergessen? Sind es die Beats, die uns in die Welt der Bits katapultieren? Auf jeden Fall scheint das, was wir bisher als ‚Weltzeit' bezeichneten, fürs Internet-Zeitalter nicht mehr viel zu taugen. Allem Anschein nach ist die Einteilung der Welt in 24 Zeitzonen, die 1894 auf den Weg um den Globus gebracht wurde, für den Vereinheitlichungsbedarf des Internets ungeeignet. Zu sehr tragen solche Territorialzeiten noch die Spuren des Ortszeitalters, bei denen nationale Grenzen mit Zeitgrenzen zusammenfielen. Die Zeit der Zeitzonen scheint abgelaufen. Zeitimpulse statt Zeitzonen, das ist die konsequente Weiterentwicklung jener zeitlichen Vereinheitlichungstendenz, die mit der Verbreitung der mechanischen Uhr und der damit zusammenhängenden Mentalitätsentwicklung ihren Siegeszug angetreten hat. Wenn mit Lichtgeschwindigkeit in globalem Ausmaß, also distanzlos, informiert, kommuniziert, gehandelt und produziert wird, dann ist das mühevolle Synchronisieren von unterschiedlichen Uhrzeiten nur mehr lästig. Zudem ist es überflüssig, wenn alles gleichzeitig überall geschieht. Werden die Grenzen aufgelöst oder lösen sie sich von selbst auf, dann hat die Uhrzeit als Symbol territorialer Abgrenzung ausgedient. Die Systemzeit des Internets löst sie ab. Daß dafür ein englischsprachiger Ausdruck benutzt wird, liegt in der Logik der Absicht.

Die Beats sind, wie das Englische, inzwischen auch ein postmodernes Esperanto. Der Neuigkeitswert dieses Zeit-Esperantos hält sich aber in Grenzen. Die Internet-Zeit ist nämlich in vielerlei Hinsicht nichts weiter als eine auf den neuesten Stand gebrachte Uhrzeit. Auch sie dient der Beschleunigung. Auch sie fördert, wie die Uhrzeit, die Abstraktion. Profitable Zeitrationalisierung ist das Ziel dieser Internet-Zeit. Wiederum sind es die Händler, die die Ablösung des Zeitmaßes vom Zyklus des Wechsels von Tag und Nacht und jene vom identifizierbaren Territorium betreiben. So wie es auch die Kaufleute waren, die für die Verbreitung der Uhrzeit vor fünfhundert Jahren sorgten. Die totale und die globale Vernutzung der Zeit ist das Ziel. Das macht die Internet-Zeit als Neuheit interessant, läßt sie aber bei näherem Hinsehen alt aussehen. Heute, wo alles noch schneller und früher auf uns zukommt, aber auch ebenso hastig wieder verschwindet, beschleunigt sich der „alte“ Takt. Genau dafür wurden die Beats entwickelt. Zumindest ist der Name dieser neuen Zeitrechnung gut gewählt.

Das Ende des Uhrwerkdenkens ist aber noch lange nicht die Befreiung vom Takt. Im Falle der Internet-Zeit ist es nicht mehr als die Vernichtung einer der letzten Chancen, das Leben rhythmisch zu gestalten. Die Restbestände der Anschaulichkeit entfallen. Wenn die Freiheit, so eine Definition von Thomas Hobbes, „nichts anderes (ist) als die Abwesenheit von allem, was die Bewegung hindert" (1959, S. 170), dann hat man mit dieser neuen Zeitrechnung, die den Tag in tausend Schläge einteilt, zweifelsohne einen Schritt nach vorne gemacht. Verhaftet aber bleibt sie den traditionellen abendländischen Rationalitätskriterien. Den gesamten Globus taktförmig zu organisieren, das mag ein „Fortschritt" sein, eine „Revolte gegen die Zeit" ist es jedoch nicht. Es sei denn, Revolten würden jene Entwicklungen und Tendenzen in konsequenter Art und Weise weiterführen, die bereits existieren. Daher ist das Innovationspotential der Internet-Zeit, wie immer sie auch aussieht und in welcher Form sie die Zeit einteilt, sehr begrenzt. Sie wird, wenn überhaupt, zu einem unter mehreren zukünftigen zeitlichen Orientierungsmustern werden. Aber sie vermag, und das ist nicht wenig, die Menschen daran zu erinnern, daß die Zeitordnungen von ihnen selbst gemacht werden, und daß man sich auch ganz andere Zeiten, andere Zeitmaße und Zeitordnungen ausdenken und diese realisieren kann. Es muß ja nicht gleich der 28-Stunden-Tag sein.

„Wo der Glaube tausend Jahre gesessen hat, eben da sitzt jetzt der Zweifel" (B. Brecht).

Kunst gegen Zeit

Es waren die Künstler, die, u. a. angeregt durch Einsteins Relativitätstheorie, den Zusammenbruch der Uhrzeit-Doktrin als Gelegenheit nutzten, mit der Zeit zu experimentieren. Am bekanntesten sind die auf den ästhetischen Minimalstandard jeder Zeitpublikation heruntergekommenen fließenden Uhren von Dalí. Sie können als Protest gegen die chronologische Zurichtung des Alltags verstanden werden.

Wie Dalí, so rebellierte auch Joseph Beuys Anfang der fünfziger Jahre in seinem Objekt „2 Wurfkreuze mit Stoppuhren auf Pflockkreuz“ gegen die Diktatur des beschleunigten mechanischen Zeittaktes. Artur Köpcke von der Künstlergruppe Fluxus kreierte 1965 ein Objekt mit dem Titel „What's the time“, bei dem er eine Sanduhr, einen Wecker ohne Zeiger und eine Armbanduhr ohne Uhrwerk nebeneinanderlegte. „A quarter to what?“ nennt Matthew Mc Caslin sein Wandobjekt mit Normuhr, Lampe und wirren Kabelleitungen.

Neuerdings sind es Künstler, wie Karl Weibl, Eckkeland Götze, Juliane Stiegele und Walter Siegfried – u. a. auch durch das Projekt „Ökologie der Zeit“ angeregt –, die mit ihren Objekten, Bildern und Performances unseren alltäglichen Umgang mit der Zeit in kreativer Art und Weise problematisieren. Ihre Kunstwerke transportieren die Botschaft des amerikanischen Soziologen Daniel Bell: „Das technische Zeitalter steht unter dem Zeichen der Uhr. Wenn dem so ist, dann läuft das Uhrwerk ab.“

Bevorzugtes Thema der Kunst des 20. Jahrhunderts ist der Protest gegen die einseitige „Verbetriebswirtschaftlichung“ der Zeit sowie jener gegen die Beschränkungen, die uns die Uhr und ihr mechanischer Takt auferlegten. Die Künstler öffnen den Blick für die Vielfalt der Zeiten. Sie leisten sich jene Ausschweifung des Geistes, zu deren Eindämmung die Uhr genutzt wird. Sie revolutionieren unsere Sicht- und Denkweisen mit ihrer kreativen Symbolik.

„Unablässig stellen die Menschen einen Schirm her, der ihnen Schutz bietet, auf dessen Unterseite sie ein Firmament zeichnen und ihre Konventionen und Meinungen schreiben; der Dichter, der Künstler aber macht einen Schlitz in diesen Schirm, er zerreißt sogar das Firmament, um ein wenig freies und windiges Chaos hereindringen zu lassen und in einem plötzlichen Lichtschein eine Vision zu rahmen, die durch den Schlitz erscheint“ (Deleuze 1996, S. 241).

Das mechanistische Weltbild des Uhrwerkes, das die Berechenbarkeit, die Kontrolle und die Linearität zum Glaubensbekenntnis der Moderne gemacht hat, ist in seiner Produktivkraft erschöpft. Die geforderten und erwünschten kreativen Kräfte und Energien (der Jargon der Ökonomie nennt dies „Innovation") sucht man heute im Nicht-Linearen und eher bei widersprüchlichen und chaotischen Phänomenen. Für Zusammenhänge, die aus nicht-linearen Elementen bestehen und wiederum nicht-linear aufeinander wirken, ist das Muster der Uhrzeit, wenn überhaupt, nur mehr sehr begrenzt nutzbar. Es ist zu schlicht, zu wenig komplex. Die Uhr hat die Funktion, Ungewißheiten und Unschärfen zu reduzieren. Das aber sind jene Phänomene, die heute als Produktivkräfte erkannt und genutzt werden. „Transformation", das Schlagwort des 20. Jahrhunderts, benennt ja nicht nur die Veränderungen gesellschaftlicher und ökonomischer Verhältnisse, es bezeichnet auch das Unsicherwerden unseres Umgangs mit der Zeit und deren Ordnung. „Bekanntlich", so Borges (o. J., S. 112), „existiert keine Klassifikation des Universums, die nicht willkürlich und mutmaßlich ist. Aus einem sehr einfachen Grund: wir wissen nicht, was das Universum ist." Deshalb können wir auch nicht sicher sein, was Zeit ist und wie diese zu ordnen wäre.

Die Welt ist vielfältiger und differenzierter als die Uhr, und sie ist weit komplizierter als jene behaupten, die ihre Zeit ausschließlich an der Uhr ausrichten. Der Ironiker Lichtenberg hat vor langer Zeit bereits darauf aufmerksam gemacht: „Ich wette hundert gegen eins, wenn eure Taschenuhren eure Vernunft hätten, es würde keine mit der anderen gleichgehen." Muß auch nicht sein, könnte man mit Johann Gottfried Herder antworten, denn „eigentlich hat jedes veränderliche Ding das Maß seiner Zeit in sich; dies besteht, wenn auch kein anderes da wäre; keine zwei Dinge der Welt haben dasselbe Maß der Zeit – es gibt also (man kann es eigentlich und kühn sagen) im Universum zu einer Zeit unzählbare viele Zeiten". Ein Denken und Handeln, das durch den uhrwerkartigen Mechanismus bestimmt ist, der ja ausschließlich technische Gleichmäßigkeit produziert, kann die Produktivkräfte des Widersprüchlichen und des Paradoxen nicht fruchtbar machen. Im Gegenteil, diese werden hierdurch vernichtet. Gesellschaften, die sich mit Unterstützung mechanischer Uhren stetig darum bemühen, alles unter Kontrolle zu bringen, und möglichst vieles zu vereinheitlichen, blockieren sich in ihren Entwicklungsmöglichkeiten und ihren Handlungschancen. Soll das postmoderne „Spiel der vielen Möglichkeiten" wirklich produktiv werden, dann müssen auch die Regeln dieses Spiels zur Disposition stehen. Dazu gehört zuallererst die Zeit und deren Maße. Wenn alle Sinnsysteme zeitlich begrenzt sind, so gilt dies schließlich auch für unsere Vorstellungen von dem, was wir „Zeit" nennen. „Ist die Uhr erst ruiniert, treibt es sich ganz ungeniert", hätte Wilhelm Busch gereimt. So wird in Zukunft an die Stelle einer einzigen Zeit, die für alle gleich ist, die Gleichzeitigkeit unterschiedlicher Zeiten treten.

Nur unverbesserliche Optimisten würden das jedoch ohne jede Einschränkung begrüßen. Die Ablösung unserer modernen Zeit-Vorstellung durch andere Zeitkonzepte ist nicht nur als ein Akt der Befreiung zu sehen und zu bewerten. Unübersehbar wächst dadurch auch die Gefahr, daß wir zu Orientierungswaisen und zu Nomaden der Zeit werden. Mehr Sicherheit erlangen wir durch eine Vielfalt von Zeitmaßen jedenfalls nicht. In einer Gesellschaft, die die Zeit und die Zeitverwendung bisher auch immer dazu nutzte, Herrschaft auszuüben, ist die Abschaffung der Uhrzeit als allseits akzeptierte Letztinstanz des Zeit-Geschehens durchaus auch mit Skepsis und Vorsicht zu begleiten. Stehen die Zeitmaße zur Selbstbedienung zur Verfügung, dann sind damit die bestehenden gesellschaftlichen Ungleichheiten und Ungerechtigkeiten nicht außer Kraft gesetzt. Vielmehr strukturieren diese Ungleichheiten auch die Selbstbedienung der Zeitmaße im

Sinne derer, die Einfluß, Macht und Herrschaft ausüben. Deshalb ist es auch verständlich, wenn Betriebsräte, die ehemals bei der Einführung von Stechuhren in den Betrieben protestierten, dies neuerdings auch bei deren Abschaffung tun. Die Uhrzeit war immer Freiheitsversprechen und Zwangsmaßnahme gleichzeitig. Ihre Abschaffung ist es nicht minder.

Zwang und Selbstzwang

Die Menschen waren im Laufe der Geschichte immer wieder bemüht, sich mit technischen Mitteln von den räumlichen und den zeitlichen Einschränkungen ihrer Bewegungsmöglichkeiten zu befreien. So etwa durch die Erfindungen des Rades, der Dampfmaschine, des Düsentriebwerks und nicht zuletzt der mechanischen Uhr. Nun weiß man nicht erst durch die literarische Figur des Zauberlehrlings, daß größere räumliche und zeitliche Unabhängigkeit von innerer und äußerer Natur in den allermeisten Fällen mit einer wachsenden Abhängigkeit von eben jenen technischen Erfindungen und Entwicklungen einhergeht, die zur Vermehrung der Freiheit entwickelt werden. Heute sieht die gewonnene Freiheit so aus, daß wir kaum mehr von der Natur, ebensowenig von kosmischer Zyklizität und auch in geringerem Maß durch soziale und personelle Herrschaft in unserem Denken und Handeln eingeschränkt werden. Dagegen müssen wir uns, wie niemals zuvor in der Geschichte, selbst beherrschen. Die Geräte, die Techniken und die Technologien werden gleichsam zu einem Teil von uns selbst. Die Uhr ist ja nicht nur ein Zeitmeßgerät, sie ist auch eine moralische Instanz im Hinblick auf unser Verhalten. Nur weil es die Uhr gibt, sehen wir uns bei verpaßten Verabredungen gezwungen, Entschuldigungen auszusprechen oder eine Ausrede zu suchen. Nur durch die Uhrzeit kommen wir andererseits in einer bestimmten Art und Weise miteinander in Kontakt oder vermeiden eben diesen. Wildfremde Menschen sprechen uns auf der Straße an und fragen nach der Zeit. Andere sehen wir nicht, weil wir keine Termine für sie reserviert haben. Gespräche werden mit der Formel: „Entschuldigen Sie, aber ich muß jetzt noch etwas erledigen“ abgebrochen. Andere hingegen kommen zustande, weil man Uhrzeit dafür reserviert hat, die man dritten wiederum verweigert.

Mit Uhren und Terminkalender beherrschen wir unser Verhalten, unsere Affekte und unsere Bedürfnisse. Mit ihnen machen wir das, was Freud „die Umsetzung von äußerem Zwang in inneren Zwang“ nennt. Immer weniger werden wir durch andere gezwungen, das zu tun, was diese wollen, statt dessen müssen wir uns immer mehr selbst zwingen, das zu tun, was andere wollen. Das ist zweifelsohne ein Zuwachs an Freiheiten, die ganz große Freiheit ist es aber nicht. Diese wird auch dann nicht ausbrechen, wenn wir uns von den Zwängen der Uhrzeit gelöst haben. Längst sind wir ja dabei, diese Freiheiten zu testen. Immer seltener werden für Verabredungen Uhr-Zeitpunkte festgelegt. Man verspricht – zeitlich offen –, sich anzurufen. Hat man sich dann trotzdem mal zu einem bestimmten Uhr-Zeitpunkt verabredet, erwartet man nicht mehr zwingend pünktliches Erscheinen. Vielmehr erwartet man, daß man beim Zuspätkommen informiert wird. Das mobile Telefon, liebevoll „Handy“ genannt, ersetzt die Uhr als Informations- und Orientierungsmedium. Es ist flexibler, und es macht flexibler. Schon ist es keine Seltenheit mehr, daß Klienten, die im Stau stehen, bei ihrem Therapeuten mobil anrufen und ihn bitten, doch mit der Therapie via Netz schon einmal zu beginnen. Der postmoderne Mensch braucht keine fixen Zeitpunkte mehr, eigentlich benötigt er auch keine Uhr mehr – es sei denn, er nutzt deren vielfältige Zusatz-Funktionen: er braucht Telefone und davon möglichst viele. Pünktlichkeit wird durch Erreichbarkeit ersetzt. Sozial diskriminiert sind nicht mehr länger die Unpünktlichen, es sind jene, die nicht permanent zu erreichen sind. Karl Valentin muß diese Entwicklung geahnt haben: „Herr Valentin, können Sie mir vielleicht sagen, wieviel Uhr es ist?" – „Hörn's doch auf mit der ewigen Fragerei, Sie haben mich doch die vorige Woch' scho amal g'fragt!"

Trotzdem wird es weiter Uhren geben – wahrscheinlich sogar mehr als je zuvor. Ihre Funktion aber wird sich ändern. In einer Zeit, in der der Überblick immer schwieriger wird, wird die Uhr zunehmend häufiger zum Symbol des zeitlichen Durch- und Überblicks. Als Meß-Instrument hingegen ist sie dafür nur mehr begrenzt brauchbar. Ende der fünfziger Jahre warb die Uhrenfirma „Omega" für ihr neues Modell „Speedmaster" mit dem Slogan: „Für Männer, die die Zeit in Sekunden messen." Daß die Sekunden zwar immer noch entscheidend sind, diese aber nicht unbedingt den Erfolg und noch weniger das Glück garantieren, das hat sich heute sogar bei Männern, die die Zeit in Sekunden messen, herumgesprochen. Vielleicht liegen Glück und Erfolg ja bei einer ganz anderen Zeit.

„Ich habe mir mal überlegt, was passieren würde, wenn Uhren in Syncopen ticken würden. Stell dir vor, deine Uhr hätte einen Rockrhythmus und meine einen Bluesrhythmus. Was für Verabredungen würden wir dann einhalten?" (Pelletier in: Konkursbuch 11, o. J., S. 72).

Die Zeit ist nicht die Uhr: Zeitmuster

Robert Reich, bis Mitte der neunziger Jahre Arbeitsminister in der US-Regierung, hat gekündigt. Als Gründe gibt er an: „Ich habe den besten Job, den ich je gehabt habe – aber ich habe gleichzeitig die beste Familie, die ich jemals haben werde." Lange hat er versucht, mit dem Terminkalender eine Balance zu finden. Es ging nicht, denn „Teenager verlangen nach dir nicht zu einem bestimmten Zeitpunkt. Deine Frau will nicht auf Befehl intim sein, und politische Krisen kommen nicht zwischen neun und fünf. Man muß sich entscheiden." Er hat's getan.

Wir leben in einer Zeit, in der wir der Zeit nicht mehr gewiß sein können. Borges, der große argentinische Essayist und Philosoph, hat in einer 1978 gehaltenen Vorlesung über „Zeit“ an der Universität von Buenos Aires das postmoderne Zeitverständnis als sein eigenes beschrieben:

„Hume hat die Existenz eines absoluten Raums verneint, eines Raums, in dem jedes Ding seinen Ort hat; ich verneine die Existenz einer einzigen Zeit, in der alle Tatsachen miteinander verknüpft sind (...) Ich leugne in einer erheblichen Zahl von Fällen die zeitliche Abfolge, das Sukzessive, ich leugne in einer erheblichen Anzahl von Fällen auch die Gleichzeitigkeit“ (Borges o. J., S. 185).

Weder der Kreis, der beim Lauf der Zeiger und in der Gestalt des Zifferblattes die vormoderne Zeitvorstellung bis heute wahrnehmbar macht, noch die Linie, mit der wir in der Moderne Vergangenheit, Gegenwart und Zukunft zeitlich kalkulierbar machten, eignen sich als Vorbilder für das Zeitverständnis einer Gesellschaft, der wir das Etikett der „Informationsgesellschaft“ anheften. Wenn heute mehrheitlich mit Geräten gearbeitet und gelebt wird, die an der Grenze der Zeit angekommen sind, dann verliert die Vorstellung der Zeit als einer offenen Zeitstrecke ihren Sinn. „Dort, wo bislang das Denk-Bild des Zeitstroms, einer gleichsam flüssigen Zeit, die Köpfe erfüllt hat, dringt nun ein anderes vor, ein Bild, das den Fluß der Zeit als zerlegt, in ein Zeit-Raster aufgelöst denkt“ (Burckhardt 1994, S. 57).

Als eine Ansammlung von Zeitpunkten und unterschiedlichen Zeitgestalten wird das, was wir „Zeit“ nennen, heute gesehen und verstanden. Auffällig ist dabei die Ähnlichkeit einer solchen Zeitvorstellung, mit der Wahrnehmung des Raumes bei den Malern des Pointillismus. Sie arbeiteten mit farblichen Rasterpunkten, um dem Auge des Betrachters die Herstellung der Bildgestalt zu überlassen. Ebenso punktuell stellt sich die Zeiterfahrung der Postmoderne dar. Die hinter diesem Zeit-Pointillismus sichtbare Einheit der Gestalt ist die Rastlosigkeit des bereits in der

Moderne auf den Weg gebrachten dynamischen Lebens. In der Figur des Faust hat es Goethe beschrieben: „Ihn sättigt keine Lust, ihm genügt kein Glück, so buhlt er fort nach wechselnden Gestalten." Ohne eigentlich zu wissen wohin, gehen wir immer weiter – und manchmal auch zu weit – um schließlich nicht zu kurz zu kommen. In wechselnden Zeitgestalten, die wir dem Ende des Uhrzeit-Monopols verdanken, suchen wir heute erfüllte und gefüllte Zeit. Die Vielfalt unterschiedlicher Lebensformen, die in der Postmoderne nicht mehr auf ein gemeinsames Ganzes hin ausgerichtet werden können, läßt eine Vielfalt von zeitlichen Orientierungsformen zu und macht diese notwendig. H. M. Enzensberger beschreibt dies in seinem Gedicht „Sitzstreik" auf anschauliche Art und Weise:

> „Der Buddha nimmt die Beine in die Hand,
> Der Eilbote zockelt hinterdrein.
> Die Fixsterne wallen.
> Der Fortschritt zappelt in der Warteschleife.
> Die Schnecke verrennt sich.
> Die Rakete hinkt.
> Die Ewigkeit setzt zum Endspurt an.
> Ich rühre mich nicht."
> (H. M. Enzensberger: Kiosk, Frankfurt a. M. 1997)

Die Bewegungen der von Enzensberger genannten Gegenstände, Lebewesen und Konstrukte unterlaufen die Erwartung traditionell modernen Zeitbewußtseins. Wie im auffälligsten Medium der Postmoderne, dem Film, sind Zeitmanipulationen relativ beliebig möglich. Die gewohnten Zeitmuster werden außer Kraft gesetzt, der Zeitsinn wird irritiert. Zumindest medial läßt sich die Zeit beliebig dehnen und beschleunigen oder, wie in der Fotografie, festhalten. „Gestern noch ermordet, heute schon verliebt", mit dieser fürs Uhrzeitbewußtsein verwirrenden Aussage wirbt ein aufdringliches Filmplakat. „An vieles", so verspricht uns der

Aushang eines anderen Kinos, „das wir erst erleben, können wir uns bereits erinnern." Dieser Umgang mit dem Zeitlichen liegt jenseits der bildhaften Vorstellung einer zyklischen oder linearen Zeit. Ähnlich, und das ist nicht unabhängig von der Zunahme zeitlicher Vielfalt, vervielfältigen sich auch die Möglichkeiten unseres Verhaltens im Raum. Die mobilen Kommunikationsmittel, deren Erfolgsgeschichte ja einmalig schnell ablief, koppeln unsere Abwesenheit an die Möglichkeit der Anwesenheit. Immer mehr Menschen, speziell solche, die sich in der ersten Klasse unserer Hochgeschwindigkeitszüge fortbewegen, nutzen dies. Wie die zeitlichen Attribute „alt", „jung", „schnell", „langsam" an Orientierungskraft verlieren, so auch die räumlichen „fern", „nah", „anwesend", „abwesend". Als Wanderer zwischen unterschiedlichen Zeitmodi zersiedeln wir die Zeitlandschaft und begeben uns (nicht immer freiwillig) in unterschiedliche Zeitverhältnisse. Die hierfür rasch geprägten Begrifflichkeiten heißen „Pluri- bzw. Multitemporalität". Physiker sprechen von der „Multiplizität der Zeit" (Prigogine), während die Wiener, lebenspraktischer, von „zerfetzelten Zeiten" reden.

Dazu noch einmal Borges. In seinem Essay „Der Garten der Pfade, die sich verzweigen" läßt er eine dort auftretende Person sagen: „Er glaubte an unendliche Zeitreihen, an ein wachsendes, schwindelerregendes Netz auseinander- und zueinanderstrebender und gleichgerichteter Zeiten. Dieses Webmuster aus Zeiten, die sich einander nähern, sich verzweigen, sich scheiden oder jahrhundertelang nichts voneinander wissen, umfaßt *alle* Möglichkeiten. In der Mehrzahl dieser Zeiten existieren wir nicht; in einigen existieren Sie, ich jedoch nicht; in anderen ich, Sie aber nicht; in wieder anderen wir beide. In dieser Zeit nun, die mir ein günstiger Zufall beschert, sind Sie in mein Haus gekommen. In einer anderen haben Sie mich, da Sie den Garten durchschritten, als Toten gefunden" (Borges 1959, S. 229).

Es sind die Ereignisse, in denen und aus denen die Zeit wächst. Sie bestimmen die Zeitmuster und deren Maße, mit denen wir die Zeit strukturieren. Das ist eine über die moderne Zeitauffassung hinausgehende, durch Vielfalt gekennzeichnete Vorstellung von Zeit. Sie beginnt die eindimensionale Banalität der modernen Uhrzeit abzulösen. Allererste Aufgabe der Uhrzeit war es ja, für einen eindeutigen, einen allseits akzeptierten und verbindlichen Zusammenhang im Rahmen des Veränderlichen zu sorgen. „Freigesetzt“ – eine Vokabel mit zynischem Unterton, speziell wenn es um die ungewollte Entlassung aus Arbeitsverhältnissen geht – von der engen Ordnung der Uhrzeit, müssen die Teilzeitmenschen dieser Tage dafür Sorge tragen, daß die „zerfetzelten Zeiten“ wieder integriert werden. Daß dies nicht vom Uhrzeit-Modell abgeschaut werden kann, liegt auf der Hand. Sonst hätte man sich all die Anstrengungen, die mit den nicht immer unaufdringlichen Programmen zu mehr Flexibilität und zu erweiterter Deregulierung verbunden waren, sparen können.

Für Rettung aber ist gesorgt. Das neue, integrationstiftende Muster heißt „Vernetzung“. Es ist die Einheitsvorstellung, die auf die Einheit verzichtet. Das Netz soll jene Systemleistung erbringen, durch die auf der einen Seite die Spielräume der Einzelelemente erhalten bleiben, diese andererseits aber auch in einen Zusammenhang gebracht werden können. Die Lieblingsspeise der postmodernen Jugend, die Pizza, gibt für diesen Balanceakt zwischen Vielfalt und Einheit ein treffendes Bild ab. Attraktiv ist die Pizza, weil sie qualitative Vielfalt zuläßt, und doch immer eine Einheit darstellt („Willst ’ne Pizza?“ – „Ja!“ – „Welche?“).

Nicht „Zeit“ à la carte, „Zeit“ à la Pizza ist das postmoderne Muster.

Heute muß man viele Zeitformen leben (können). Man muß schnell, aber auch langsam sein. Man muß Pausen ertragen, diese aber auch selbst machen. Man muß Wiederholungen produktiv machen und die immer häufiger stattfindenden zeitlichen Übergänge selbsttätig gestalten. Dazu müssen Fähigkeiten entwickelt werden, um die Zeiten der verschiedenen Systeme und Ereignisse zu erkennen und sich auf sie einstellen zu können. Will man die Flexibilität unterschiedlicher Zeitformen und Zeitmaße in vernetzter Form realisieren, dann „kostet" das Zeit (und viel Energie!). Nicht alle haben sie, und nicht alle nehmen sie sich. Viele auch bekommen sie nicht, weil jene, die Macht und Herrschaft ausüben, dies nicht zulassen. Nicht selten besteht daher auch ein Widerspruch zwischen einer Vielfalt von Möglichkeiten und der Freiheit, diese auch nutzen zu können. Besonders deutlich wird dies dort, wo die erwartete Flexibilität das alleinige Ziel hat, die zeitliche Verfügbarkeit für fremde Zwecke zu erhöhen. Das, was vordergründig wie ein attraktives Freiheitsversprechen aussieht, ist hintergründig nicht selten der Zwang zur Flexibilität.

Auch in der Postmoderne bestimmen die ökonomische Logik und deren Zeitbedarf das Zeitverhalten der Menschen in entscheidendem Maß. Wirtschaftliche Interessen waren es ja bereits, die die ehemals vorherrschende Vielfalt der Zeit auf das lineare Uhrzeit-Modell hin standardisierten. Ehemals mit breiter Unterstützung der Schule und des Militärs. Über zweihundert Jahre Pünktlichkeitserziehung zeugen davon. Heute nun sind es wiederum die Kräfte der Wirtschaft, die sich dafür einsetzen, daß von der Zeitstandardisierung auf Zeitflexibilität umgeschaltet wird. Die erhofften und erwarteten Profite lassen sich in postmodernen Zeiten nämlich nicht mehr allein durch die Autorität der Uhrzeit erwirtschaften. Wirtschaftlich erfolgreich, d.h. profitabel ist – die Wachstumsraten der Telearbeit lassen es erahnen – die erfolgreiche Suche der vereinzelt arbeitenden Individuen nach ihren je optimalen Zeiten. „Pausen nach eigenem Ermessen" heißt die neue Zeitdramaturgie. Mit ihr wird mehr Zeit „gewonnen" als mit den an der Uhrzeit fixierten standardisierten Pausenregelungen. Damit aber wird die Frage nicht hinfällig: Für wen wird eigentlich die Zeit „gewonnen"? So ist auch eine flexible Zeitordnung, genauso wie es die inflexible Uhrzeitordnung immer schon war, eine folgenreiche Antwort auf die Frage: Wer bestimmt die Zeit? Daß dies neuerdings mehr und mehr die Individuen selbst tun und auch tun müssen, befreit nicht von den Problemen von Macht und Herrschaft. Zur Zeitfreiheit werden die Menschen heute verpflichtet. Die postmoderne Ökonomie versucht nicht mehr länger die Bedürfnisse der arbeitenden Menschen und deren Willen anderen (z. B. Vorgesetzten) unterzuordnen. Sie nutzt die Selbstbestimmung, weil sie profitabler ist. Die Tyrannei der Uhrzeit begann einstmals als ein Akt der Befreiung; wie die Befreiung von der Uhrzeit endet, ist offen. Alle jene, die dies als einen Fortschritt sehen, sollten sich an Max Webers Hinweis erinnern: „Fortschritt erzeugt Pflichten."

„Die Zukunft ist auch nicht mehr das, was sie ehemals war": Zukunftsbewußtsein

Morgen geht gestern nicht weiter

„Die Zukunft", so Luhmanns Eingeständnis, „macht uns Sorgen." Und er fährt fort: „Der einzelne mag mit einiger Sicherheit seiner Rente entgegensehen, die Distanz verringert sich von Tag zu Tag, und entsprechend nimmt die Erwartungssicherheit zu. Aber was wird aus der Menschheit, was wird aus der Gesellschaft? Welche Lebensbedingungen werden die künftigen Generationen vorfinden – gesetzt den Fall, daß es sich dabei überhaupt noch um Menschen handeln wird und nicht um gentechnologisch grundlegend veränderte, genormte und nach Programmen differenzierte humanoide Lebewesen? Die intellektuellen Ressourcen des Nachdenkens über Zukunft bieten heute wenig Perspektive. Die Postmoderne hat für die Zukunft nur das Rezept: so weitermachen" (1991). Obgleich doch alle wissen, daß es so nicht weitergeht und so auch gar nicht weitergehen kann!

Das bisher Erreichte kann doch nicht alles sein. Wir ahnen, daß auch das, was wir tun, damit das Erwünschte auf uns zukommt, uns nicht von der Anstrengung erlöst, uns immer weiter Gedanken darüber zu machen, was auf uns zukommt. Den Glauben an die Erfüllung einer im Schöpfungsplan vorgesehenen Ordnung haben wir verloren. Jene, die uns eine solche Ordnung und deren Zweckmäßigkeit durch Predigten, Belehrungen oder gar durch Strafandrohungen aufzudrängen versuchen, die haben heutzutage, falls es sie überhaupt noch gibt, mit großen Akzeptanzproblemen zu kämpfen. Das Angebot einer Flugwallfahrt, das dem Autor beim Abfassen dieser Zeilen aus einem Schaukasten der örtlichen Kirche offeriert wurde, wird diesbezüglich auch nicht allzuviel verändern. Zumal es sich hierbei um eine, formal gesehen, typisch postmoderne Form der Zukunftsorientierung handelt. Die Wallfahrer – eigentlich zu Fuß oder auf Knien unterwegs – bedienen sich heute bei ihrem traditionsgesteuerten Handeln modernster Verkehrsmittel. Sie leben in und mit einer Vielfalt von Zeitformen. Mit Höchstgeschwindigkeit zur Andacht, zur Besinnung, zur Ruhe und zur Langsamkeit. Nehmen die Wallfahrer jedoch die Strapazen des Fußmarsches auf sich, bleibt die schnelle Warnung an die fast genauso schnellen radiohörenden Autofahrer nicht aus: „Vorsicht! Es befinden sich Wallfahrer auf der Strecke! Fahren Sie langsam an ihnen vorbei!" Aber die Flugbereitschaft heutiger Wallfahrer belegt, daß die Zukunft nicht mehr in der Vergangenheit liegt. Vom Gehackten führt eben kein Weg zurück zum Steak.

Auch in den perspektivischen Ordnungssystemen, den Utopien und den vielen Gesellschaftsentwürfen findet eine immer größer werdende Zahl der Menschen heute keinen Halt mehr. „In Zukunft", so Wernher von Braun in einem Interview (1983), „wird sich die Utopie beeilen müssen, wenn sie die Realität einholen will." Diese Zukunft ist unsere Gegenwart.

Weder die Wahrsager noch die Politiker, kaum mehr die Eltern dürfen wir heute fragen, wenn wir wissen wollen, was uns die Zukunft bringt. Wir müssen uns selbst fragen. Die Einzelnen sind und werden verpflichtet, für ihre je eigene Zukunft zu sorgen. Man hat diese im subjektiven Sinne optimal zu gestalten. Die Zukunft wird privatisiert. Zukunft zum Selbermachen. „Komm! Ins Offene, Freund!" Diese Aufforderung Hölderlins (aus dessen Gedicht „Der Gang aufs Land") beschreibt das Zukunftsprogramm der Postmoderne. Die Zukunft, so Luhmann viel weniger poetisch, aber in inhaltlicher Übereinstimmung mit Hölderlin, „liegt nicht mehr im Zweck, nicht im Plan. Sie wird, wie einst das Jüngste Gericht, als Überraschung kommen" (1991). Kontinuität, die in die Zukunft hineinreicht, ist nicht mehr länger die Art, mit der wir das Kommende zum Erwarteten machen. Denn nie zuvor, obgleich wir uns dabei auf eine sokratische Weisheit berufen können, wußten wir, gerade weil wir soviel wissen, wie groß unser Unwissen ist. Mit Sicherheit ist nichts vorhersehbar außer der Unsicherheit, die auf uns zukommt. In einer Zeit, in der die Einheit des Zeit-Maßes verlorenging, weiß man nur mehr, daß es weitergeht, nicht mehr jedoch, wohin es weitergeht.

Denn das Fortschrittskonzept der Moderne ist für die heutige Zukunftsgestaltung nur bedingt brauchbar. Der moderne Fortschritt bestand weitgehend in einem stetig größer werdenden Aufwand an Beschleunigungstechnologie. Wir haben die berechtigten Zweifel am Fortschritt immer wieder durch die Erhöhung des Lebens- und Arbeitstempos verdeckt, damit der Selbstbetrug weitgehend unbemerkt blieb. Heute funktioniert das nicht mehr. Zum einen, weil uns diese Art der Problemflucht an die Grenze der Beschleunigungsmöglichkeiten geführt hat. Zum anderen, weil uns all die Maschinen und Geräte, die wir zum Zeitsparen entwickelt und angeschafft haben, nicht die sehnlichst erhoffte zeitliche Erfüllung brachten. Im Gegenteil, die Zeitnot hat sich vergrößert. Auf Beschleunigung allein kann in der Postmoderne nicht mehr gesetzt werden. Der Fortschritt ist entgleist, nicht erst seit der ICE-Katastrophe im Jahre 1998. Schon zu Beginn des 20. Jahrhunderts scheiterte er an einem Eisberg. Am Ende dieses Jahrhunderts wird dieses Scheitern schließlich zum großen Erfolg – an der Kinokasse. Hier zeigt sich das postmoderne Zukunftskonzept. Der Fortschritt ist nicht länger erfolgreich, dessen katastrophale Folgen dagegen schon. Bereits Nietzsche hat dem Fortschritt seinen Glanz genommen, als er ihn „bloß eine moderne Idee" nannte. Gänzlich leugnet ihn der rumänisch-französische Philosoph Cioran in einem Interview („Die Zeit" vom 4. April 1986): „Ich leugne den Fortschritt. Ich werde Ihnen eine Anekdote erzählen, die mehr ist als eine Anekdote: Hier unweit von mir hat man das beste und das erste Buch über den Fortschritt geschrieben. Hier hat sich während des Terrors Condorcet versteckt und hat das Buch ‚Esquisse d'un Tableau des progrès de l'esprit humain' geschrieben, die Theorie des Fortschritts, die erste klare und aggressive Theorie des Fortschritts. Das war 1794. Er wußte, daß er gesucht wurde, er hat die Pension de famille verlassen und ist dann in einen Vorort von Paris geflüchtet. In einem Bistro haben die Leute ihn erkannt, haben ihn angezeigt – und er hat Selbstmord begangen. Und dieses Buch ist die Bibel des Optimismus (...) Für mich aber ist alles, was Gewinn ist, zugleich ein Verlust. Also der Fortschritt ist annulliert durch sich selbst. Jeder Schritt, den der Mensch vorwärts macht, durch den verliert er etwas." Anders ausgedrückt: Wer heute von morgen sein will, merkt spätestens übermorgen, daß er von gestern ist.

Dies aber heißt nicht, daß mit dem „Fortschritt" heute nicht mehr argumentiert würde. Speziell dort wird er herangezogen, wo mit der Zukunft in profitabler Absicht Handel getrieben wird. Es boomen die Termingeschäfte an den Börsen, die Bauern verkaufen ihre Ernte bereits vor der Aussaat und die Weinmacher ihren Rebensaft vor der Gärung. Auch den Versicherungen geht es gut, weil sie lauthals versprechen, die Zukunft kalkulierbarer machen zu können. Aber doch nur deshalb, weil diese unsicherer geworden ist. Manche – auch das ein Teil postmoderner Vielfalt – setzen weiter auf Beschleunigung: „Die Zukunft wartet nicht auf Langsame" warnt uns der 1999 erschienene Bericht der europäischen Raumfahrtagentur. Die Verfasser hätten sich besser bei Schiller informiert, der nämlich prophezeite, daß „das langsamste Volk all die schnellen einholen wird". Wahrscheinlich haben beide, Schiller und die Raumfahrtagentur, recht; so ist das in der Postmoderne. Die Langsamen aber haben mit hoher Wahrscheinlichkeit eine andere Zukunft als die Schnellen. Ob diese schlechter sein wird, wer will das entscheiden?

Daß das ehemals dominierende lineare Fortschrittsmodell aber auch in der Wirtschaft angezweifelt wird, zeigt die Karriere eines Begriffs, der früher bei den Mystikern und später dann in der Psychiatrie zu Hause war. Es sind „Visionen", die man heute fordert. Wer keine Visionen hat, so die Aussage von Unternehmern, ist für die Chefetage ungeeignet. Also auch dort: Zukunft muß sein, aber gerade nicht als Hochrechnung und Fortsetzung des Gegenwärtigen. Das ganz Neue, das Überraschende, das Noch-nie-Dagewesene, das wird gesucht. Da es anscheinend auch gebraucht wird, macht es nichts, wenn sich dieses auch mal als ein „alter Hut" herausstellt. So etwa wurde vor nicht allzu langer Zeit ein Verfahren zur Zukunftsprognose entwickelt, das den Namen Delphi-Methode erhielt. Nicht ganz zu unrecht, ähnelt es doch dem altgriechischen Orakel-Ritual. Vielfalt überall, auch bei den Vorhersagemethoden. Weil wir uns beim Blick in die Zukunft so schwertun, benötigen wir soviel verschiedene Methoden dazu. Und weil diese postmoderne Gesellschaft die Zukunft im Bewußtsein zu planen versucht, sie nicht planen zu können, sind falsche Prognosen immer noch besser als gar keine.

Ist der Glaube an den emanzipatorischen Geschichtsverlauf erst einmal erschüttert, dann können das unablässig aufeinanderfolgende Neue und das immer schneller Alt-Werdende nicht mehr auf einen Nenner gebracht werden. Die Zukunftserwartung wird unter diesen Bedingungen paradox. Borges beschreibt sie: „Die Zukunft ist unvermeidlich und pünktlich; aber es mag sein, daß sie nicht zustande kommt" (o. J., S. 31). Die ehemaligen Gewißheiten sind keine mehr. Für die Gestaltung der

Zukunft sind sie nicht mehr zu gebrauchen. Auch die Uhr liefert den dringend benötigten zukunftsfähigen Sinn nicht länger. Die bisher wirksamen Illusionen sind als Basis für das Zukunftsdenken weitgehend verbraucht. Wir wissen heute weniger denn je, wie die Zukunft aussehen wird, wir wissen nicht, wo sie liegt, und wir wissen nicht, ob es sie überhaupt geben wird. Nicht wenige meinen, sie läge in der Gegenwart, und leben ihr Leben ganz im Hier und Jetzt. Auch dies eine nicht allzu neue Vorstellung. Horaz hatte sie bereits empfohlen: Carpe diem quam minimum credula postero (Greif diesen Tag, nimmer traue dem nächsten!).

Aber auch die ganz in der Gegenwart Lebenden werden damit, daß sie die Zukunft ins Heute verlagern, nicht immer glücklich. Meist leiden sie an der deprimierenden Erfahrung, daß das Gegenwärtige sehr kurz ist und die zukünftigen „Gegenwarte" durch die gerade gelebte kontaminiert werden. Will man den „Angriff der Gegenwart auf die übrige Zeit" (A. Kluge) verhindern, bleibt nichts anderes übrig, als sich in der eben stattfindenden Gegenwart mit Problemen der Folgenabschätzungen dieser Gegenwart zu belasten. Aber das wäre bereits wieder der kalkulierte Umgang mit der Zukunft, den zu vermeiden man eigentlich vorhatte. So führt auch die Einengung der Zukunftserwartung auf die Gegenwart in typisch postmoderne Widersprüche.

Die Utopien der Moderne unterscheiden sich von den Trendberichten der Postmoderne dadurch, daß die Moderne versprach, uns auf dem Schiff „Zukunft" in den Hafen des verlorenen Paradieses zu bringen, während wir heute davon überzeugt werden, daß sich unsere Heimat nicht auf festem Boden, sondern auf unruhigem Wasser befindet. Die Zeithorizonte, die dabei angesteuert werden, sind nicht einheitlich. Sie sind zerstreut und mobil. Nur die Bausparkasse verspricht uns noch: „Wir geben Ihrer Zukunft ein Zuhause." Die Unordnung des Möglichen bestimmt die Richtung. „Wohin es geht, wer weiß es? Erinnert er sich doch kaum, woher er kam!" (Goethe 1986, S. 852).

Wenn sich die soziale Ordnung und mit ihr die zeitliche rascher verändern, dann veralten die Eltern und alle Personen, die in unübersichtlichen Situationen ehemals für den notwendigen Überblick sorgten, mit gleicher Geschwindigkeit: Sie kennen sich nicht im Internet und auch nicht im Cyberspace aus. Die Folge: Jedermann muß selbst herausfinden, was gut und sinnvoll ist – und jede Frau ebenso. Aber niemand kann es alleine. Wenn sich die Welt nur mehr als Ansammlung unübersichtlicher, mehrdeutiger und risikoreicher Lebenssituationen darstellt, steigt der Bedarf nach Angeboten, die Übersicht, Eindeutigkeit und Risikominimierung versprechen. Die mannigfaltige Ratgeberliteratur und deren an der Höhe der ausliegenden Bücherstapel erkennbarer Erfolg sind ein sichtbares Ergebnis dieser Nachfrage. Ein anderer zeigt sich in den steigenden Teilnehmerzahlen bei Weiterbildungskursen. Insbesondere das Lernmodell „Beratung" gewinnt seine Attraktivität durch das Versprechen, endlich den sehnlichst erhofften Sinn für das, was man tut und was man besser läßt, zu liefern. Beratung ist nämlich immer dann eine gesuchte Leistung, wenn sich Sinnstrukturen – wie heute der Fall – verflüchtigen. Einige offensichtliche Beispiele: Es verfällt die große Sinnstruktur „Beruf". Der Berufswechsel, nicht mehr der Lebensberuf, ist heute die Normalität. Zwar kann man ohne Berufsabschluß nichts mehr werden, aber mit Berufsabschluß ist man auch kaum mehr etwas. Ebenso ist der „Fortschritt" eine der „großen Erzählungen", die zunehmend weniger Sinn produzieren. Die Regierungen, die Gewerkschaften, die Wirtschaftsverbände, die Eltern und Vorgesetzten, alle diese Sinngebungsinstanzen haben mit sichtbarer und spürbarer Altersschwäche zu kämpfen. Kaiser und Könige sind daher ja auch (fast) ausgestorben.

Beratung wird angefordert, wenn man weiß, daß es so, wie es ist, nicht weitergeht. Meist geht es Beratern und Beraterinnen genauso, denn auch sie wissen nicht viel weiter. Ihr Vorteil ist es jedoch, daß sie mit solchen Ratlosigkeiten professionell umgehen können. Sie haben eine Leidenschaft für Probleme, die, so Kant, „ohne alle Auflösung sind". Selbst blind, versuchen sie ihren Klienten die Augen zu öffnen. Beratung wird in Situationen, in denen „Sinn und Unsinn innig geknetet beieinander" liegen (Kleist), zum Sinnersatz. Sie macht wieder neuen Sinn zugänglich. Diesbezüglich ist sie ein gut geratenes Kind ihrer hochmobilen Zeit. Zweifelsohne profitiert sie vom herrschenden Zwang zur aktiven individuellen Zukunftsgestaltung und davon, daß die heutige Vielfalt an Vorstellungs- und Handlungsmöglichkeiten in keinem Verhältnis mehr zu jener Zeit stehen, die wir für eine sinnvolle Auswahl bräuchten. In der Beratung versucht man sich (vorübergehend) vom alltäglichen Entscheidungs- und Zeitdruck zu entlasten.

Beschreiben wir die historischen Veränderungen unseres Zukunftshandeln mit der Formel „Von der Zeit Gottes zu den Zeiten der Individuen", so entspricht dieser Entwicklung der relativ lange Weg von den Gebeten zu den Beratungsangeboten. Zunehmende Verweltlichung ist das Kennzeichen sowohl unseres Handelns auf Zukunft hin, als auch unseres Umgangs mit den Erlösungshoffnungen. Denn das beliebteste Mittel, um heutzutage das Gefühl zu bekommen, etwas hinsichtlich der Erlösung zu tun, ist die Anmeldung bei der Beratung. Sie liefert die postmodernen Möglichkeiten, um uns die Angst vor dem Unabsehbaren zu nehmen. Sicherer werden, um in einer immer unsichereren Welt zu leben, Orientierung in zunehmender Orientierungslosigkeit zu finden, sind die Versprechen von Beratern und Beraterinnen. Insofern bedeutet Beratung nichts anderes, als die Mitfahrwilligen auf dem Bahnsteig aufzufordern – wie das die Münchner U-Bahn-Schaffner täglich tun –, an allen Türen zuzusteigen. Wünschenswert ist es – möglich ist es nicht –, man muß sich für eine Tür entscheiden.

Beratung kann jedoch dabei nicht mit der Absicht werben, Unordnung in Ordnung, Unsicherheit in Sicherheit zu verwandeln. Was sie kann, ist mehr Ordnung als Ordnung der Unordnung und mehr Sicherheit als die Gewißheit des Unsicheren versprechen.

Ganz Ähnliches gilt im Hinblick auf die erstaunliche Erfolgsgeschichte der mit dem Etikett des „lebenslangen Lernens" operierenden Weiterbildung.

„Ohne Bildung läuft nichts mehr", „Auf dem Weg in die Wissensgesellschaft", „Wer nicht lernt, steigt aus" – das sind die Schlagzeilen, die inzwischen immer häufiger in unseren Tages und Wochenzeitungen auftauchen. Was sind die Gründe für diese große Lernoffensive? Es sind gesellschaftliche Veränderungen. Hier die vier wichtigsten:

- Die erste Veränderung liegt in der postmodernen Individualisierungstendenz. Sie setzt Selbstverwirklichungsansprüche und gleichzeitig Selbstverwirklichungszwänge frei. Wir haben unter solchen postmodernen Bedingungen – so Anthony Giddens – „keine Wahl, als zu wählen, wer wir sind und wie wir handeln wollen". Das bedeutet, daß wir immer unter Entscheidungsdruck stehen – und damit meist auch unter Zeitdruck. Das erleben wir als Freiheit – aber diese Freiheit wirft einen mehr oder weniger langen Schatten: jenen, nicht nur viel entscheiden zu können, sondern auch permanent entscheiden zu müssen. Solche Freiheit zwingt zum Lernen. Denn wir wollen ja möglichst richtig und sinnvoll entscheiden. Und wenn wir das nicht können, so wollen wir doch wenigstens alles getan haben, um nicht entscheiden zu können.
- Ein zweiter Grund liegt in der Zunahme reflexiven Verhaltens. Wer sinnvoll entscheiden will, muß viel beobachten und interpretieren. Wir sind nicht nur Täter (Handelnde und Entscheidende), sondern betrachten auch gleichzeitig die Wirklichkeit, in die wir eingreifen. Unser Leben ist ein zunehmend rascheres Hin- und Herschwanken zwischen Aktion und Reflexion, zwischen Tun und Beobachten des Tuns.

Genau dazu regen Bildungs- und Beratungsangebote an. Dafür ist dann meist auch eine gewisse Distanz vom hektischen Alltagsbetrieb notwendig. Bildungshäuser und Seminarhotels findet man daher auch mit Vorliebe an „abgelegenen“ Orten. Denn klug wird man, wenn überhaupt, nicht schnell und nicht inmitten lauten Treibens. Bildung benötigt Zeit und – paradox – „zeitlose“ Orte, um der Überfülle von Informationen Sinn und Ordnung zu geben.

- Die dritte Veränderung, die für das boomende Lerngeschäft verantwortlich ist, firmiert unter den Etiketten der „Globalisierung“ und der „Internationalisierung“. Beide Tendenzen machen die Märkte größer, aber die Bedingungen, sich auf diesen Märkten auch zurechtzufinden und zu behaupten, zugleich schwieriger. Mit den weltweiten Möglichkeiten steigen die weltweiten Risiken. Kann in Schweden ein neues Automodell nur durch das Umkippen einem Elch ausweichen, wird in Süddeutschland für mehr als ein halbes Jahr die Produktion gestoppt. Gelernt werden muß in diesem Fall, daß Elche ein Verkehrshindernis darstellen können (was in Mitteleuropa eher ein seltener Fall ist), und gelernt werden muß, daß Elche nicht lernen, Autos auszuweichen. So wächst der Lernbedarf, weil das, was bei uns Normalität ist, sich wo anders ganz anders darstellt.
- Als vierte Veränderung müssen die bereits oben genannten Korrekturen der gesellschaftlichen Zeitstrukturen, die als Flexibilisierungsprogramme bekannt sind, Erwähnung finden. Diese sind durch neue Arbeitsformen, speziell mittels weltweit verknüpfter Datennetze, mitverursacht. Büro- und Ladenöffnungszeiten, Arbeits- und Betriebsformen, Biographien, aber auch Liebesbeziehungen werden flexibler, auch und besonders in ihrer Zeitqualität. Alle Personen werden tendenziell zu Teilzeitmenschen, die zu ununterbrochener Renovierung ihrer Umwelt und ihres eigenen Selbst verurteilt sind. Denn nicht nur das Gegenwärtige, auch das Zu-

künftige besitzt eine immer kürzere Halbwertzeit. So z. B. das Wissen. Dessen Verfallszeit liegt im Arbeitsbereich z. Z. bei fünf bis acht Jahren, und dort erheblich darunter, wo mit neuen Technologien hantiert wird. Alles dies produziert einen immensen Lernbedarf, nicht nur im Bezug auf Arbeit, auch die tägliche Lebensführung muß lernend an die veränderten Zeitstrukturen angepaßt werden.

Diese aufgezeigten Entwicklungen machen uns notwendigerweise zu Dauerlernern, denn zum Lernen sind wir verdammt. Die Ablösung unserer Existenz von Gott und der Natur zwingt uns, unseren Platz in dieser Welt selbst zu finden. Dies aber geht nur lernend. Lernen ist Sinn- und Ordnungsproduktion in einer zunehmend Sinn-losen und unordentlichen Welt. Wir hören nicht mehr die Vögel singen, lernen dafür Vogelstimmen im Volkshochschulkurs zu identifizieren. In jenem Ausmaß, wie wir uns von der Disziplinierung durch äußere Bedingungen (Natur, Kosmos, göttliche und soziale Instanzen) befreien, lernen wir uns selbst zu disziplinieren. Davon leben die vielen Bildungs- und Beratungsinstitutionen. Sie leben, wie man an den steigenden Teilnehmerzahlen sieht, sehr gut damit. Neuerdings besonders auch jene, die uns schnelle multimediale Lernwelten offerieren. Das Telelearning befreit uns von den häufig unbequemen Schulbänken und auch zum Teil von noch vorhandenen fremdbestimmten Zeitvorgaben. Die Zwänge des richtigen Sitzens, besonders aber jene des Lernens zum richtigen Zeitpunkt, die müssen wir uns jetzt selbst antun. Von Belastungen werden wir nicht befreit. Im Gegenteil, diese werden größer, weil wir ja auch weiterhin lernen müssen und dieses Lernen zusätzlich auch noch zu organisieren haben. Nicht mehr Trainer und Trainerinnen, Dozenten und Dozentinnen gilt es mehr oder weniger brav zu folgen, wir haben uns selbst zu gehorchen. Nicht mehr von anderen (z. B. von Lehrenden) müssen wir bewacht und kontrolliert werden, wir tun dies inzwischen selbst viel besser und effizienter.

Manchmal reicht ja schon ein funktionierender Wecker dazu. So zwingen wir uns zu vielerlei freiwilligen Handlungen. Das haben wir gut gelernt, und gelernt haben wir auch, dieses als eine Botschaft der Befreiung zu verstehen. Vernünftige lernen daher freiwillig lebenslang, die anderen müssen es. So war es nur eine Frage der Zeit, daß die Aktion „Leben ist Lernen" gegründet wurde. Bezeichnenderweise wird sie dort bekannt gemacht, wo es sehr schnell zugeht – auf den Infoscreens der Wiener U-Bahnhöfe.

Lernen ist nicht nur ein ideales Mittel, um das Leben in der Postmoderne und dessen Zukunft zu bewältigen. Es ist selbst postmodern und harmoniert hervorragend mit den flexiblen Zeitanforderungen. Ganz besonders gut gelingt dies dort, wo das „Selbstlernen" und die „Selbstorganisation des Lernens" erfolgreich betrieben werden. Die Schiefertafel gehört zur Moderne, das Internet zur Postmoderne, die staatlich verordnete Volksbildung (Volksschule) war ein modernes Programm, das selbstorganisierte lebenslange Lernen ein postmodernes.

Es sieht so aus, als löse das Lernen die Arbeit ab. Arbeit ist in der Postmoderne nicht mehr der einzige und in der Zukunft wohl auch nicht mehr der maßgebliche Ordnungsfaktor unserer Gesellschaft. Das Ansehen eines Bürgers als „ordentlicher Bürger" ist nicht mehr länger alleine an den Sachverhalt geknüpft, daß dieser auch ordentlich arbeitet. Heute muß er, wenn er schon keine ordentliche Arbeit bekommt, wenigstens ordentlich nach einer ordentlichen Arbeit suchen. Dies zeigt er am besten, indem er fleißig lernt. Dem Lernen fällt damit immer mehr die gesellschaftliche Ordnungsfunktion zu. Nur wer ordentlich lernt, also häufig Weiterbildungsveranstaltungen besucht, sich selbst etwas beibringt oder sich beraten läßt, kann damit rechnen, als „guter und ordentlicher Bürger" anerkannt zu werden.

Dabei verändert sich jedoch die Qualität jenes Zeitverhaltens, das als „ordentlich" gilt. „Pünktlichkeit", „Schnelligkeit", „Sparsamkeit" waren die Kategorien eines auf ordentliche Arbeit hin ausgerichteten Zeitverhaltens. Sie gelten fürs Lernen, wenn überhaupt, nur sehr eingeschränkt. „Pünktlichkeit“ bedeutet, zeitliche Verbindlichkeiten einzuhalten; wozu aber braucht man dies beim Lernen, beim Selbstlernen? Wir lernen nicht mehr und nicht besser, wenn wir pünktlich sind. Der Lernprozeß entzieht sich letztlich auch einer zielgerichteten Planung. Er entwickelt sich nicht nach der Logik der Wäscheleine, eher nach der des platzenden Knotens. Auch „Schnelligkeit“ ist kein allzu sinnvolles Zeitmuster fürs Lernen, und „Sparsamkeit“ erst recht nicht. Rousseau hat das Lernen dadurch charakterisiert, daß man bei diesem Zeit „verlieren“ müsse (und nicht, wie im Arbeitsprozeß, Zeit „gewinnen“). Die „Sparsamkeit“ kann man sich beim Lernen also sparen. Die Formel „Zeit ist Geld“ hat im Lernprozeß keine Gültigkeit.

Die Uhrzeit war fürs Lernen immer schon hinderlich. Je mehr aber gelernt wird, um so offensichtlicher wird dieser Sachverhalt. So hat die wachsende Notwendigkeit, lernen zu müssen, das Ende des Uhrzeit-Monopols beschleunigt. Andererseits erhöht wiederum das Ende dieser zeitlichen Einheitsvorstellung die Möglichkeiten des Lernens. Nur mehr lernend können die zeitlichen Anforderungen dieser Welt realisiert werden, und ignorieren lassen sie sich auch nur lernend. Diejenigen, die ihre Erlösungshoffnungen durch Lernen realisieren, werden gesellschaftlich gefördert, jene, die sie immer noch betend zu erfüllen versuchen, werden in eine Seitenkapelle abgedrängt. Längst gehören die Kathedralen der Vormoderne den Lernenden, die auf die aussterbende Spezies der Betenden – für zwei Stunden pro Woche – Rücksicht nimmt: „Bitte während des Gottesdienstes nicht herumgehen.“

Kommt Zeit, kommt Rat

Ein gleichermaßen verirrter wie verwirrter Mensch, dessen bedauernswerter Zustand von seiner plötzlichen Erkenntnis herrührt, daß er durch sein Bemühen, Zeit zu sparen, diese bisher immer nur verloren hat, hält in seiner Verzweiflung Ausschau nach Rat. Wie in postmodernen Zeiten nicht anders zu erwarten, bieten sich ihm viele Möglichkeiten, diesen zu erfragen und noch viel mehr, ihn zu bekommen. Ratlos und etwas entscheidungsmüde sucht er drei Berater auf.

Der erste Ratgeber, er schwärmt für die vormoderne Zeitauffassung, hat das Problem des Klienten nicht verstanden, da er sich vom „Zeitgewinnen“ und „Zeitverlieren“ keinerlei Vorstellung machen kann (oder will). Aber da ein Ratgeber ohne Rat keiner mehr ist, gibt er den folgenden: „Du hast also“, so seine Situationsanalyse, „Zeit verloren, und du willst sie wiederfinden. Dann“, so fährt er fort, „ist es das beste, du machst dich auf den Fußweg zum heiligen Antonius nach Padua. Der nämlich ist für die verlorenen Dinge zuständig und fürs Wiederfinden ebenso.“

Dieser Ratschlag ist aber nur dort sinnvoll, wo die Zeit Gott (bzw. dessen Verwaltern) gehört. Er blieb verständlicherweise unrealisiert. Einerseits, weil der Ratsuchende nicht mehr an den alleinigen Zeitgeber „Gott“ glaubte, andererseits weil die Fußreise nach Padua doch etwas zu zeitaufwendig gewesen wäre.

So suchte sich der solchermaßen unbefriedigt Beratene einen zweiten Ratgeber. Dieser nun kam modern und aufgeklärt daher: „Wenn du Zeit verloren hast“, so sein belehrender Hinweis, „dann ist sie weg. Du wirst sie niemals wiederfinden. Spare dir also jeden diesbezüglichen zeitlichen Aufwand. Geh lieber in ein Kaufhaus, und besorge dir einen Kalender, eine Uhr und einen Wecker. Plane deine Tage, dein Leben, insbesondere aber deine Arbeit, indem du dir für all das, was du tun willst und tun mußt, Zeit reservierst. Dann geht dir in Zukunft keine Zeit mehr verloren. Aber nur, wenn du dich und deine Zeit immer wieder kontrollierst. Schau also oft in den Kalender und noch öfters auf die Uhr, und vergiß nicht, täglich den Wecker zu stellen.“

Das nun kam dem Ratsuchenden irgendwie bekannt vor. Das hatte er schon die längste Zeit gemacht, und trotzdem, oder gerade deshalb, hatte er immer das Gefühl, bei solcherart Zeitmanagement die Zeit nicht zu gewinnen, sondern zu verlieren. Auch durch diesen zweiten Ratgeber fühlte er sich nicht von seinem Problem entlastet.

Ein dritter Berater mußte her, diesmal ein postmoderner. Von diesem nun hatte der Ratsuchende keine Adresse. Er besaß nur dessen Handy-Nummer. Bei seinem Anruf wurde er über die Mailbox gebeten, sein Problem innerhalb der nächsten zwei Minuten mitzuteilen. Am nächsten Tag, so die elektronische Auskunft, würde er zurückgerufen. Er tat das Erbetene. Am Abend des darauffolgenden Tages fand der Ratsuchende auf seinem Anrufbeantworter folgenden Hinweis: „Kaufen Sie sich den Roman von Marcel Proust ‚Auf der Suche nach der verlorenen Zeit', und lesen Sie ihn. Tun Sie es langsam, jeden Tag eine Stunde. Rufen Sie mich in zwei Monaten wieder an, um mir zu berichten, ob Sie bei der Lektüre Zeit verloren oder Zeit gewonnen haben." Drei Tage später kam mit der Schneckenpost die Rechnung für eine fernmündliche Beratung.

Beyond Space and Time

I'm going to kill myself. I should go to Paris and jump off the Eiffel Tower. I'll be dead. You know, in fact, if I get the Concorde, I could be dead three hours earlier, which would be perfect. Or wait a minute. With the time change, I could be alive for six hours in New York but dead three hours in Paris. I could get things done, and I could also be dead.

(Woody Allen)

Drei Schritte in eine andere Zeit-Kultur

Zeitwohlstand

Aus dem Vorangegangenen ist ohne große Interpretationsanstrengung zu folgern, daß unsere Zeit-Probleme nicht durch eine noch größere Bewirtschaftung der Zeit gelöst werden können. Bereits zu Beginn der Moderne haben die Menschen erkannt, daß es ganz unterschiedliche Möglichkeiten gibt, das angestrebte „gute Leben" zu gestalten. Diese Vielfalt der Wege nutzen wir jedoch nicht. Beispielsweise dann nicht, wenn wir im „Wohlstand" leben wollen.

Wohlstand wird in unserer Gesellschaft nämlich weitgehend mit materiellem Wohlstand gleichgesetzt. „Zeitwohlstand" wird mit dem Begriff des Wohlstandes selten in einen Zusammenhang gebracht. Im Wohlstand, so unser Alltagsverständnis, leben jene, die Immobilien besitzen und denen für ihre Mobilitätsbedürfnisse ein Wagen der gehobenen Klasse mit allen technischen Insignien der Industriegesellschaft zur Verfügung steht. Dabei gehört es zur Realität und zum Status derer, die sich im Wohlstand glauben, daß sie keine Zeit haben.

Zeitwohlstand existiert in einer Gesellschaft, in der sogar die Nasen mit Tempo geputzt werden, meist nur mehr als schöne Hoffnung. Der zwanghaften Beschleunigungswirtschaft, dem Schnellbetrieb des Alltagshandelns, korrespondiert die Sehnsucht vieler Menschen, frei von Zeitzwängen sein zu können. Die Literatur eines Rabelais, eines Robert Walser, eines Hermann Hesse, eines Sten Nadolny, sie lebt von dieser Sehnsucht, und die Käufer dieser Literatur leben ihre Hoffnungen und Wünsche nach Zeitwohlstand darin aus.

Es war Ludwig Erhard, der „Vater" des deutschen Wirtschaftswunders, der die bislang unerfüllt gebliebene Erwartung artikulierte, daß nach einer Phase der materiellen Wohlstandsmehrung die Menschen die Frage stellen, „ob es noch immer richtig und nützlich ist, mehr Güter, mehr materiellen Wohlstand zu erzeugen, oder ob es nicht sinnvoller ist, unter Verzichtleistung auf diesen Fortschritt mehr Freizeit, mehr Besinnung, mehr Muße und mehr Erholung zu gewinnen?"

„Es ist und bleibt der Zweck jeder Wirtschaft", so schrieb er 1957 (S. 222), „die Menschen aus materieller Not und Enge zu befreien. Darum meine ich, daß, je besser es uns gelingt, den Wohlstand zu mehren, um so seltener werden die Menschen in einer nur materiellen Lebensführung und Gesinnung versinken ... Ich vertraue auch darauf, weil in meiner Schau die Menschen nur so lange materialistisch gebunden sein werden, als sie in den Kümmernissen des Alltags gefangen sind. Dagegen winkt allen Menschen, die durch Wohlstand und soziale Sicherheit zum Bewußtsein ihrer selbst, ihrer Persönlichkeit und ihrer menschlichen Würde gelangen, die Möglichkeit, ja fast möchte ich sagen die frohe Hoffnung, sich aus materialistischer Gesinnung lösen zu können."

Im Hinblick auf einen Zeitwohlstand winkt Erhards „frohe Hoffnung", wenn überhaupt, nur aus großer Ferne. Die nicht in Geld verrechenbaren Zeiten haben nach der Regierungszeit Erhards an gesellschaftlicher Akzeptanz eher ab- als zugenommen. Und doch, oder vielleicht gerade deshalb, gibt es erste systematische Überlegungen – erfreulicherweise auch von Ökonomen – zum Thema „Zeitwohlstand".

Reisch (1998) und Scherhorn (1995) sehen im Zeitwohlstand ein wichtiges Element und einen zentralen Indikator für die Lebensqualität. Zeitwohlstand wird bei ihnen als ein „Wohlbefinden in der Zeit" verstanden. Das, was wir „Wohlstand" nennen, ergänzen sie um das immaterielle Kriterium des „Wohlbehagens". Eine Gesellschaft ist unter dieser Perspektive wohlhabend, wenn sie nicht nur viele Waren und Güter produziert und besitzt, sondern auch viele Zeitformen zuläßt und realisiert. Wenn sie ihren Mitgliedern beispielsweise vielfältige Möglichkeiten eröffnet, Eigenzeiten zu leben, elastisch mit Zeitvorgaben umzugehen, das erwünschte Tempo im Alltag selber zu beeinflussen, sich und ihr Umfeld rhythmisch zu organisieren und ihre Zeitsouveränität im

Arbeitsprozeß zu erhöhen. Das Zeitwohlstandskonzept macht mit der von Nietzsche geäußerten Ermahnung Ernst, im Menschen mehr als nur ein geldverdienendes Wesen zu sehen. Es ist auch eine Absage an die protestantische Arbeitsethik. Ganz im Sinne von Diderot, der dies in seiner Tahiti-Utopie ausgemalt hat: „Wenn du uns überredest", läßt er den Häuptling der Tahitianer sagen, „die enge Grenze des Bedürfnisses zu überschreiten, wann werden wir dann aufhören zu arbeiten? Wann werden wir genießen? Wir haben die Summe unserer jährlichen und täglichen Mühen möglichst klein gehalten, weil unserer Meinung nach nichts der Ruhe vorzuziehen ist." Auf wieviel Lebensstandard müssen wir verzichten, um unsere Lebensqualität zu erhöhen? Eine Frage, die uns dann, wenn wir gewillt sind, sie uns zu stellen und sie zu beantworten, notwendigerweise zum Thema des Zeitwohlstandes führt. Wenn wir schließlich bereit wären, diesbezüglich wirklich Ernst zu machen, erst dann hätten wir allen Grund, Adalbert Stifters Realitätsbeschreibung zu widersprechen: „Wir Menschen plagen uns ab, um die Mittel zum Leben zu erwerben, nur das Leben lassen wir dann bleiben."

Eigentlich weiß jeder Mensch, was Zeitwohlstand ist und wie er gelebt werden könnte. Er nimmt sich nur wenig Zeit dafür, dieses Wissen in die Praxis umzusetzen.

Eine erfreuliche Ausnahme ist der unbekannte Bahnfahrer aus einer Erzählung, von der man nicht weiß, ob sie auf einer realen Begebenheit fußt:

In einem der schnellen Züge unseres Landes, in denen den Fahrgästen wegen der häufigen Tunneldurchfahrten Sehen und Hören vergeht, sitzt ein Passagier, der es unterlassen hat, sich einen für diesen Zug notwendigen „besonderen Fahrschein" zu kaufen. Der kontrollierende Schaffner fordert ihn auf, das erhöhte Fahrgeld nachzuzahlen. Auf die Frage des Passagiers, warum dies notwendig wäre, erklärt ihm der Schaffner: „Weil dies ein so schneller Zug ist." Die zeitsouveräne Reaktion des Fahrgastes darauf: „Dann fahren Sie doch langsamer."

Wohl dem, der sich solche Antworten leisten kann, so jemand lebt im Zeitwohlstand. Daß man für Zeitwohlstand nicht nur etwas tun, sondern auch vieles lassen muß, das schildert uns Montaigne in seinen „Essais“:

Als König Pyrrhus den Vorsatz faßte, nach Italien überzusetzen, wollte ihm Kineas, sein weiser Ratgeber, die Nichtigkeit seines Ehrgeizes vor Augen führen. Daher fragte er ihn: „Zu welchem Ende, o Herr, beginnt ihr dieses große Unternehmen?“. „Um mich zum Herrscher über Italien zu machen“, antwortete der König ohne zu Zögern. „Und was dann?“ fuhr Kineas fort. „Dann werde ich nach Gallien und Spanien ziehn.“ „Und dann?“ „Dann werde ich hingeh'n und Afrika bezwingen, und zu guter Letzt, wenn ich mir die ganze Welt unterworfen habe, will ich mich zur Ruhe setzen und ein zufried'nes und behagliches Leben führen.“ „Bei Gott, o Herr“, erwiderte hierauf Kineas, „sagt mir, was euch hindert, dies, da ihr es doch wollt, jetzt schon zu tun? Warum laßt ihr euch nicht von Stund an zu der Ruhe nieder, die ihr anzustreben behauptet, wenn ihr euch damit all die Mühen und Gefahren ersparen könnt, die ihr euch vorher in den Weg legt.“

Kultur der Zeitvielfalt

Es ist das Glück, das Aristoteles, Thomas von Aquin und viele andere Philosophen als das höchste Gut und das letzte Ziel alles menschlichen Handelns erkannten. Das, was wir mit der Zeit machen und wie wir heute mit ihr umgehen, scheint uns auf dem Weg zu diesem nicht allzusehr weiterzubringen. Das Leben nach der Uhrzeit und das darauf aufbauende Zeitmanagement führen uns in die Sackgasse: Bei wachsenden Glücksversprechen fühlen wir uns immer unglücklicher.

Sigmund Freud beschreibt in seiner berühmten Abhandlung „Das Unbehagen in der Kultur“ jene ambivalente Gefühlslage, die ein großer Teil der Bevölkerung heute empfindet: „Die Menschen sind stolz auf diese Errungenschaften und haben ein Recht dazu. Aber sie glauben bemerkt zu haben, daß diese neu gewonnene Verfügung über Raum und Zeit, diese Unterwerfung der Naturkräfte, die Erfüllung jahrtausendalter Sehnsucht das Maß von Lustbefriedigung, das sie vom Leben erwarten, nicht erhöht, sie nach ihren Empfindungen nicht glücklicher gemacht hat." Einige Zeilen weiter zieht er die Konsequenz aus dieser Erkenntnis. Er fordert: „Es ist Zeit, daß wir uns um das Wesen dieser Kultur kümmern, deren Glückswert in Zweifel gezogen wird" (Freud 1983, S. 84 f). Folgen wir Freuds nachdrücklicher Aufforderung, und kümmern wir uns um unsere Zeitkultur.

Die Geschichte des modernen Zeithandelns zeigt, daß mehr Zeit-Kontrolle bisher nur in Ausnahmefällen zu kulturellem Fortschritt führte. Die Zeit nämlich arbeitet – und dies ist die irrtümliche Vorstellung, die dem Kontrollbedürfnis zugrunde liegt – nicht grundsätzlich immer gegen die Menschen, sie arbeitet manchmal auch für sie und mit ihnen. Zeit ist keine feindliche Macht, die es zu unterjochen, zu beherrschen, zu kontrollieren und in ihrer Vielfalt einzuebnen gilt. Trotzdem wird dies unentwegt getan. So entstand die heutige herrschaftsorientierte Zeitkultur, die die Vielfalt natürlicher und sozialer Zeitformen zugunsten vielfältiger Meß- und Kontrollmechanismen im Hinblick auf das zeitliche Geschehen reduziert und nicht erweitert. Abgewertet, belächelt und diskriminiert werden jene Zeitformen, die sich dem Uhrzeitmaß verweigern, die sich dem „Imperium der Zahl" (Valéry) nicht unterwerfen.

Der bereits mehrfach erwähnte Sachverhalt, daß wir heute am Ende der Beschleunigungsmöglichkeiten angekommen sind, wäre ein guter und aktueller Grund – auch aus ökonomischer Sicht –, über sinnvolle und „profitable" Alternativen zur Monokultur der Beschleunigung nachzudenken. Eine solche bestünde in einer Kultur der Zeitvielfalt, in deren Entwicklung und deren Pflege. Immer noch sind einflußreiche Personen, in der Mehrzahl

Manager und Politiker, der Meinung, die wirtschaftliche und die zivilisatorische Zukunft unseres Landes sei nur durch eine einzige Zeitform erreichbar, die der Schnelligkeit bzw. die der Beschleunigung. Die nicht mehr zu übersehenden kostenrelevanten Effekte blenden sie dabei jedoch aus.

„Die Schnellen", so ihre furchtmachenden Parolen, „fressen die Langsamen." Niemand jedoch nimmt sich dabei mehr die Zeit zu prüfen, ob solcher Fraß eigentlich bekömmlich ist.

Für gründliche Planung, für fruchtbares Nachdenken, für sensibles Auswerten dessen, was man erreicht und nicht erreicht hat, bleibt in den Betrieben heute kaum mehr Zeit. Nervöses, hochtouriges Vibrieren zwischen unterschiedlichen Situationen und Zuständen kennzeichnet den Arbeitsalltag. Führungskräfte, die mit Vorliebe ihr Selbstbild an der Maxime „Ich eile, also bin ich" orientieren, erkennt man inzwischen daran, daß sie die hastige Flucht zum ziellosen „Vorne" angetreten haben. Sie unterscheiden sich meist nur mehr darin, daß sie ihr Gehetztsein in unterschiedlicher Art und Weise präsentieren. In den Etagen einflußreicher Männer (Frauen sind dort eher selten zu finden) spornt man sich dabei gerne mit einem tierischen Motto zu schnellen und noch schnelleren Entscheidungen an:

„Jeden Morgen wacht in Afrika eine Gazelle auf. Sie weiß, sie muß schneller laufen als der schnellste Löwe, um nicht gefressen zu werden.

Jeden Morgen wacht in Afrika ein Löwe auf. Er weiß, er muß schneller als die langsamste Gazelle sein, wenn er nicht verhungern will.

Es ist egal, ob man ein Löwe oder eine Gazelle ist: Wenn die Sonne aufgeht, mußt du rennen!"

Es wäre jedoch fatal, wenn sich Lebewesen – also Manager, Gazellen und Löwen – wirklich so verhielten, wie es diese moralgesättigte fabelhafte Beschreibung afrikanischer Realität unterstellt. Ökologisch, aber auch ökonomisch wäre dies ein Desaster. Weder die Tiere noch die Betriebe würden solchen sinnlosen

Tempowahn überleben. Die Zeit-Alternative, die das Überleben sichert, sieht anders aus. Sie setzt nicht auf Beschleunigung, sie setzt auf den richtigen Augenblick. Diesen zu finden und zu nutzen verlangt die Fähigkeit, vielfältige Zeitformen erkennen und leben zu können:

„Jeden Morgen wacht in Afrika eine Gazelle auf. Sie weiß, daß sie nur dann den Tag überleben wird, wenn sie die Zeiten beachtet, zu denen die Löwen sich auf Nahrungssuche machen.

Jeden Morgen wacht in Afrika eine Löwin auf. Sie weiß, daß sie nur dann nicht verhungern wird, wenn sie die Zeiten beachtet, zu denen die Gazellen ihren Durst am Wasser stillen.

Es ist egal, ob man eine Löwin oder eine Gazelle ist: Wenn die Sonne aufgeht, muß man etwas von den Zeiten anderer Lebewesen verstehen und sie beachten."

Dies gilt für das Leben in der afrikanischen Savanne genauso wie für das in den Betrieben und den Verwaltungen der industrialisierten Länder.

Als oftmals fataler Irrtum stellt sich mittel- und langfristig die schon fast rituell vorgetragene Meinung heraus, der Erfolg eines Unternehmens basiere ausschließlich auf der Ausnutzung aller Möglichkeiten zur Beschleunigung.

Sieht man genauer hin und glaubt man nicht den kurzsichtigen und kurzfristigen Parolen des Speed-Managements, dann sind aber jene Unternehmen besonders erfolgreich, die es verstehen, die Vielfältigkeit der unterschiedlichen Zeitmuster in den betrieblichen Handlungsabläufen produktiv zu machen. Das bedeutet selbstverständlich nicht, daß auf Schnelligkeit verzichtet werden müßte. Sie ist zweifelsohne notwendig, aber nicht deshalb, weil Schnelligkeit immer gut ist. Schnelligkeit ist eben nur dort im Hinblick auf den Unternehmenszweck „gut", wo sie wertschöpfend ist. Das aber ist sie nicht überall. Sie hat nämlich, dies wird vielfach übersehen und unterschlagen, auch zerstörerische Potentiale. Durch Schnelligkeit wird vieles übersehen, vieles überrannt, vieles nicht gehört, nicht verstanden und auch nicht erfühlt; letztlich also nicht erlebt und nicht erfahren. Wer alles und jedes in seinem Betrieb beschleunigt, wird bald alleine – und nicht zuletzt deshalb auch nicht sehr erfolgreich sein.

Nehmen wir als ein Beispiel für die Produktivität vielfältiger Zeitformen den Betrieb eines Hotels. Dort gibt es Geschäftsabläufe, die man beschleunigen kann und die, wenn sie beschleunigt werden, auch mehr Gewinn versprechen. Da gibt es aber auch Bereiche, die bei mehr Beschleunigung kontraproduktive Effekte zur Folge haben. Gäste wollen beispielsweise am Empfang relativ schnell ihren Zimmerschlüssel erhalten, aber sie wollen am nächsten Morgen nicht unbedingt rasch wieder ihre Zimmer räumen. Auch hält sich die Attraktion für jene, die ein gutes Menü zu würdigen verstehen, in Grenzen, wenn die wohlschmeckenden Gänge in Höchstgeschwindigkeit serviert werden. Der Genuß wird nicht dadurch erhöht, daß man möglichst schnell bedient wird, um dann ebenso geschwind essen zu müssen. Zu einem Essen, das seinen Namen verdient, braucht es wenigstens ein minimales Quantum an Zeitwohlstand.

Auch die erwünschten Gesten der Höflichkeit, die ein Hotel attraktiv machen, benötigen Zeit. Diese wegzurationalisieren wäre extrem kontraproduktiv, denn auch in diesem Falle würde nicht nur Zeit, sondern auch Genuß und Qualität gespart. Auch das, was man etwas altmodisch „würdevolles Verhalten“ nennt, läßt sich bei einer ausschließlich auf Zeitsparen hin ausgerichteten Organisation nicht aufrechterhalten. Ebenso gilt dies für Langfristverantwortung unter Hochgeschwindigkeitsbedingungen.

Mit viel Ironie hat Groucho Marx den Beschleunigungswahn eines neuen Hoteldirektors in seinem Film „A Night in Casablanca“ aufs Korn genommen. Gefragt, was er denn in seiner neuen Position jetzt so alles ändern würde, antwortete er: „Mehr Tempo.“ Sein Programm dazu: „Die Vier-Minuten-Eier werden in drei Minuten gekocht, die Drei-Minuten-Eier in zwei, und wer ein Zwei-Minuten-Ei verlangt, bekommt das Huhn.“

Ein Hotel benötigt, wenn es attraktiv sein soll, ebenso wie andere Unternehmen auch, Bereiche, in denen Pausen gelebt werden können, in denen das Warten zu einer angenehmen Erfahrung wird und in denen man die Eile mit der Weile fruchtbar kombinieren kann.

Analysiert man einmal genauer die Dynamiken in den Betrieben, die zur Produktivität beitragen, so sind dies nicht nur jene, die beschleunigt wurden. Es existieren trotz des vielfach übertriebenen Zeitsparens in den Unternehmen immer noch vielfältige Zeitmuster. Diese sind es, die den Erfolg sichern. Aber sie werden, im Gegensatz zu den Beschleunigungsmöglichkeiten seltsamerweise nicht optimiert. So ist z. B. das „Abwarten" für die Markteinführung eines Produktes eine extrem wichtige Zeitform. Den richtigen Zeitpunkt finden heißt, schnell und langsam sein zu können und das Warten zu einer Produktivkraft zu machen. Dies aber wird seltsamerweise in den vielen Weiterbildungsveranstaltungen, die die Betriebe im Hinblick auf eine beabsichtigte Produktivitätssteigerung durchführen, nicht trainiert. Warten wird nicht geübt, weil es meist überhaupt nicht als eine wichtige und produktive Zeitform erkannt und daher auch nicht anerkannt wird.

Drei Beispiele, die die kontraproduktiven Effekte einer ausschließlich auf Beschleunigung setzenden Ökonomie verdeutlichen, belegen die Notwendigkeit eines Perspektivenwechsels von der zeitlichen Monokultur zur Kultur der Zeitvielfalt, denn „wer seiner Zeit nur voraus ist, den holt sie einmal ein" (Ludwig Wittgenstein).

Beispiel 1: ***Die Zunahme der Rückrufaktionen:***
Offensichtliches Beispiel ist das Debakel um die Kurvenstabilität der Mercedes-A-Klasse, das zu einem halbjährlichen Produktionsstopp mit hohen Kosten führte. Die Statistik einer Versicherungsfirma führt für die Jahre 1994 bis 1997 weltweit 397 Fälle auf, in denen Autohersteller Fahrzeuge in die Werkstätten zu-

rückbeordern mußten, um Mängel zu beseitigen, die vom Werk mitgeliefert wurden. Allein in Deutschland, so die Auskunft des ADAC gab es im Jahr 1998 23 Rückrufaktionen für Personenkraftwagen und Motorräder.

Für Automobilkonzerne gehören solche Aktionen inzwischen zum Alltagsgeschäft. Dies belegt auch ein Hinweis aus der Zeitschrift „automotor-sport" (Heft 24/1997): „Kostendruck, immer kürzere Entwicklungsaufgaben an Zulieferer sind offensichtlich ein gefährlicher Cocktail, der nachhaltig am Image Made in Germany kratzt." Ließe sich nicht Zeit und noch mehr Geld sparen, indem man etwas länger wartet, bis die neuen Modelle ausreichend getestet sind? Will man überflüssige Kosten vermeiden, müßte man etwas vom ‚Warten' und vom ‚Abwarten' verstehen oder sich einer Weisheit erinnern, die die Großmütter ihren Enkeln, insbesondere aber ihren Enkelinnen, auf deren Lebensweg mitgaben: „Vögel, die morgens zu früh pfeifen, holt abends die Katz." Ganz ähnliche Probleme wie die Autoindustrie haben sich die Nahrungsmittel-, die Pharma- und die Chemieindustrie zusammengehetzt. Auch sie sitzen immer häufiger im Beschleunigungsstau fest."

Offen schildert der (ehemalige) Vorstandsvorsitzende des Unilever-Konzerns, Herr Morris Tabaksblat in der „Wirtschaftswoche", wie kontraproduktiv es ist, ausschließlich um der Beschleunigung willen zu beschleunigen: Vor einiger Zeit führte Unilever, ganz überstürzt und um nur der Konkurrenz zuvorzukommen, ein neues Waschmittel mit dem Namen „Omo Power" ein. Es war laut Werbung mit einem „revolutionären Fleckentferner" aufgebessert. Das Produkt wurde in größter Eile auf den Markt geworfen, ohne die chemischen Reaktionstests der neuen Wirkstoffe abzuwarten. Schlimmer noch: Es wurde entgegen den Expertenwarnungen aus dem eigenen Haus lanciert, nur um der Konkurrenz um eine Nasenlänge voraus zu sein. Kaum war man am Markt, stellte sich heraus, daß die Wunderformel nicht nur den Dreck, sondern auch die Wäsche angreift. In einer Nacht-

und-Nebel-Aktion mußten die Regale geleert und das Produkt zurückgeholt werden.

Im Oktober 1998 meldete die „Süddeutsche Zeitung", daß der US-Spielzeughersteller Fisher-Price bis zu 10 Millionen batteriebetriebener Kinderautos wegen Brandgefahr zurückrufen mußte, nachdem eine größere Anzahl von Kindern und Wohnungen Brandschäden erlitten hatten. So lösen überhitzte Produktion und überstürzte Markteinführung nicht nur bei den dafür Verantwortlichen, sondern auch beim Endverbraucher die (erwartbaren) Brände aus. Das nun ist wirklich kein Kinderspiel mehr. Bei solch gefährlicher und gefährdender Hast kommen einem die Verse von Wilhelm Busch in den Sinn:

> „So saust man unaufhaltsam fort
> bis zu dem steilen Abhang dort.
> Jeder fliegt von seinem Sitze,
> der Schuß geht los, und durch die Mütze."

Beispiel 2: ***Die Innovationsfeindlichkeit der Schnelligkeit***

Die Akademie für Führungskräfte der Wirtschaft in Bad Harzburg publizierte im Februar 1998 das Ergebnis einer Studie über Innovationshemmnisse bei Managern:

Das Resultat lautete: „Zeitmangel ist verantwortlich für fehlende Innovationen. Manager haben keine Zeit für innovative Ideen." Spätestens dies müßte doch deutlich machen, daß ausschließliche Beschleunigung eher ans Ende denn ans Ziel führt. Das wirklich Neue, das Kreative und das Innovatorische findet man eben nur jenseits der Uhr und ihres taktförmigen Zeitmaßes. Auch mit der jüngst so gern gebrauchten Erfolgsformel des „Just-in-time" sind Innovationen nicht zu befördern. Viel näher liegen diese dort, wo man ein Gefühl für den rechten Augenblick entwickelt. Dieser jedoch ist nicht berechenbar, schon gar nicht mit der Zeit, die die Uhr anzeigt. Er ist immer unsicher. Man weiß nicht, ob er eintrifft, und doch muß man etwas tun, um ihn wahrscheinlich zu machen und um ihn nicht zu versäumen. Man muß die Fähigkeit zum aktiven Warten entwickeln, um dann im entscheidenden Moment auch schnell zugreifen zu können. Man muß Zeitvielfalt ermöglichen und entwickeln, um viele unterschiedliche Zeitformen zu realisieren.

Beispiel 3: ***Die Produktivität von Pausen***
Es ist die Pause, mit der die New Yorker Börsenmanager ihre profitablen Hochgeschwindigkeitsaktionen steuern. Stürzt der amtliche Index, der Dow Jones, um 350 Punkte, wird das Börsengeschäft für eine halbe Stunde unterbrochen; stürzt er um 550 Punkte, wird die Pause auf eine Stunde verlängert, wahlweise wird der Geschäftsbetrieb für den jeweiligen Tag völlig gestoppt. Pausen sind es also, die das System funktionsfähig halten. Durch sie wird es stabilisiert. In der Art und Weise aber, wie mit diesen umgegangen wird, zeigt sich die Börse relativ einfältig. Die Möglichkeiten des Umgangs mit der Zeitform „Pause" sind dort relativ unausgeschöpft. Ihr Eintreten wird nämlich standardisiert, d.h. im Computer auf einen Fixpunkt hin programmiert. Verstünde man jedoch etwas mehr von Pausen-Dynamiken, könnte man diese mit Trends koppeln. Konkret: Je nachdem, wie rasch sich die Abwärtsbewegung der Kurse vollzieht, würde dann bei hoher Dynamik bereits vor dem programmierten Punkt pausiert, im Falle einer Verlangsamung der Indexbewegung nach unten, würde die Pause später gemacht oder evtl. überhaupt nicht. Das Börsensystem wäre so erheblich elastischer und situationssensibler.

Die Konsequenzen aus diesen Beispielen liegen auf der Hand. Es sind die gleichen, die man auch aus dem Untergang der „Titanic" hätte ziehen können: Zu wenig Rettungsboote, zu hohes Tempo, zu viel Faszination durch den Rausch der Geschwindigkeit. Um aber Mißverständnisse zu vermeiden: Es geht bei der Entwicklung einer Kultur der Zeitvielfalt nicht darum, die Beschleunigung durch die Verlangsamung zu ersetzen. Anzustreben ist vielmehr der Erhalt mannigfaltiger Zeitformen und die Fähigkeit, sie in ihrer Wirksamkeit zu erkennen, zu kultivieren und sie produktiv zu nutzen. Wer alle verfügbare Zeit in Geld verrechnet, spart letztlich weder Geld noch Zeit. Wahrscheinlich verliert er beides. Nur unter ganz bestimmten eingeschränkten Bedingungen ist die Gleichung „Zeit ist Geld" wirklich produktiv. Bei Kapitalanlagen ist sie es, bei Grünanlagen in den meisten Fällen nicht.

In den Betrieben, mehr aber noch außerhalb der Wirtschaftsunternehmen existieren Bereiche „träger" Produktivität. Insbesondere gehören dazu die gesellschaftlich unverzichtbaren Sektoren: Bildung, Familie, Erziehung, Haushalt, Pflege. Wenn sich, wie eine Unesco-Untersuchung belegt, in den entwickelten Ländern der Durchschnittsvater täglich nur acht Minuten Zeit für seine Kinder nimmt, dann kann man nur mit schlechtem Gewissen von einer hochentwickelten Gesellschaft sprechen. Ignorieren wir die Zeitmuster des sogenannten „Reproduktionsbereiches", in welchem die Gleichung „Zeit ist Geld" gerade nicht gilt, werden die Folgen dieser Ignoranz auch in der Arbeitswelt zu spüren sein. Dort ist man auf leistungsfähige, ausgeschlafene, relativ zufriedene und gesunde Mitarbeiter angewiesen.

Der schnellste Weg ist, wie man u. a. aus leidvoller Erfahrung weiß, nicht immer der kürzeste; insbesondere dort nicht, wo Abgründe lauern. Vielfach ist der zeitaufwendigere Umweg sicherer und, so paradox sind die Zeiten, auch schneller. Zumindest dann, wenn er um den Abgrund herumführt. Reine Tempoversessenheit läßt sich ökonomisch nicht rational begründen. Die temporale Vielfalt dagegen schon. Sie sichert die notwendige Elastizität und Stabilität von ökonomischen, ökologischen und sozialen Systemen.

Eingeebnete Zeitlandschaften, die zu nichts weiterem als zur Hast und zur Hetze einladen, sind Formen der Barbarei, die es zu reduzieren und zu verhindern gilt. Der Weg dazu ist die Kultivierung und Rekultivierung der unterschiedlichen Zeitformen. Solch ein Vorhaben ist nur dann zu realisieren, wenn es nicht mit der Absicht geschieht, die Zeitvielfalt beherrschen zu wollen, sie, wie es die beliebte Alltagsformel anschaulich beschreibt, „in den Griff zu bekommen“. Kultivierung der Zeiten meint der Erhalt, die Wiederherstellung und die Pflege jener Bedingungen, die der Zeitvielfalt einen lebendigen Raum zur Entfaltung geben. Dieser ließe schließlich auch zeitsouveränes Handeln zu. Zeitsouveränität heißt nichts anderes, als unterschiedliche Zeitformen leben, ertragen und koordinieren zu können und zwischen ihnen frei wählen zu dürfen. Wer nur unterschiedliche Arten der Beschleunigung beherrscht und sich ausschließlich zwischen diesen entscheidet, zeigt sich nicht zeitsouverän. Zeitsouveräne Menschen entscheiden nicht nur zwischen Zeitgewinnen oder Zeitverlusten, ihnen geht es immer auch um die Entscheidung zwischen unterschiedlichen Geschehnissen und Erfahrungen und deren je besonderen Zeiten.

Marcel Proust hat auf seiner „Suche nach der verlorenen Zeit“ eine solche Zeit-Erfahrung anläßlich eines in Tee getauchten Gebäckstücks gemacht: „In der Sekunde nun, wo dieser mit dem Küchengeschmack gemischte Schluck Tee meinen Gaumen berührte, zuckte ich zusammen und war wie gebannt durch etwas Ungewöhnliches, das sich in mir vollzog ... Ich setze die Tasse nieder und wende mich meinem Geiste zu. Er muß die Wahrheit finden ... Er steht vor einem Etwas, das noch nicht ist, und das doch nur er in seiner Wirklichkeit erfassen und dann in sein eigenes Licht rücken kann ... Ich verlange von meinem Geist das Bemühen, die fliehende Empfindung noch einmal wieder heraufzubeschwören ... Und dann war mit einem Male die Erinnerung da. Der Geschmack war der jener Madeleine, die mir am Sonntagmorgen ... meine Tante Léonie anbot ... sobald ich den Geschmack jener Madeleine wiedererkannt hatte, ... trat das graue Haus mit seiner Straßenfront hinzu, und mit dem Hause die Stadt, der Platz, auf den man mich vor dem Mittagessen schickte.“

Die „Ökologie der Zeit“ ist die umfassendste der drei hier dargestellten Zeitperspektiven. Sie schließt den „Zeitwohlstand“ und die „Kultur der Zeitvielfalt“ ein. In einem vor zehn Jahren begonnenen Projekt gleichen Namens, das an der Evangelischen Akademie Tutzing angesiedelt ist (vgl. dazu die Dokumentation „Ökologie der Zeit“, München 1998), wurde ein zeitökologisches Programm entwickelt. Ausgehend von der Diagnose, daß die heutigen Zeitprobleme in erster Linie das Ergebnis ungenügender Abstimmung verschiedener System- und Eigenzeiten sind, wird in diesem Projekt daran erinnert, daß die Menschen bei allem Streben, sich mit Hilfe der Technik von den Zeitmaßen und Rhythmen der Natur abzukoppeln, nach wie vor Naturwesen sind und dies auch bleiben. Daher gilt es bei der zeitlichen Gestaltung des Lebens, stärker als bisher, die Naturgebundenheit des Menschen und damit auch die Einbettung allen Wirtschaftens in den allgemeinen Naturzusammenhang zu berücksichtigen. Eine „Ökologie der Zeit“ könnte sowohl die Einzelnen als auch die Gesellschaft beim Finden der rechten Zeitmaße einen Schritt voranbringen.

Der Mensch ist als Teil der Natur in seinem Denken und Handeln nicht frei. In ökologischer Sicht ist er grundsätzlich abhängig. Er ist an die Prozeßabläufe der Natur gebunden. Das merkt er beim Älterwerden, spätestens beim Nahen des Todes. Menschen leben in Zeitrhythmen, die durch die innere und durch die äußere Natur bestimmt werden (z. B. durch Tages- und Jahresrhythmen). Sie sind in ihrem zeitlichen Handeln notwendigerweise an die Zeitmuster des Lebendigen gebunden, wollen sie selbst lebendig sein und auch lebendig bleiben.

Das spürt jeder noch so radikale Fastfood-Anhänger an der erfreulichen Tatsache, daß sich zwar das Essen beschleunigen läßt, die Verdauung aber nur in Ausnahmefällen. Wenn wir so schnell verdauen würden, wie wir uns zu essen angewöhnt haben, hätten wir permanenten Durchfall – und bei diesem ist ja nicht mit Zeitgewinn zu rechnen, eher mit dem Gegenteil. Das menschliche Leben – das individuelle, das soziale und das gesellschaftliche – ist auch an Zeit-Maße gebunden, die menschlicher Verfügungsgewalt ganz oder teilweise entzogen sind. Diese gilt es zu erkennen, zu akzeptieren und zu berücksichtigen. Die Zeit des menschlichen Organismus, die biologischen Zeitprogramme im Menschen und die um ihn herum sind unter zeitökologischer Perspektive mit den Anforderungen der Arbeit, der Familie, des Verkehrs und des Konsums in Einklang zu bringen.

Da wir aber unsere Lebensweise immer stärker in eine selbstgemachte Ordnung einpassen, geht die Einsicht in die natürlichen Zeitmuster zunehmend verloren. Mit der Folge, daß diese übertreten und verletzt werden. Inzwischen ist es ja eine offensichtliche Tatsache, daß unser Leben und das der äußeren Natur hierdurch gefährdet werden. Die Erde, die Natur und unsere Gesundheit sind nicht so robust, daß sie die Maß-Losigkeit einer Zivilisation, die sich stetig und überall an der ignoranten Uhrzeit ausrichtet, ständig korrigieren und kompensieren könnten.

Die von uns geschaffenen Instrumente zum Zweck der Beherrschung der Natur beherrschen inzwischen unsere eigene Natur mit ihren unbeabsichtigten und unerwarteten Effekten und „Neben"-Wirkungen (die in ihren Folgen aber ganz und gar nicht nebensächlich sind).

Wir bemühen uns, die Zeit zu beherrschen, und regeln doch meist nur jene „Nebenfolgen", die diese Absicht mit sich bringt. Jeder Autounfall macht dies offensichtlich.

Die Rio-Erklärung der UN-Konferenz für Umwelt und Entwicklung von 1992 (Agenda 21) fordert eine Politik, die auf die Forderung hinausläuft, die Zeiten der Ökonomie denen der Natur anzunähern. Die ökologisch orientierten Lebensstil- und Politikkonzepte, die mit den Begriffen der „Nachhaltigkeit", der „Vorsorglichkeit" und der „Zukunftsverträglichkeit" argumentierten, zeigen deutlich in diese Richtung. Das von allen Inhalten abstrahierende Maß der Uhrzeit läßt sich mit den Anforderungen an Nachhaltigkeit und ökologischer Einbettung nicht vereinbaren.

Daraus ist im Hinblick auf eine „Ökologie der Zeit“ die Forderung nach dem Schutz unterschiedlicher Zeitmaße und vielfältiger Zeitformen abzuleiten.

Es gilt, die zeitliche Vielfalt (die der Natur und auch die der Kultur) zu erkennen, sie zu nutzen und zu bewahren. Weitgehend unbemerkt verschwinden Zeitformen, die für den Erhalt und die Stabilität sowohl der Natur als auch der Gesellschaft und des individuellen Lebens unverzichtbar sind. So etwa stehen der Rhythmus von Aktivität und Ruhe, der des Beginnens und des Beendens und jener von Helligkeit und Dunkelheit unter gesellschaftlichem Rationalisierungsdruck. Auch fehlt uns bei all den vielen Zeittheorien, die wir haben, eine der Zeitvielfalt. An einer solchen könnten wir ethische Entscheidungen, z. B. welchen Wert wir den natürlichen und den menschengemachten Zeitformen und Zeitmustern geben, orientieren. Auf der Basis einer solchen Theorie ließen sich dann auch Regeln zum Schutze von Zeitformen entwickeln und notwendige Schutzmaßnahmen erarbeiten. (Nicht ganz ohne Ernst gefragt: Warum sollte es nur Schutzgebiete für Spitzmaulnashörner geben und nicht auch für Zeitformen wie das „Trödeln“, das „orientalische Dösen“ oder das „großstädtische Flanieren“?)

Nicht die Uhrzeit, die ja eine technisch hergestellte Zeit ist, sondern die Systemzeiten der Ökosysteme und die Offenheit für die unzähligen Eigenzeiten unseres irdischen Daseins geben uns die nötigen Grundlagen zum nachhaltigen, vorsorglichen und zukunftsfähigen Handeln.

„Keine andere Geschwindigkeit ist einem organischen Körper angemessener als die, die er sich selbst verdankt“ (Svevo 1986, S. 126).

Doch dürfen wir die heutige Situation nicht aus einer schlichten Entweder-Oder-Position verstehen. Die Uhrzeit hat zweifelsohne auch ihre Vorteile, indem sie durch abstrahierende Zeitsignale eine gemeinsame Gegenwart für Städte, Dörfer und Objekte schafft. In unseren Arbeitsmitteln, den Computern, wird diese Abstraktion von den Naturzeiten fortlaufend praktiziert und genutzt.

Auch wenn unsere Zivilisation die Natur zunehmend leugnet oder sogar vergißt, der Mensch ist und bleibt zivilisierte Natur. Karl Kraus hat 1917 bereits darauf hingewiesen: „Ohne Telefon kann man nur deshalb nicht leben, weil es das Telefon gibt. Ohne Wald wird man nie leben können, auch wenn's längst keinen Wald mehr geben wird."

„Nachhaltigkeit" ist die aktuell diskutierte ökologische Perspektive, nicht nur für den Wald. Nachhaltigkeit heißt zuallererst, Maße fürs „genug", fürs „zuviel" und fürs „zuwenig" zu finden und diese dann politisch, sozial und individuell im Alltagshandeln umzusetzen.

„Heute haben wir zu lernen", so der Religionsphilosoph Georg Picht, „daß die Befreiung aus einer bestimmten Ordnung der Maßverhältnisse uns nicht von dem Gesetz entbindet, daß Leben nur in Maßen möglich ist. Es läßt sich lernen, daß das menschliche Leben an die Einhaltung von Maßverhältnissen gebunden ist, die menschlicher Verfügungsgewalt entzogen sind und von den Menschen selbst nicht gesetzt werden können. Die Erhaltung der Menschen hängt davon ab, ob sie fähig sind, die ihnen unverfügbaren Maßverhältnisse der Natur zu erkennen und sie zu schicken."

Das zumindest hatten die vormodernen Menschen uns voraus: Sie erkannten, wann es Zeit genug war, und sie handelten entsprechend. Lernend müssen wir heute, inmitten ökonomischer Betriebsamkeit, zur rechten Zeit und zu deren rechtem Maß zurückfinden. „Intelligente Mäßigung" heißt das politische, das soziale und das individuelle Programm, mit dem man einer ökologisch ausgerichteten Zeitordnung näher kommen könnte. So ganz nebenbei ließe sich dadurch auch etwas Zeit sparen, denn die vielen notwendigen und überflüssigen Annehmlichkeiten des (post)modernen Lebens benötigen sehr viel Zeit. Um aber vorsorglich und nachhaltig Zukunft zu entwickeln und zu gestalten, müssen wir nicht nur die Technowelt und deren Zeitmuster beherrschen, sondern auch Anschluß an unsere Leiblichkeit (wieder)finden, um uns nicht lediglich als Kultur-, sondern auch als Naturwesen zu begreifen.

Eine ökologisch gestaltete Zeitordnung ist weniger durch die Anwendung des Prinzips der „Zeitkontrolle" als durch das der Verantwortung für die Unterschiedlichkeit der Zeiten gekennzeichnet. „Zeitökologie meint somit nicht den simplen Reflex eines machtvollen Griffs zur Bremse, als vielmehr die Suche nach kulturellen Zeitmaßen, die sich mit den Rhythmen und Eigenzeiten der inneren und äußeren Natur des Menschen vertragen. Auf Dauer kann Leben nur gelingen, indem wir den Dingen ihre Zeit lassen und sie nicht unter das Diktat unserer kurzfristigen, zumeist ökonomisch motivierten Nutzungsinteressen und der von ihnen geprägten Zeitmaße stellen: Alles hat seine Zeit. Dies aber kommt einer Revision der Aufklärung gleich. Einer Aufklärung der Aufklärung, an deren Wurzeln nicht mehr der Wille zur Herrschaft über die Natur steht, sondern die Bereitschaft, deren Eigendynamik zuzulassen und sich auf eine diffizile Abstimmung zwischen der menschlichen und der natürlichen Dynamik einzulassen" (Baeriswyl 1999, S. 20).

Wie das schließlich aussehen könnte, das hat Joachim Ringelnatz in einer Antwort auf die Frage: „Was würden Sie tun, wenn Sie das neue Jahr regieren könnten?" in merkenswerten Versen beschrieben:

> „Ich würde vor Aufregung wahrscheinlich
> Die ersten Nächte schlaflos verbringen
> Und darauf tagelang ängstlich und kleinlich
> Ganz dumme, selbstsüchtige Pläne schwingen.
> Dann – hoffentlich – aber laut lachen
> Und endlich den lieben Gott abends leise
> Bitten, doch wieder nach seiner Weise
> Das neue Jahr göttlich selber zu machen."

Da müssen wir durch! Der Uhr-Zeit-Brei

Die Uhrzeit ist uns in Fleisch und Blut übergegangen. Alle anderen Zeiten, die wir ersehnen, sind Zeiten am Rande der Uhrzeit. Wir werden, wenn wir eine Kultur der Zeitvielfalt entwickeln und leben wollen, nicht umhinkommen, jenen Weg zu beschreiten, den uns die Gebrüder Grimm in ihrem Märchen vom „Süßen Brei" empfehlen. Wir müssen „hindurch".

„Es war einmal ein armes frommes Mädchen, das lebte mit seiner Mutter allein, und sie hatten nichts mehr zu essen. Da ging das Kind hinaus in den Wald, und es begegnete ihm da eine alte Frau, die wußte seinen Jammer schon und schenkte ihm ein Töpfchen, zu dem sollt' es sagen: ‚Töpfchen, koche', so kochte es guten süßen Hirsebrei, und wenn es sagte ‚Töpfchen, steh', so hörte es wieder auf zu kochen. Das Mädchen brachte den Topf seiner Mutter heim, und nun waren sie ihrer Armut und ihres Hungers ledig und aßen süßen Brei, sooft sie wollten. Auf eine Zeit war das Mädchen ausgegangen, da sprach die Mutter ‚Töpfchen, koche', da kocht es, und sie ißt sich satt. Nun will sie, daß das Töpfchen wieder aufhören soll, aber sie weiß das Wort nicht. Also kocht es fort, und der Brei steigt über den Rand hinaus und kocht immerzu, die Küche und das ganze Haus voll, und das zweite Haus und dann die Straße, als wollt's die ganze Welt satt machen und ist die größte Not, und kein Mensch weiß sich da zu helfen. Endlich, wie nur noch ein einziges Haus übrig ist, da kommt das Kind heim, und spricht nur ‚Töpfchen, steh', da steht es und hört auf zu kochen; und wer wieder in die Stadt wollte, der mußte sich durchessen."

Jetzt, nachdem wir einige Jahrhunderte „Uhrzeit, geh" gesagt haben, gibt es die begründete Hoffnung, daß jemand – und es muß wohl wirklich ein Kind sein – „Uhrzeit, steh" sagt. Es gibt keinen Weg zurück, wir müssen uns durch den Brei der Uhrzeit, der die ganze Welt überzogen und verklebt hat, hindurchessen. Nur so könnten wir wieder nach Hause finden.

Augenblicke

Wenn ich mein Leben noch einmal leben könnte, im
nächsten Leben, würde ich versuchen, mehr Fehler zu machen.
Ich würde nicht so perfekt sein wollen, ich würde mich mehr
entspannen.

Ich wäre ein bißchen verrückter, als ich gewesen bin,
ich würde viel weniger Dinge so ernst nehmen.
Ich würde nicht so gesund leben.

Ich würde mehr riskieren, würde mehr reisen,
Sonnenuntergänge betrachten, mehr bergsteigen,
mehr in Flüssen schwimmen.

Ich war einer dieser klugen Menschen, die jede Minute ihres
Lebens fruchtbar verbrachten; freilich hatte ich auch Momente
der Freude, aber wenn ich noch einmal anfangen könnte, würde
ich versuchen, nur mehr gute Augenblicke zu haben.

Falls du es noch nicht weißt, aus diesen besteht nämlich das Leben;
nur aus Augenblicken; vergiß nicht den jetzigen.

Wenn ich noch einmal leben könnte, würde ich von Frühlings-
beginn an bis in den Spätherbst hinein barfuß gehen. Und ich
würde mehr mit Kindern spielen, wenn ich das Leben noch vor
mir hätte. Aber sehen Sie ... ich bin 85 Jahre alt und weiß, daß
ich bald sterben werde.

(Jorge Luis Borges)

Literatur

In Büchern liest man groß und breit,
selbst das Unendliche sei nicht unendlich.
Man dreht und wendet Raum und Zeit.
Man ist gescheiter als gescheit, – das
Unverständliche bleibt unverständlich.

(Erich Kästner)

Adam, B. / Geißler, Kh. A. / Held, M. (Hrsg.): Die Nonstop-Gesellschaft und ihr Preis. Vom Zeitmißbrauch zur Zeitkultur, Stuttgart 1998

Baader, F. v.: Über den Evolutionismus und Revolutionismus oder die positive und negative Evolution des Lebens überhaupt und des socialen Lebens insbesondere. In: Sämtliche Werke, Bd. 6, Leipzig 1854

Baeriswyl, M.: Chill out. Auf dem Weg zu einer Sozialökologie der Zeit. Dissertation Univ. Zürich, 1998

Baeriswyl, M.: Jenseits von Rasen und Kriechen. Von der Frage nach den rechten Zeitmaßen. In: Politische Ökologie, 17. Jg., Heft 57, Januar/Februar 1999

Blumenberg, H.: Die Sorge geht über den Fluß, Frankfurt a. M. 1987

Boiadjiev, T.: Loca nocturna – Orte der Nacht. In: Raum und Raumvorstellungen im Mittelalter. hrsg. von J. A. Aertsen und A. Speer, Berlin 1997

Borges, J. L.: Der Garten der Pfade, die sich verzweigen. In: Borges, J. L.: Labyrinthe, München 1959

Borges, J. L.: Gesammelte Werke 5/II. Essays, München, o. J.

Borst, A.: Computus – Zeit und Zahl in der Geschichte Europas, Berlin 1990

Borst, A.: Ein Forschungsbericht Hermanns des Lahmen. In: Deutsches Archiv für Forschung des Mittelalters, 40. Jg., Köln/Wien 1984

Braun, W. v.: Militärsatelliten: Was fliegt denn da? In: Die Tageszeitung, Berlin 25. 1. 1983, S. 3

Burckhardt, M.: Metamorphosen von Raum und Zeit. Eine Geschichte der Wahrnehmung, Frankfurt / New York 1994

Burckhardt, M.: Im Inneren der Uhr. In: Leviathan, Heft 2, 1990

Cipolla, C.: Die gezählte Zeit, Berlin 1997

Coe, S. und M.: Die wahre Geschichte der Schokolade, Frankfurt a. M. 1997

Deleuze, G. / Guattari, F.: Was ist Philosophie? Frankfurt a. M. 1996
Demand, A.: Metaphern für Geschichten, München 1978
Diderot, D.: Philosophische Schriften, Bd. II, Berlin 1984
Dohrn van Rossum, G.: Die Geschichte der Stunde, München/Wien 1992
Dresler, A.: Kalender unter der Zensur. Börsenblatt für den Deutschen Buchhandel – Frankfurter Ausgabe Nr. 8 vom 18. Juni 1969
Duby, G.: Die Zeit der Kathedralen, Frankfurt a. M. 1980
Eliade, M.: Kosmos und Geschichte. Der Mythos der ewigen Wiederkehr, Frankfurt a. M. 1984
Elias, N.: Über den Prozeß der Zivilisation, Bd. 2, Frankfurt a. M. 1976
Elias, N.: Über die Zeit, Frankfurt a. M. 1984
Engadiner Kolloquium: Zeit und Zeitlosigkeit, Zürich 1994
Enzensberger, H. M.: Kiosk, Frankfurt a. M. 1997
Erhard, L.: Wohlstand für Alle, Düsseldorf 1957
Esch, A.: Zeitalter und Menschenalter. Der Historiker und die Erfahrung vergangener Gegenwart, München 1994
Fraser, J. T.: Die Zeit: vertraut und fremd, München 1998
Freud, S.: Das Unbehagen in der Kultur, Frankfurt a. M. 1983
Geißler, Kh.A.: Zeit – verweile doch, du bist so schön, Weinheim/Berlin, 4. Auflage 1998
Geißler, Kh.A.: Zeit leben (6. Aufl.), Weinheim/Berlin 1997
Geißler, Kh.A. / Orthey, F. M.: Der große Zwang zur kleinen Freiheit. Berufliche Bildung im Modernisierungsprozeß, Stuttgart 1998
Goethe, J. W.: Dichtung und Wahrheit, Weimar 1986
Gurjewitsch, A. J.: Himmlisches und irdisches Leben: Bildwelten des schriftlosen Menschen im 13. Jahrhundert. Amsterdam/Dresden, 1987
Habermas, J.: Nachmetaphysisches Denken, Frankfurt a. M. 1998
Hajek, N. (jun.): Revolte gegen die Zeit. In: Die Zeit, Nr. 1, 1999

Held, M. / Geißler, Kh. A. (Hrsg.): Ökologie der Zeit – Vom Finden der rechten Zeitmaße, Stuttgart 1983

Hobbes, Th.: Vom Menschen. Vom Bürger, Hamburg 1959

Hölscher, L.: Die Entdeckung der Zukunft in der früheren Neuzeit. Vortragsmanuskript (Vortrag im Einstein-Forum Potsdam am 12. Juni 1997)

Horkheimer, M.: Kritische Theorie II, Frankfurt 1968

Jenzen, J. A. (Hrsg.): Uhrzeiten. Die Geschichte der Uhr und ihres Gebrauchs, Frankfurt a. M. 1889

Kafka, F.: Hochzeitsvorbereitungen auf dem Lande und andere Prosa aus dem Nachlaß. (hrsg. von M. Brod), Frankfurt a. M. 1983

Kant, I.: Handschriftlicher Nachlaß, Bd. II Reflexionen zur Anthropologie. In: Kant's gesammelte Schriften, Bd. XV,. Berlin/Leipzig 1923

Koselleck, R.: Neuzeit. Zur Semantik moderner Bewegungsbegriffe. In: Studien zum Beginn der modernen Welt, Stuttgart 1977

Kratz, M. / Kummer, B. (Hrsg.): Ein Rucksack voll Geschichten, Garmisch 1997

Leclercq, J.: Zeiterfahrung und Zeitbegriffe im Spätmittelalter. In: Antiqui und Moderni. Traditionsbewußtsein und Fortschrittsbewußtsein im späten Mittelalter (Miscellanea Mediaevalia Bd. 9), hrsg. von A. Zimmermann, Berlin / New York 1974

Le Goff, J.: Zeit der Kirche und Zeit des Händlers im Mittelalter: In: Schrift und Materie der Geschichte. Vorschläge zur systematischen Aneignung historischer Prozesse. Herausgegeben von: Honegger C., Frankfurt 1977

Levine, R.: Eine Landkarte der Zeit, München 1998

Luhmann, N.: Risiko auf alle Fälle. Schwierigkeiten bei der Beschreibung der Zukunft. In: F. A. Z. vom 2. Januar 1991

Maschke, E.: Berufsbewußtsein des Fernkaufmanns. In: Haase, C. (Hrsg.): Die Stadt des Mittelalters, Darmstadt 1976

Messerli, J.: Gleichmäßig, pünktlich, schnell, Zürich 1995

Messerli, J.: Zeitvereinheitlichung in der Schweiz im 19. Jahrhundert. In: Rusterholz, P. / Moser, R. (Hrsg.): Zeit – Zeitverständnis in Wissenschaft und Lebenswelt, Berlin u. a. 1997

Moser, R.: Sprache und Zeitverständnis – Ausdrucksformen von Zeitbezügen und Zeiteinteilungen in afrikanischen Sprachen. In: Rusterholz, P. / Moser, R. (Hrsg.): Zeit – Zeitverständnis in Wissenschaft und Lebenswelt, Berlin u. a. 1997

Montaigne, M. D.: Essais. Übersetzt von Hans Stilett. Frankfurt 1998

Ökologie der Zeit, Tutzinger Projekt. Ökom-Verlag, München 1998

Orthey, F. M.: Zeit der Modernisierung, Stuttgart 1999

Pelletier, W.: Zeit. In: Konkursbuch – Zeitschrift für Vernunftkritik Nr. 11, Tübingen o. J.

Picht, G.: Zum Begriff des Maßes. In: Eisenbarth, C. (Hrsg.): Humanökologie und Frieden, Stuttgart 1979

Pirandello, L.: Fünf Personen suchen einen Autor, Stuttgart 1995

Proust, M.: Auf der Suche nach der verlorenen Zeit, Frankfurt a. M. 1979

Radkau, J.: Die wilhelminische Ära als nervöses Zeitalter. In: Geschichte und Gesellschaft, 20. Jg. 1994

Reisch, L. A.: Zeitwohlstand versus Güterwohlstand. In: Widerspruch, Heft 36, 1998

Rilke, R. M.: Die Aufzeichnungen des Malte Laurids Brigge, Frankfurt a. M. 1973

Rinderspacher, J. P.: Telearbeit und Zeit – eine virtuelle Annäherung. In: Schneider, M. / Geißler, Kh. A. (Hg.): Flimmernde Zeiten. Vom Tempo der Medien, Stuttgart 1999

Scherhorn, G.: Güterwohl versus Zeitwohlstand. In: Bievert B. / Held M. (Hrsg.): Zeit in der Ökonomik, Frankfurt a. M. 1995

Schivelbuch, W.: Geschichte der Eisenbahnreise, München 1978

Schmitt, J. C.: Die Logik der Gesten im europäischen Mittelalter, Stuttgart 1992

Schneider, M. / Geißler, Kh. A. (Hrsg.): Flimmernde Zeiten. Vom Tempo der Medien, Stuttgart 1998

Schneider, M.: Den Engeln gleich. Zur Metaphysik der Medien. In: Schneider, M. / Geißler, Kh. A. (Hrsg.): Flimmernde Zeiten. Vom Tempo der Medien, Stuttgart 1999

Schneider, M.: Die Folgen des Erfolges. In: Schneider, M. / Geißler, Kh. A. / Held, M. (Hrsg.): Zeitfraß. Politische Ökologie. Sonderheft 8, München 1995

Schönleben, E.: Fritz Todt. Der Mensch, der Ingenieur, der Nationalsozialist, Oldenburg 1942

Seeßlen, G.: Traum-Zeit-Maschine-Kino. Suche nach etwas, das im Film beständig verloren geht. In: Tholen, Ch. u. a.: Zeitreise, Basel/Frankfurt, 1993

Svevo, J.: Autobiographisches Profil, Reinbek 1986

Täubrich, J.: Von der „snailmail“ zur E-mail. In: Schneider, M. / Geißler, Kh. A. (Hrsg.): Flimmernde Zeiten. Vom Tempo der Medien, Stuttgart 1999

Treue, W.: Gesellschaft, Wirtschaft, Technik Deutschlands im 19. Jahrhundert, München, 6. Auflage 1982

Virilio, P.: Der negative Horizont, München 1989

Wassef, A.: Loblied auf den Quarz. In: Unesco-Kurier 32 Jg., Heft 4, 1991

Weber, M.: Die protestantische Ethik I, Gütersloh 1991

Westlund, J.: Kinderzeiten. In: Adam, B. / Geißler, Kh. A. / Held, M. (Hrsg.): Die Nonstop-Gesellschaft und ihr Preis. Vom Zeitmißbrauch zur Zeitkultur, Stuttgart 1998

Winnacker, E. L. (Hrsg.): Fortschritt und Gesellschaft, Stuttgart 1993

Quellenhinweise:

Robert Walser, Träumen, Suhrkamp Verlag, Frankfurt a. M. 1985, S. 391–392

Jorge Luis Borges, Gesammelte Werke, Bd. 1: Gedichte 1923–1966, Verlag C. Hanser, München 1988

Fernando Pessoa, Das Buch der Unruhe, Frankfurt a. M. 1992

Friedrich Nietzsche, Muße und Müßiggang, München 1980

Bilder:

Peter Brueghel d. Ä.: Die Kornernte (1565), Metropolitan Museum, New York.

J. M. W. Turner: Rain, Steam and Speed (1844), National Gallery, London.

Foto: Telearbeit (1995), aus einer Anzeige, Quelle nicht auffindbar.

Erntedank

Sollte dieses Buch zu optimistisch geraten sein, so liegt das daran, daß es bei schönem Wetter, in einer herrlichen Gegend und in der Umgebung lieber und hilfsbereiter Menschen geschrieben wurde. Mein Dank gilt allen, die dafür gesorgt haben, daß ich Zeit zum Schreiben, einen Ort zum guten Leben und die notwendigen Ideen und Gedanken hatte. Dazu gehören Ernst Gattol und die „Strobler", die Kolleginnen und Kollegen des Tutzinger Projektes „Ökologie der Zeit", und auch jene, denen ich mit meiner Arbeit viel Arbeit gemacht habe: Ch. Kern, O. Geramanis, A. Graner, D. Muck, A. und F. M. Orthey.

Sich über „Zeit" Gedanken zu machen heißt immer auch: auf Zeit, die man mit lieben Menschen hätte zubringen können, zu verzichten. Traute, Tim und Jonas haben das besonders zu spüren bekommen – sie haben es toleriert und akzeptiert. Danke!

Lass dir Zeit

Silvia Boorstein
Retreat – Zeit für mich
Das Dreitageprogramm
Band 4820
Der Vorschlag für ein Retreat mit Tagesplan und elementaren Übungen – um neue Kraft zu schöpfen.

Anthony de Mello
Gib deiner Seele Zeit
Inspirationen für jeden Tag
Hg. von Anton Lichtenauer
Band 4984
Inspirationen, die nach innen führen und jedem Tag mehr Tiefe und mehr Leben geben. Mit ausgesuchten Schmuckvignetten.

Karlheinz A. Geißler
Zeit – verweile doch …
Lebensformen gegen die Hast
Band 4875
„Das Buch für ein menschlicheres Zeitverständnis" (SZ).

Karlheinz A. Geißler
Es muss in diesem Leben mehr als Eile geben
Band 5045
Ein spannendes Buch vom Hasten und Rasten. Das Fazit von „Europas bekanntestem Zeitforscher" (PM).

Gelassenwerden
Hg. von Rudolf Walter
Band 5078
Die innere Gelassenheit wächst, wenn man ihr Raum gibt, wenn es gelingt, loszulassen, Vertrauen zu gewinnen, das Ganze zu sehen.

Auszeiten

Auf der Suche nach dem Eigentlichen
Zu Gast in der Stille des Klosters
Hg. von Martin Werlen
Band 5422
Eine Wohltat für die Seele: Was Menschen erfahren, die auf Zeit ins Kloster gehen und die Gastfreundschaft der Mönche suchen.

Anselm Grün
Vergiss das Beste nicht
Inspirationen für jeden Tag
Hg. von Anton Lichtenauer
Band 4864
365 Anregungen, die der Seele gut tun.

Anselm Grün
Im Zeitmaß der Mönche
Vom Umgang mit einem wertvollen Gut
Band 5426
Mönche leben ihren Tag qualitativ – voll von spiritueller Bedeutung. Arbeit und Kontemplation sind in eine gute Balance gebracht.

Nossrat Peseschkian
Wenn du willst, was du noch nie gehabt hast, dann tu, was du noch nie getan hast
Geschichten und Lebensweisheiten
Band 5201
Witzige Szenen bewirken oft ein Aha-Erlebnis und öffnen den Blick für ganz neue, befreiende Lebensmöglichkeiten.

Peter Seewald
Die Schule der Mönche
Inspirationen für unseren Alltag
Band 5405
Das klösterliche Leben bietet überraschend konkrete Antworten auf die Probleme unseres Alltags.

HERDER spektrum

Inspirationen

Gerd B. Achenbach
Das kleine Buch der inneren Ruhe
Band 4972
Eine Auswahl inspirierender, tiefgründiger Texte aus der reichen Tradition philosophischer Lebenspraxis zeigt, dass es möglich ist, innezuhalten und sein inneres Gleichgewicht zu bewahren.

Gerd B. Achenbach
Lebenskönnerschaft
Band 5123
Wie führe ich mein Leben, damit es sinnvoll und lebenswert ist? Worauf es ankommt, sind die existenziellen Herausforderungen und das Wissen, was wirklich wichtig ist. Dem Könner des Lebens wird der „Lebenslauf“ zum „Lebensweg“.

Duncan Steen
Der Weg zum gelassenen Leben
Einführung in die Meditation
Band 5359
Im Alltag Zeiten der Ruhe schaffen, um in Kontakt mit den eigenen Gefühlen zu kommen. Wie buddhistische Meditation dazu beiträgt.

Pierre Stutz
Meditationen zum Gelassenwerden
Band 4975
Konkrete Übungen und Rituale, die helfen, mitten im Stress die Aufmerksamkeit für das Wesentliche zurückzugewinnen.

Pierre Stutz
Was meinem Leben Tiefe gibt
Band 5296
Den Alltag verwandeln: Konkrete Übungen, Meditationen und Rituale, die die Routine unterbrechen, Stress verhindern und zum Wesentlichen führen.